湖南师范大学博士出版基金

旅游迷思研究
TOURISM MYTH RESEARCH
关于湘西凤凰古城的个案分析
A CASE STUDY OF THE ANCIENT CITY OF PHOENIX IN WESTERN HUNAN PROVINCE

彭丹 ◎ 著

北京·旅游教育出版社

责任编辑：刘彦会

图书在版编目(CIP)数据

旅游迷思研究：关于湘西凤凰古城的个案分析／彭丹著. --北京：旅游教育出版社，2016.4
ISBN 978-7-5637-3346-0

Ⅰ.①旅… Ⅱ.①彭… Ⅲ.①旅游资源—资源保护—研究—凤凰县 Ⅳ.①F592.764.4

中国版本图书馆CIP数据核字（2016）第058651号

旅游迷思研究：关于湘西凤凰古城的个案分析
彭丹 著

出版单位	旅游教育出版社
地　　址	北京市朝阳区定福庄南里1号
邮　　编	100024
发行电话	(010)65778403 65728372 65767462(传真)
本社网址	www.tepcb.com
E-mail	tepfx@163.com
排版单位	北京旅教文化传播有限公司
印刷单位	北京京华虎彩印刷有限公司
经销单位	新华书店
开　　本	787毫米×1092毫米 1/16
印　　张	9.875
字　　数	160千字
版　　次	2016年4月第1版
印　　次	2016年4月第1次印刷
定　　价	49.00元

（图书如有装订差错请与发行部联系）

序

根据英国学者霍尔的观点,文化可以分为两类:一类是低语境文化,另外一类是高语境文化。旅游吸引物也同样可以分为低语境吸引物和高语境吸引物两类。所谓低语境吸引物指的是,吸引物本身足以给游客造成较强的审美感受或震撼,游客即使不了解该吸引物的历史渊源以及它所处的当地社会环境,也能够就吸引物本身而欣赏吸引物,并因此而产生满意感。所谓高语境吸引物指的是,吸引物自身在视觉或感官上缺乏应有的审美效应,它之所以吸引游客前来观赏,不在于自身的物理或视觉属性,而在于自身的某种超物理属性,如历史名人的故居、历史事件的原址、或具有某种历史传说的物体。人们对这些吸引物的观赏,与其说是从这些对象上获取视觉享受,不如说是借助这些物体来联想与它发生关联的历史人物、历史事件或历史传说。这些吸引物不过是历史人物、历史事件或历史传说的见证或载体。游客对这些吸引物的凝视,其实不单单是一种感官反应的活动,而是一种借助吸引物触发想象和沉思的活动。之所以吸引物能触发想象和沉思,是因为游客对吸引物的语境(与历史名人、历史事件或历史传说)有了了解。如果剥离了历史名人、历史事件或历史传说与这些客体的关联性,这些客体根本不会吸引游客的目光。当然,也有一些吸引物,不但与历史名人、历史事件或历史传说有关联,而且他们本身就具有一定的或较强的视觉上的审美效应(如长城、布达拉宫、秦皇岛的老龙头)。对于这类吸引物,即使游客不了解附在它身上的这些非物理属性,它也能在游客那里产生审美感受。但是,由于缺乏对这一类吸引物的语境的理解,游客失去了由该吸引物的语境所引起的高层次旅游效应。

迷思就是吸引物身上的这种超物理属性。在某种意义上,迷思赋予吸引物以灵魂。如果说,大自然以其鬼斧神工而创造了具有强烈的视觉上的审美效应的低语境吸引物(如自然景观),那么,迷思则塑造了高语境吸引物。迷思对于吸引物的塑造,在于它构成了吸引物的语境。离开了这个语境,客体或许就难以吸引旅游者。尽管我们知道迷思与吸引物具有内在联系,但旅游吸引物的迷思是如何形成的?或者说,迷思如何促成了吸引物的形成?我们还处于不甚了了的状态。对于旅游迷思的经验研究,尤其是中国的旅游迷思的经验研究,更是稀少。

从这种知识语境的背景来看,彭丹博士关于旅游迷思的研究,就弥足珍贵。她对旅游迷思的兴趣由来已久(硕士阶段就产生了兴趣),并广泛阅读相关文献,对有关迷思和旅游迷思的文献进行系统的梳理,并在此基础上提出自己的研究问题。她所选择的凤凰古城,就是一个充满迷思的地方,足以构成剖析吸引物与迷思之关系的典型案例。为了获得第一手资料,她多次赴凤凰古城进行田野调查,收集了丰富的田野资料。她的田野调查充分显示了她娴熟的人际沟通技巧和敏锐的田野观察能力。与此同时,她对资料的分析和处理,也彰显了她熟练的资料分析技能。可以说,彭丹的博士论文是一篇难得的关于旅游迷思的经验(empirical)研究著作,对旅游迷思的研究做出了实质性贡献,并将会给国内对旅游迷思研究有兴趣的学者以启发。

王宁
2015 年 11 月 5 日于中山大学

前　言

　　现代社会很多人都向往旅游,人们对旅游地产生美好向往,大部分是源自对旅游地的想象,旅游地是社会想象和社会建构的。旅游地的吸引力之所以可以很持久不仅是因为旅游地的客观属性,还在于旅游地的迷思属性。迷思带给旅游者带来梦幻的感觉,营造了关于旅游地的美梦。迷思给旅游地着魅了。本书对旅游迷思研究进行了系统的回顾,阐述了旅游地表征、旅游营销文本中的迷思、旅游体验中的迷思和旅游地方迷思这四个领域的研究进展。通过文献梳理发现,以往研究的关注点是旅游地有怎样的迷思,分析的是迷思的主题和内容,但是地方迷思是怎么被制造出来的,旅游者对迷思是怎么消费的,这些方面并没有做过分析,并且以往研究也没有对迷思的概念给出清晰的界定。为此,作者选取了湘西凤凰古城这一个案进行实证研究。本书接着着力于给出迷思的操作化定义,然后论证所选取的个案湘西凤凰古城地方迷思的存在性,并分析迷思的内容,随后分析迷思制造的过程,最后论述旅游者消费迷思的特征。通过这样的分析,可以清晰地看到供需双方是怎样共同营造出了地方迷思,迷思又是怎样被消费的。

　　迷思的概念源自法国符号学家罗兰·巴特思,本书在巴特思给出的哲学概念的基础上,将迷思定义为人为建构的具有折射性、共享性、自然而然化的二级符号。接下来,从迷思的四个维度论证了凤凰古城迷思的存在性。从迷思的人为性、共享性和自然化来看,凤凰被人们集体地指称为沈从文笔下的边城,从迷思的折射性来看,凤凰古城存在着被理想化、被美化的现象。那么,凤凰存在着什么样的迷思呢?首先,从现代性和传统性的对立中可以发现凤凰存在的第一层次的迷思,因为现代性是好恶交织的,现代性中让人们不满的一面促使人们想象和建构出一个理想世界,人们把美好的想象投射给了异地世界,这便是一些旅游地迷思的由来。在中国,与现代性相对立的迷思是边陲地的边陲迷思,其共性为本真性。凤凰也具有这样的本真性迷思。凤凰的第二个迷思是来自于沈从文和他的文学作品《边城》的迷思,在依据迷思的人为性、共享性和自然化维度分析凤凰迷思的存在性时已经初步揭示了凤凰的边城迷思,一些旅游者去凤凰是去寻找沈从文笔下纯净、朴素、宁静的边城。凤凰的第三个迷思是关于爱情和小资的浪漫迷思,凤凰的浪漫色彩是被人为建构出来的,凤凰的艳遇标签是人

1

们添加上去的。人们幻想着在边陲小镇可以遭遇爱情,而去凤凰可以获得小资身份感是对凤凰浪漫的另一种诠释。

然后,本书分析了凤凰的旅游迷思是怎么被制造出来的。旅游地的迷思制造是对旅游地的社会建构,凤凰的建构是整体性景点建构,旅游地的迷思建构中存在着社会互动的过程,旅游生产者建构出来的迷思传递给旅游消费者即旅游者,旅游者对旅游地的迷思会有自己的解读和建构,同时旅游者的意见会反馈给生产者。具体说来,旅游迷思的生产者包括政府、企业、文学作品、媒体、居民和游客。其中,原本作为迷思消费方的旅游者也在无形中参与了迷思的制造。上述各种行动力量可以归为两类:遵循价值理性的社会行动者和文化行动者与遵循工具理性的政治行动者和经济行动者。政治、经济行动者指政府、企业和涉入旅游业的居民,社会、文化行动者指旅游者、媒体和非涉入旅游业的居民。各方力量可以归纳为权力、资本和社会三个方面,凤凰的地方权力和资本共谋了凤凰的迷思,两者的关系形态是地方法团主义。同时,社会这一方也在无形中参与了迷思的共谋,权力、资本和社会三方共谋了凤凰的迷思,以话语为武器共同捍卫着凤凰的迷思。

最后,本书分析了迷思的消费过程,发现旅游者对凤凰迷思的消费存在着类型化特征,第一类是建构型消费,第二类是解构型消费。建构型消费是对迷思的确认,旅游者的旅游想象和旅游现实比较一致;解构型消费是对迷思的解构,旅游者的旅游想象和旅游现实存在着比较大的反差性,凤凰古城的商业化问题是导致迷思解构的主要原因,第二类消费情形更加证实了旅游地迷思的存在。此外,本书还分析了使旅游者出现不同迷思消费情形的原因。

总之,旅游地方迷思揭示了人们对旅游地理想化、纯粹化和浪漫化的虚构和想象。需要克服那种把旅游地当作是纯粹的自然地的观念,旅游地不仅是自然存在的,而且是人为投射地,人们投射给旅游地的就是迷思,迷思是可以移动的,人们可以把本真性迷思投射给凤凰,还可以把这样的迷思投射给其他边陲地。但是因为旅游业的开发导致了边陲地的过度商业化,本真性的地方越来越边陲化。

目 录
CONTENTS

第一章　导言：问题的提出 …………………………………………… 1
　一、研究问题 ……………………………………………………… 1
　二、个案概述 ……………………………………………………… 2
　三、研究意义 ……………………………………………………… 5

第二章　研究述评和研究设计 ………………………………………… 6
　第一节　国内外研究述评 ………………………………………… 6
　　一、相关的社会学理论 ………………………………………… 6
　　二、旅游吸引物研究进展 ……………………………………… 7
　　三、旅游迷思研究进展 ………………………………………… 11
　第二节　研究设计 ………………………………………………… 18
　　一、研究方法 …………………………………………………… 18
　　二、实地调研对象 ……………………………………………… 18
　　三、资料搜集和分析方法 ……………………………………… 20
　　四、研究中搜集的资料 ………………………………………… 21
　　五、核心概念界定 ……………………………………………… 23

第三章　凤凰古城的迷思 ……………………………………………… 34
　第一节　凤凰古城存在迷思 ……………………………………… 34
　　一、凤凰迷思的人为性、自然化和共享性 …………………… 34
　　二、凤凰迷思的折射性 ………………………………………… 40
　第二节　凤凰古城的旅游迷思是什么 …………………………… 48
　　一、旅游业是"造梦产业" ……………………………………… 48
　　二、边陲地的本真性迷思 ……………………………………… 49
　　三、边城的迷思 ………………………………………………… 54

  四、浪漫的迷思 ··· 61
   本章小结 ··· 66

第四章 凤凰迷思的制造 ··· 67
 第一节 凤凰旅游发展历程 ··· 67
 第二节 旅游地迷思的社会建构 ······································ 71
 第三节 凤凰古城旅游迷思的制造 ··································· 75
  一、迷思的各方制造者 ··· 75
  二、迷思制造中的工具理性和价值理性 ······················· 91
  三、迷思制造中的权力、资本和社会 ··························· 92
   本章小结 ··· 108

第五章 凤凰迷思的消费 ··· 109
 第一节 旅游者对迷思的建构型消费 ······························ 109
 第二节 旅游者对迷思的解构型消费 ······························ 115
   本章小结 ··· 120

第六章 结语:古城迷思的建构主义讨论 ······························ 121
  一、研究的基本结论 ··· 121
  二、政策建议 ··· 122
  三、本研究的不足之处 ··· 124

参考文献 ·· 125
附录1 访谈提纲 ·· 132
附录2 被访者个人资料一览 ··· 140
后 记 ·· 147

第一章 导言:问题的提出

一、研究问题

　　湘西王村芙蓉镇因作为电影《芙蓉镇》的拍摄地而被命名并开发了旅游,芙蓉镇一度吸引了不少游客前往,也曾风靡一时,而今的芙蓉镇除了"十一"黄金周以外其他时段都是游人稀少。湘西的另一个古镇凤凰古城在正式开发旅游业以后,近几年每年都吸引了大量的游客前往。凤凰是文学家沈从文的故乡,沈从文著有代表作小说《边城》。2013年3月凤凰县政府宣布凤凰古城景区须收取148元门票,一时之间民众哗然,"五一"前夕有网友在网络上号召大家集体抵制去凤凰旅游,可是到了7月和8月,凤凰的人气又恢复到了从前的火爆状态,人们无法抵挡来自凤凰的诱惑。芙蓉镇的吸引力是短期的,而凤凰的吸引力为什么会经久不衰?旅游地与旅游地之间吸引力的差别不纯粹是由客观的物理属性所决定的;也不纯粹由于它们是事件发生地,像芙蓉镇是电影拍摄地,凤凰被认为是小说《边城》的描述地;可能还有额外的因素在起作用。那么,这个额外的因素是什么?这个因素是迷思。一个旅游地想长期地吸引旅游者前往,仅有物理属性是不够的,仅有历史文化属性也是不够的,还要有一个属性,就是迷思。

　　旅游地是社会想象的,是社会建构的。被建构出来的旅游地具有一种吸引力,拉动着旅游出发地的人们奔赴旅游目的地。人们来到旅游地不仅获得感官体验和精神享受,更是为了圆梦。旅游者是"追梦人",而地方政府、旅游企业等其他各方行动者就是"造梦人",旅游地的宣传和营销建构着关于旅游地的美梦,让旅游者产生对旅游地的美好想象和期待。西方的旅游迷思研究揭示了一个观点:迷思带给旅游者白日梦和幻想。Joseph Campbell说过一句话:"迷思是公众的梦想,梦想是个人的迷思"(转引自Devinney,etc,2010)。迷思的英文是"myth",本书译为"迷思",我国台湾地区学界近几年来也把"myth"翻译为"迷思",大陆学者绝大部分将其翻译为"神话",仅少数学者近两年也将其译为"迷思"。法国符号学家、迷思学创始人罗兰·巴特思(Roland Barthes)[①]在提出迷思这个概念时并非把迷思当作神话,而是将迷思看作一种特殊的符号,一种语言,以迷思为工具去揭露和批评当时的意识形态。

[①] Roland Barthes译作罗兰·巴尔特、罗兰·巴特,笔者的博导老师认为应该译为罗兰·巴特思。

罗兰·巴特思的经典著作《神话(迷思)——大众文化诠释》[①]告诉我们生活中充满着迷思。此书的第一部分"流行神话"的第二个故事"哈尔古的演员"(书的第17页)中有一段精彩的描述,这里将原话进行了若干改动,对旅游地的"旅游世界[②]"和旅游者出发地的"日常生活世界"作一番简短描述:现代人的日常生活世界好比是一出舞台剧,人们在舞台上表演着自己的角色,而理想旅游地的旅游世界是使人们的世俗性升华,是有着沉静的气质而理想化的"城","城"使得日常琐碎的"舞台"持续存在和运作。就这点而言,日常生活世界"舞台"的地位似无而有,但它是现实所在;反之,理想世界的"城"是迷思、梦想、奇境。湘西凤凰古城是否也是一个与日常生活世界的现实相对照的,有着迷思、梦想和奇境的理想世界呢?

通过文献梳理发现,以往的研究都是论述旅游迷思是什么样的迷思,但是并没有对迷思给出一个清晰的概念,也没有分析地方迷思是怎么形成的,本研究致力于给迷思一个清晰的界定,以凤凰为载体来论证一个地方迷思的存在性,分析迷思的内容,并分析迷思是怎样被制造和消费的。

具体来说,本研究想要回答的问题是:第一,湘西凤凰古城有迷思吗?如果存在,说明凤凰古城是一个有迷思的旅游地。那么湘西凤凰古城迷思的内容是什么?也就是说,凤凰有什么样的迷思?第二,凤凰古城的迷思是怎么制造的?凤凰古城旅游迷思的制造应该存在着多方行动者在起作用,那么有哪些行动者?各方行动者在旅游地迷思的塑造中讲述了什么样的话语?各方行动者在迷思制造中是怎样的行动逻辑?他们之间是怎样展开互动的?第三,旅游者是怎么消费迷思的?旅游者的迷思消费体现出何种类型化特征?

二、个案概述

本研究选取的湘西凤凰古城给了现代旅游者一个美梦。研究中发现凤凰古城蕴藏着迷思,是一个具有典型性的个案。湘西凤凰古城是湖南省湘西土家族苗族自治州凤凰县凤凰古城景区,凤凰古城的资源优势特征并非十分显著,但是在国内却享有很高的知名度。在20世纪80年代,凤凰因为是文学家沈从文的故乡而初具知名度,凤凰是人们心目中的"边城"和"中国最美的小城",凤凰古城与张家界一同成为湖南省旅游的两张"名片",是湖南最热门、最具知名度的旅游地。凤凰古城是一个很有吸引力的旅游地。

凤凰县地处湖南省西部边陲,云贵高原东侧,武陵山区腹地。全县总面积1745平

[①]《神话——大众文化诠释》这一书名中"神话"对应的英文词是"myth",译者许蔷蔷、许绮玲将其译为"神话",笔者和笔者的博士生导师均认为译为"神话"不妥。笔者查阅了有关文学人类学方面的文献,知道神话学是文学和人类学的一个研究领域,在神话学研究中"神话"指的是中国古代神话、古希腊神话之类的神话故事,并不是巴特思所说的"myth"。所以,对"myth"应采用音译法,译为"迷思",我国台湾地区学界对"myth"的翻译也是"迷思"。"迷思"是本书的核心概念。

[②] "旅游世界"是谢彦君(2005)从现象学的角度来研究旅游体验时提出的术语。

方公里,南北长66公里,东西宽50公里,管辖24个乡镇、340个行政村、10个居委会、6个社区。2012年年底全县总户籍人口为421 557人,常住人口35.13万人;凤凰有19个少数民族,苗族人口占54%,土家族人口占18.8%,是一个以苗族为主的多民族聚居的山区县,属国家扶贫开发工作重点县①。全县属中亚热带季风湿润气候区,四季分明,气候温和,多年平均降雨量1308.1毫米,平均年日照为1266.3小时,年平均气温15.9℃②。县城北距张家界200公里,南距铁路交通枢纽怀化市90公里,东有枝柳铁路新凤凰站,209国道、1867省道穿境而过,为湘黔边区经济贸易的交会点。目前在建的高速公路是G209国道绕城线和S318省道。凤凰县新城区红旗综合行政区建设投资预算上亿元,2013年下半年开始建设红旗区,红旗综合行政区将是凤凰县第二行政中心。

凤凰县历史悠久,唐垂拱二年(686年)始设渭阳县。宋、元、明置五寨长官司。清康熙三十九年(1700年)设厅,命名凤凰厅,厅治设镇竿镇(即今沱江镇),为当时全国六十二镇之一。嘉庆二年(1797年)升散厅为直隶厅。民国二年改为县,称凤凰县相沿至今。凤凰县地世称"边疆",处于大西南山区与东部丘陵平原交界之地,同时又是西南少数民族与东部楚汉文化区域的交汇地。凤凰县人杰地灵,厚重的历史文化底蕴孕育了一批政治家、文学家、艺术家、科学家、军事家,如定海三总兵之一郑国鸿,清朝封疆大吏田兴恕,民国第一任内阁总理熊希龄,现代著名文学家、历史学家沈从文,著名画家黄永玉,著名钢铁专家、中国科学院院士肖继美等。

凤凰县旅游局工作人员介绍凤凰的旅游业和旅游资源时,将其归纳为九个一。

凤凰有九个一,从一说到九就是:一是艾黎说的中国最美丽的小城,第101个历史文化名城。二就是两种旅游经营模式,第一是古城游,第二是乡村游,比如说古城游的模式是什么呢?2001年凤凰县人民政府以8.33亿元人民币的价格把九个景点的经营权卖给了古城公司,采取的是政府主导、社会参与、企业经营、公众知晓的这种旅游模式。第二种就是乡村游,2010年来对凤凰九个乡村游景点采取了整合的模式,一张门票、一个品牌。三就是三文,沈从文、罗哲文、叶文智。四就是四个3A级以上的景区,2004年南方长城3A级,2009年凤凰古城4A级,2010年奇梁洞4A级,2011年南华山4A级。五就是五大资源,古朴的历史风貌,厚重的文化底蕴,秀美的山水风光,浓郁的民族风情,辈出的人文英才。六就是凤凰六子,去年搞凤凰旅游10年活动,有一个大型的庆典活动,上面就写了对于凤凰旅游做出杰出贡献的六个人,进行了表彰。罗哲文发现了凤凰旅游资源,黄永玉绘画了凤凰,阮映山规划了凤凰,刘长乐传播了凤凰,宋祖英歌唱了凤凰,叶文智策划了凤凰。七就是七种措施,抓保护、抓项目、抓管理、抓经营、抓创建、抓营销、抓管理。八就是凤凰古城的古八景,东岭迎晖、奇峰挺秀、南华叠翠、溪桥夜月、龙潭渔火、梵阁回涛、山寺晨钟、兰径樵歌。这是凤凰历史性的景

---

① 凤凰县统计局和凤凰县旅游局提供的数据和资料。
② 这句话的文字部分引用自搜狗百科"凤凰县",各个数据是凤凰县气象局提供的数据。

点,但是现在凤凰九景和古八景是不一样的。凤凰人就觉得古八景是有历史的,九景是现代的景点,比如沈从文故居和熊希龄故居,它们还不算真正很古老的人文资源。九就是九个一,朱镕基就是被凤凰的九个一吸引到凤凰来的,一座青山抱古城,一湾沱江水,一排吊脚楼,一条红红石板路,凤凰不是青石板路,是红石板路,包括从北门到东正街,然后到标营街,都是红石板路,包括那些小巷子,这是凤凰的一种特殊的地貌,像有些景点如老家寨那边就是青石板路……这(红石板)路原来就有,后来不断在修,这红石板路经历了大概两百年。一座天下第一大石桥,在腊尔山那里,乌巢河大桥,整个桥没有用一根钢筋,全部用石块做的,是凤凰一个很有名的石匠做的,《沈从文的凤凰城》这本书对这个乌巢河大桥做了介绍。一座沧桑古城堡,就是黄丝桥古城。一道风雨边墙,就是南方长城。一个天下奇绝奇梁洞,就是从凤凰出去4公里的奇梁洞。最后一个一就是一批闻名世界的人,凤凰这个地方很有意思,文人出得多,武将也出得多,像民国时期少将以上的军官出了34人,包括我们现在旅游局的房子就是以前国民党一个师长的住宅。(F57-G-M,受访者编号,详见附录2,其他同类情况不再注明。)

凤凰境内名胜古迹星罗棋布,有省级风景名胜区4处,即建于唐代垂拱年间的黄丝桥古城、被誉为溶洞奇观的奇梁洞、飞檐斗拱的古建筑朝阳宫和沈从文故居。自然保护区2处,即国家级的南华山森林公园、省级的两头羊自然保护区。县城建设古朴典雅,明清特色民居120多栋,石板街20多条,北门、东门古城楼,沱江河畔的吊脚楼别具一格,还有飞檐斗角的万寿宫、大成殿、天王庙、遐昌阁、万名塔,构成了一幅美丽的画卷,素有"中国最美的小城"之誉和"画乡"之称①。《凤凰县志》第三章"名胜"第一节"凤凰古城"中写着:"城池依山而建,前有沱江流过,四周青山环抱。古代修筑的10多条街巷,全用红色石板铺砌;沿河一带的吊脚楼,显得格外古朴。街旁绿树成荫,古建筑星星点点,把整个山城装点成一幅富有诗意的山水作品。"

2001年12月17日凤凰古城被国务院列为"国家历史文化名城"。2006年进入国家"中国世界文化遗产"预备名录。2007年被评为"中国旅游强县"。2008年被湖南省评为全省旅游产业发展先进县。2009年,凤凰县被评为"省级文明县城""省级卫生县城",凤凰古城成为国家"4A"级景区。2010年凤凰成功入选"中国绿色名县",被评为"全国最佳生态宜居县""中国最佳投资环境县"和"中国最具发展潜力县"。凤凰古城获"影响中国文化旅游发展贡献奖"中"影响中国旅游的一个古城古镇古村"金奖。2011年,成为"国家旅游名片"。凤凰古城被誉为"中华凤凰文化基地",先后被评为中国旅游"十大最好去处""五十个必去景点"和湖南"十大优秀文化遗产"之一,荣登中国县域旅游品牌榜十强,两度入选"新潇湘八景",被日本国家旅游电视台推介为"世界名镇",位居"9个最值得去的中国古镇"榜首,被中国摄影家协会列为"最美的古镇"之首。②

---

① 百度百科. 天下凤凰. http://baike.baidu.com/link?url=Vzzl97plk0RbX0lnFpPa4riJx-PeR7WEbx1VyEXjEWvg3A_E-QHj6CYHb5EOuwW0Nu-0m6Q_hQQn7YDSmTPDEa.
② 出自凤凰县旅游局提供的材料《凤凰古城介绍》和县委宣传部组织编写的《中国凤凰》一书。

三、研究意义

本书的现实意义在于本研究的理论成果对于旅游地营销、旅游规划、旅游景区管理和旅游目的地旅游业的可持续发展都具有比较大的指导意义和启发性，特别是给旅游目的地的营销和可持续发展提供了最直接的理论指导。迷思是旅游地的故事，是旅游地的灵魂，承托着旅游者对旅游地的梦想、想象和幻想，迷思是旅游地吸引力的源泉。旅游地的营销和管理可以充分利用迷思，让旅游地保持长久的魅力和生命力。

从理论意义来说，本研究克服了传统的旅游地理学观念的不足之处。地理学界的传统观念是客观主义视角，在传统的学科分工中，旅游吸引物主要属于旅游地理学的研究对象，一直以来很多地理学者都把旅游吸引物(tourist attraction)当作既定的(given)、自然的(natural)、天生的存在物，具有固有的、客观的属性，在旅游规划时主要依赖对旅游资源的感官评价，把其当作一个自然存在的事实来做旅游规划，而对旅游消费者(旅游者)的需要考虑甚少。但是，社会学有两种视角：客观主义视角和建构主义视角。本研究采用建构主义视角。从建构主义视角来看，旅游吸引物不仅具有自然属性或物理属性，而且具有社会属性和迷思属性，它不仅是一种自然的、既定的事实存在，而且还是可以被建构(construct)出来的社会存在物。换言之，旅游吸引物是可以被制造出来的，是人为赋予和社会建构的，旅游地的迷思也是人为建构出来的。本研究借助社会学、符号学等多门学科的理论来探讨旅游迷思的存在性、本体内容、制造过程和消费过程，属于旅游社会学和旅游符号学这两个研究领域的交集。到目前为止，旅游迷思在国内外旅游社会学和符号学界都是一个比较新颖的研究课题。本研究将迷思学的理论更加具体化，将旅游地表征、旅游吸引物建构等有关理论加以深化，丰富旅游社会学、符号学等相关领域的理论，并与主流社会学的一些观点进行对话。此外，迷思在符号学、语言学、社会学、传播学等学科的研究中均有所提及和分析，但是迷思到底是什么呢？只有迷思学的鼻祖罗兰·巴特思对迷思给出了哲学层面的理论概念，可是巴特思并没有就迷思给出操作化的概念。核心概念如果模糊不清就会让后续者无法进行操作化和实证研究，所以迷思概念的厘清、就迷思给出操作化定义也是本研究的理论创新之一。本研究着力就迷思给出一个清晰准确的界定，并用一个典型的个案来予以实证说明。最后，以往研究缺乏对地方迷思的由来和地方迷思消费的分析，通过本研究可以弥补以往研究的不足之处，进一步发展旅游迷思理论。

第二章　研究述评和研究设计

第一节　国内外研究述评

一、相关的社会学理论

(一)韦伯的"祛魅"与瑞泽尔的"着魅"

"祛魅"一词是韦伯提出来的。马克思·韦伯将现代性的特征概括为"理性化",认为现代性是一个"祛魅"(disenchantment)的过程。"从原则上说,再也没有什么神秘莫测、无法计算的力量在起作用,人们可以通过计算掌握一切。而这就意味着为世界除魅(Entzauberung der welt)"(韦伯,2005:29)。"正如韦伯所说,'宗教的根在慢慢枯死,让位于世俗的功利主义,世界趋于合理化的过程,也是昔日神圣的价值被祛除魅力的过程'"(转引自董培海,2013)。"马克思·韦伯把西方社会所经历的这个过程称为社会的理性化和世俗化。在理性的审视下,世界去魅化了"(王宁,2013)。祛魅就是"祛除神秘性和一切不确定性的东西。所谓'世界的祛魅'本质上是一种世界观,这种世界观既是现代科学的依据,又是现代科学产生的先决条件,并几乎被一致认为是科学本身的结果和前提"(伍正翔,2006)。所以,祛魅(去魅)是指祛除了神秘性和神圣性,现代社会变得理性化和世俗化。"Weisskopf(1983:98)认为,人们对现代性产生厌倦感的原因是由于现代世界是一个理性的、祛魅的世界,因而丧失了它的吸引力"(转引自马凌,2008:171)。

瑞泽尔出版了著作《让祛魅的世界再着魅:消费方式的革命性变革》。"让祛魅的世界再着魅"对本书是颇有借鉴意义的。消费中的着魅其含义是"新的消费方式被看作是消费的圣殿,也就是说,它们是有结构的,这些结构通常被成功地形塑起来,使它们具有某种魅力……这类消费圣殿需要把消费场所营造得更加神奇、魔幻。环游迪斯尼世界,让人获得到某个宗教圣地朝圣般的感觉"(张敦福,2007)。所以,着魅是让消费场所具有神奇感、神圣感,以吸引世俗世界的消费者。旅游地迷思正是给旅游地这个消费场所"着魅"和附魅,是与马克思·韦伯的"祛魅"相对立的过程。人人向往的旅游地是因为旅游地迷思为它附着了魅力,让旅游地加倍具有了吸引力。

(二)迪尔凯姆的社会事实与彼得·伯格的社会建构

当代大众旅游行为构成了社会学家迪尔凯姆所说的"社会事实"。"这类事实由存在于个人之身外,但又具有使个人不能不服从的强制力的行为方式、思维方式和感觉方式构成……只能用'社会的'一词来修饰它,即可名之为社会事实"(迪尔凯姆,1995:25)。迪尔凯姆对此进一步解释道:"一切行为方式,不论它是固定的还是不固定的,凡是能从外部给予个人以约束的,或者换一句话说,普遍存在于该社会各处并具有其固有存在的,不管其在个人身上的表现如何,都叫作社会事实"(迪尔凯姆,1995:34)。"涂尔干所说的'社会事实'其特点是:它具有客观性、外在性(存在于个体之外)、不可抗拒性(不可逆转)"(王宁,2008:2)。

尽管大众旅游现象是社会事实,但是在看待旅游迷思时必须采用社会建构主义视角,因为迷思是人为建构、社会建构的;旅游地也是社会建构的。彼得·伯格说过,"实证科学框架下的社会学把事实当作既定的(given)",但是"社会世界总是处于被建构的过程中"(Berger,Luckmann,1967:1,64)。"知识社会学认为人类现实是社会建构的现实"(Berger,Luckmann,1966:172)。

二、旅游吸引物研究进展

旅游吸引物的社会建构体现了话语的突出、掩盖、修饰和扭曲功能①,而突出、掩盖、修饰和扭曲正是迷思的本质特征之一。迷思既为旅游吸引物附着了魅力,又被包含在旅游吸引物的社会建构过程中,所以分析旅游中的迷思,首先就得谈到旅游吸引物。旅游吸引物是旅游研究的重点,旅游吸引物符号属性研究为旅游迷思研究打下了基础。Pigram(1983)说过,没有吸引物,旅游将不存在。但是学界对旅游吸引物的研究还做得很不够:第一,对于旅游吸引物概念的认识并不统一;第二,大多数地理学者一直以来都把旅游吸引物当作天生的物理存在物。"旅游吸引物历来为旅游地理学所重视,并被视为地理学理所当然的研究对象,所以少有其他学科涉猎这一研究领域。长期以来,人们往往强调旅游吸引物的客观属性和绝对价值,至于旅游吸引物的符号属性和相对价值,则或多或少被忽略了"(王宁,2008:18)。"从地理学角度看,旅游吸引物往往是既定的、普遍的,其吸引力是吸引物自身所固有的。与此不同,在社会学视野中,旅游吸引物是社会建构的产物,其吸引力会随着旅游者的趣味的变化而变化"(王宁,2008:10)。中国各地的旅游规划存在一个通病:尽管各地旅游资源禀赋不一样、历史文化背景不相同,可是规划文本却是延续着同样的套路,原因之一就是对于旅游吸引物存在着一种片面的认识,只看到旅游吸引物客观的物理属性,而忽略了旅游吸引物主观的社会属性;甚少考虑消费者即旅游者的需要,只有供给的视角,没有需求的视角;只看到其自然存在的一面,没有看到社会事实可以被建构的另一面。不过,最

---

① 王宁老师2009年在有关定性研究方法的课堂上提到了这一观点,"旅游吸引物的社会建构:话语的突出、掩盖、修饰、扭曲功能。"

近几年地理学中的分支学科人文地理学出现了转向,西方的一些人文地理学者也开始认同社会学的建构主义视角,人文地理学的分支——想象地理学(Imaginative Geography)关注地理真实性中的个人想象和幻想,个人想象创造和转变了地方和景观的意义(Aitken & Valentine,2006;Cloke,Crang & Goodwin,1999,转引自 Gao,etc.,2012)。想象地理学的出现是因为"在地理学兴起了一种新的研究人与自然关系的范式——社会建构论,对自然进行社会建构成为地理研究的热门话题"(崔庆明,徐红罡,2012)。

(一)国内的客观主义(objectivism)视角

在中国的旅游研究中,旅游吸引物这个概念少有提及,经常被提到的是旅游景观、旅游资源、旅游产品等概念。即便论及旅游吸引物,大部分人对于旅游吸引物的概念的认识都是模糊不清的,认为旅游吸引物等同于旅游景观或旅游资源或旅游产品,事实上这四个概念有着本质的区别。国内有的学者对旅游景观定义如下:"是一定的地理地带内的一片占优势的特有的景观类型作为旅游资源客体,包括区域的一定经济水平、服务接待设施基础,并依托一个或几个中心城市,建立起来的能为旅游者提供旅游活动内容的区域自然、社会、经济、文化综合体"(方海川,2002)。该定义对旅游景观的界定太过宽泛,将某些不具备吸引力价值的服务设施也包括进来。林南枝、陶汉军(1994)从供需两种角度对旅游产品下了两种定义:"从旅游目的地的角度出发,旅游产品是指旅游经营者凭借着旅游吸引物、交通和旅游设施,向旅游者提供的用以满足其旅游活动需求的全部服务。"而"从旅游者的角度出发,旅游产品就是指旅游者花费了一定的时间、费用和精力所换取的一项经历。"从双重视角定义旅游产品看似全面,但是依然使得人们对旅游产品的认识不清晰。而被国内学者提得最多的概念就是旅游资源,刘振礼(1988)提出,"凡能激发旅游者的旅游动机,为旅游业所利用,并由此产生经济效益与社会效益的因素和条件即称为旅游资源。旅游资源分为两大类,即自然旅游资源和人文旅游资源。自然旅游资源由地貌、水体、气候、生物等自然地理要素组成,基本上是天然赋存的。人文旅游资源是由人类所创造的,是人类历史和文化的结晶,是民族风貌的反映"。保继刚、楚义芳(1999)认为,"旅游吸引(物)是指旅游地吸引旅游者的所有因素的总和,它包括了旅游资源、适宜的接待设施和优良的服务,甚至还包括了快速舒适的旅游交通条件。在大多数情况下,旅游吸引(物)是旅游资源的代名词,两者通用"。这一说法是有问题的,因为旅游吸引物不能等同于旅游资源,二者是不同的概念。

由上可知,在很多国内旅游地理学者和其他旅游学者看来,旅游资源和旅游吸引物是客观存在且仅具有物理属性的旅游客体,认为旅游吸引物与旅游资源无差异的观点更是将旅游吸引物看作给定的客观事实,因而认为在开发旅游产品时只能根据旅游地的既定禀赋条件来开发。大部分中国学者只看到旅游资源和旅游吸引物的自然属性,遵循的是客观主义的立场。不过也有少数中国学者对此持不同看法,王宁(1997)指出旅游吸引物不但具有客观属性、社会属性,还有象征属性。因为从符号学的角度看,任何一事物均可转变成代表他物的符号或象征。在旅游符号学的意义上,旅游吸引物其实就是一种符号,是一种代表其他东西(或属性)的象征。

(二)国外的建构主义(constructivism)视角

"建构主义最初的含义是强调社会或主体间对知识和事实的建构,通常和'社会'联系在一起,如社会建构主义(Berger and Luckmann,1971;Gergen,1985;Gergen and Gergen,1991)。其实是人们多个版本的解释和建构的结果,是多元的、可塑的"(Ning Wang,2000)。西方旅游学界在审视旅游吸引物时多采用建构主义的视角。欧美旅游学者指出旅游吸引物往往不仅是一个客观的独立存在,它更是一个被建构的吸引物系统,它是从属于整个旅游系统之下的一个子系统(MacCannell,1976;Walter,1982;Getz,1986;Lew,1987;Leiper,1990;Urry,1990;Pearce,1991;Lawton,2005,etc.)。这个系统有几个组成部分并相互联系和作用。"Lew(1987)采用较宽泛的视角将吸引物定义为'吸引游客离开家乡到其他地方的所有要素'"(胡抚生,2008)。Leiper(1990)认为旅游者并不只是传统意义上的"旅游吸引物"的消费者或使用者,他还是旅游吸引物系统的一部分。而"Pearce(1991)和Lawton(2005)也认为,在旅游吸引物的定义中,不可忽略的还有旅游经营者的作用,因此他们认为,旅游吸引物是'吸引管理者和旅游者注意的,有特殊的人类或自然界特征的知名事件、遗址、区域或相关现象'"(胡抚生,2008)。

西方学者从社会建构主义视角研究旅游吸引物,提出了旅游吸引物符号理论。这类理论观点认为,旅游吸引物是由能指和所指构成的符号,旅游者对吸引物符号进行解码。旅游社会学家 Dean MacCannell 是最早提出旅游吸引物符号理论的学者,1976年他出版了著作《旅游者:休闲阶层的新理论》,书中指出,旅游吸引物由旅游者、景观和标志物三部分构成,他把旅游吸引物的符号生产过程称作景观的"神圣化"过程。MacCannell(1999)认为,"景观的神圣化"与"旅游朝圣者"的"仪式化心理"是吸引物建构和旅游发展的动力机制。他指出,景观的神圣化过程一般包括景观命名(naming)、确定范围和提升(framing and elevation)、装饰(enshrinement)、机械化再生产(mechanical reproduction)和社会化再生产(social reproduction)五个阶段①。在景观神圣化过程中,旅游吸引物不仅是简单的、随意的物质的呈现,而是经过加工、被赋予意义和某种价值感的景观。在 MacCannell 看来,旅游吸引物就是由一个个符号组成的,每一个景观或景点都是由一系列的象征性的标志物(marker)所标志出来的。旅游吸引物值得去看不是因为景观或景物本身,而是因为这一景观或景物的符号意义让人们觉得值得一看。"吸引物源自于集体意识"(MacCannell,1999:42)。MacCannell 把"旅

---

① 2013年4月26日笔者在美国旧金山湾区UC伯克利大学见到了Dean MacCannell教授,笔者请教了他这五个阶段中机械化再生产和社会化再生产的含义,他告诉笔者机械化再生产指的是原有景观在另外一个地方的再造和复制,比如拉斯维加斯Paris酒店前的埃菲尔铁塔就是机械化再生产。2013年2月6—9日笔者去了拉斯维加斯和大峡谷旅游,在拉斯维加斯见到了很多机械化再生产的景观:Luxor酒店的埃及金字塔和狮身人面像,纽约酒店的帝国大厦和自由女神像,巴黎酒店的埃菲尔铁塔和凯旋门等。这些人工复制景观吸引了全世界各地游客的目光。所谓社会化再生产是指某地区以旅游吸引物的名字来命名。

游者"描述成附属于无处不在、无时不有的旅游吸引物系统之下,对旅游吸引物系统的符号意义进行"解码"并追求早已失去的本真意义的现代圣徒[①]。他说:"全世界的旅游者都在阅读着城市和景观文化,把它们看作符号系统。"

继 MacCannell 之后,Culler(1981)发表了《旅游符号学》一文,他沿用了 MacCannell 的观点,把旅游者比喻为"符号军队",他说"旅游者追求的是异地的不寻常性和本真性,追求的是异国文化的符号",旅游者寻找着真实的符号,可是他们找不到真实,却从大量的复制品中找到了快乐,如明信片、埃菲尔铁塔的微缩模型、自由女神像的储蓄罐等。Culler 指出,旅游对象物或人被旅游者体验为本真的不是因为他们是原初的或真实的而是因为他们被看作本真性的符号或象征物。

1990 年,英国旅游社会学家 Urry 在他的著作《旅游凝视:当代社会的休闲和旅行》中写道:"旅游者看到的事物都由符号组成"。在《旅游凝视:当代社会的休闲和旅行》《消费地方》和《旅游文化——旅行及其理论的转变》等一系列著作中,Urry 构建了"旅游凝视"(tourist gaze)这一理论体系。他指出,旅游者看到的并不只是景物和当地居民,他们同样凝视了其他旅游者以及非旅游者,还包括旅游本身。Urry(2002)说道:"旅游者对地方的凝视是源自期望,特别是他们的白日梦和对愉悦的幻想,是旅游者从平日接触到的事物中获得的感受,如电影、报纸、电视、杂志、录音和录像,这些建构着凝视"。凝视有两种形式:浪漫的凝视和集体的凝视。浪漫的凝视是孤独的,集体的凝视需要他者在场,例如英国的海滩旅游地。Urry 的主要观点是:"凝视是由符号建构的,旅游就是这些符号的收集"。也就是说旅游吸引物是由符号组成的。他还指出,旅游凝视越来越具有标志性,标志物让我们得以确认哪些东西和地方是值得凝视的,这一说法与 MacCannell 的观点是高度一致的。

2000 年,王宁(Ning Wang)出版了英文著作《旅游和现代性:社会学的分析》,书中从社会学的角度,探讨了现代性过程中旅游消费文化的特点和存在的本真性问题。他结合结构主义与符号学、语言学以及消费文化的观点,就现代社会中形象、话语、消费和符号价值等因素对旅游的吸引作用进行了深入的分析与探讨[②]。

最近的研究中,学者 Lau(2011)提出一个观点,MacCannell 把能指和所指弄混了,能指应该是景观本身,不是景观的标志物,所指是社会对景观制造出来的东西(于是我们有了对景观的朝圣旅游)。Lau 用索绪尔的符号学来厘清 MacCannell 的符号化旅游地理论,但是他没有认识到 MacCannell 是用的皮尔斯的符号学。不过 Lau 的说法是正确的,旅游景观是能指,所指是社会解释。(Knudsen,Rickly - Boyd,2012)

(三)国内学者的反思:建构主义视角

近几年来,中国开始有学者对旅游吸引物的内涵进行反思和重新认识,对旅游吸引物的认识从单一的旅游资源、客观的物理属性的一面,扩展到吸引物系统是社会建构的产物及其符号属性的一面。笔者在 2005—2010 年研究了旅游符号学这一

---

① 这段话引自硕士论文《论旅游体验中的符号及其解读》,详见参考文献。
② 这段话引自硕士论文《论旅游体验中的符号及其解读》,详见参考文献。

领域,指出旅游吸引物是一个符号系统,分析了旅游吸引物符号系统的分类,论述了旅游体验是在旅游者对符号的解读过程中达成的。马凌(2008,2009)指出旅游吸引物具有客观属性和符号属性这双重属性,提出了旅游吸引物的社会建构及其变化的概念模型。她说:"吸引物包括两个方面的属性(双重属性)。一方面,它具有某种独特的客观属性;另一方面,它具有符号属性。如果说,吸引物的客观属性是人们难于干预的,那么,吸引物的符号属性则是建构的产物和结果。""旅游吸引物的符号化过程是旅游吸引物与社会的价值和理想类型的匹配过程"(马凌,2008:165,168)。

三、旅游迷思研究进展

(一)旅游地的表征分析

旅游地的表征隐含着旅游的迷思。"表征(representation)"直白地说就是再呈现的意思,"是一个修辞学、符号学、传播学等学科的概念,是指制造符号,以代表被表征对象的意义的社会化过程,以及这一过程的产物。'表征'也可以理解为将一种抽象的意识形态概念纳入具体形式(也就是不同的'能指')的过程(John Fiske 等,2004)"(刘丹萍,2008)。旅游地其实是表征的结果,旅游目的地会被怎样表征是人类社会的操控和选择。近些年来西方不少学者研究了旅游地的表征问题(Selwyn,1996; Morgan & Pritchard,1998; Palmer,1999; Echtner,1999; Wang,2000; Herbert,2001; Ateljevic,2002; Fiske,2004; Hall & Tucker,2004; Ateljevic,Pritchard & Morgan,2007; Hunter,2008; Mowforth & Munt,2008; d'Hauteserre,2011; Urry & Larsen,2011; etc.)。Palmer(1999)分析了遗产景观的表征问题,他认为遗产景观象征着一个国家和民族,代表了民族身份,是一个国家的符号、仪式和风俗。比如爱丁堡城堡是苏格兰的象征(Mc Crone et al. 1995),这些符号的关键要点在于它们能传达意义,能传送关于一个国家的信息。Echtner(1999)仿照美国符号学家皮尔斯的符号三角理论,提出了旅游营销的三角理论模型,分析了旅游营销中三种不同的关系:(1)旅游目的地和旅游广告的关系(旅游广告商如何表征旅游目的地);(2)旅游广告和潜在旅游者的关系(潜在旅游者如何解释这些表征);(3)旅游目的地和潜在旅游者的关系(旅游目的地提供给潜在旅游者的符号消费经历是什么)。Herbert(2001)所写的文学旅游地的表征对本研究有较大的启发性,因为湘西凤凰古城也是文学作品传播的旅游地。Herbert 在 Johnson 的文化模型圈的基础上构建了遗产景观的"表征"和旅游者"阅读"的循环模型,以一个圈形模型来展现景观表征者和阅读者之间的关系,说明了生产者对旅游吸引物建构的意义是由旅游者来译码的。Ateljevic(2002)研究了新西兰旅游业的形象与意识的表征,尤其是宣传中的表征问题,分析了政治对意识形态的重要影响。Ateljevic 指出表征(representation)与再建构(reconstruction)直到最近几年才开始出现在旅游研究的主流当中①。Hunter(2008)则对旅游图片表征做了分类分析,Hunter 指出以往对旅游话语的表征分析都是用的内容分析法,内容分析法是对文本进行定量分析的有效方法。该文分析的图片表征分为空间和主题两大类,其中空间表征分析分为四类,即自然、文化、遗产地和物质文化、旅游产品(设施、住宿和饮食);主题表征分析也分为四类,即没有人在场的旅游对象物,只有东道主,只有客人,客人和东道主都在场。Hunter 还对以往研究中关于表征的各种概念进行了列举,其中一类观点是:表征是集体迷思或集体描述等任何形式(Bhabha, 1994; Buck, 1993; Hall, 1997)。应该说,表征是一种集体描述,但不能将表征等同于集体迷思,因为表征是符号的功能,而迷思是一种特殊的符号。另外,d'Hauteserre(2011)分析了旅游表征中的政治问题,此文以分析解释符号学为基础,目的是理解为什么新喀里多尼亚的形象描述的是"人为的天堂"或"受控制的天堂"(Dann, 1996),所谓人为性和受控性是指通过所提供的图片控制了所表达的形象。旅游叙事提供了旅游地的地理政治学迷思。

中国学者刘丹萍(2008)以元阳梯田为例分析了旅游地的空间生产和旅游者对旅游地的表征。文章的新意在于分析的是旅游者对旅游地的表征而非旅游目的地行动者对旅游地的表征。她指出:旅游者的表征并不都是一种个体行为,而是依托那些生产和传播文化产品的机构与服务而实现的一种复杂的旅游欲求潮流(或称旅游消费时尚)。她引用 Caroline E. 的话写道:"旅游地实际上是一个'意象'(image),它由旅游运营商'经营',由市场营销人员'包装成型'(model),再由旅游者'使其具有生命力'(perpetuate)。供需双方共同建造了一个地方'神话'(myths)。"这里的 myth 被刘丹萍翻译为"神话",应该译为迷思。myth 通常被译为神话。追根溯源,myth 研究有两派起源,法国结构主义大师、著名人类学家列维·斯特劳斯研究的 myth 应翻译为"神话",而法国符号学家、语言学家罗兰·巴特思所研究的 myth 要翻译为"迷思"。神话和迷思构成了 myth 研究的两大理论流派,但是在旅游研究中,myth 在绝大多数情况下指涉的是迷思,而非神话。刘丹萍(2008)还指出:"旅游地形象,根本就是为迎合那些西方游客的审美和消费偏好而预设的地方'神话'(myths)"。这个论点有不妥之处,旅游地形象能够和迷思画等号吗?从形象和迷思的概念来说,两者是不能也无法等同的,所以一定要明晰一点:旅游地形象不等同于旅游地迷思。对旅游地形象最早的定义是 Crompton(1979)给出的定义,他认为形象是个人对旅游目的地的信仰、观念和印象的综合(转引自 Alhemoud & Armstrong, 1996)。旅游迷思中也有信仰和观念的成分,并给旅游者留下了某类特殊的印象,但是二者并不等同。

(二)旅游营销文本的迷思分析

旅游营销文本是对旅游地的一种重要表征。在营销文本的研究中可以挖掘出大量的旅游迷思。有很多学者采用了符号学方法和迷思学理论来研究旅游宣传册、照片、明信片等旅游营销文本,主要是对文本的构成元素,包括对文字和图片进行意义的

---

① 这段话引自硕士论文《论旅游体验中的符号及其解读》,详见参考文献。

挖掘和解释，这也很符合符号学和迷思学的传统，即意义解读（Uzzell,1984；Cohen,1989；Selwyn,1993,1996；Dann,1993,1996；Cooper,1994；Harkin,1995；Bednar,1999；Gilbert,1999；Cohen,2000；Markwick,2001；Echtner,Prasad,2003；Andriotis,Mavric,2013,etc.）。在众多旅游文本中，最受研究者关注的是旅游营销中的旅游宣传册，通常借用符号学方法来除去迷思的表面指示层，解释深层的象征和隐含意义。Uzzell(1984)采用符号学方法分析了6家"阳光假期"公司制作的宣传册上的图片，挖掘了图片中的显性内容（姿势、摄影效果）和具有象征意义的幻想和迷思。他说，一瓶葡萄酒象征着对"美好生活"的幻想和受到压抑的缺憾，其他物和人则象征着真实、权力和唯美主义。他最后总结道：图片是一种创造和建构幻想、意义和身份的工具，旅游广告中充满着迷思。Cohen(1989)、Selwyn(1993)、Cooper(1994)、Dann(1993,1996)等学者也纷纷采用符号学方法对旅游宣传册做了分析，其中，Cohen(1989)分析了泰国北部山区部落旅游的书面广告、地图、照片和宣传册，他发现当中使用了特定的词汇和习惯用语来传达部落乡村旅游的"本真性"形象。Selwyn(1993)研究了大量的旅游宣传册，分析了其中的文字和图画，他着重分析了四类表征：遗址、海滩、食物和人。他发现了几个迷思主题，包括神秘主义、野生的和异域的自然、社会化、好客和丰盛。宣传册不过是在销售"迷思"罢了。Cooper(1994)也以宣传册为样本，分析了当中的文字和图片，发现宣传册采用了一种特殊的语言来构筑迷思化的旅游体验，表达了冒险、旷野、真实和异国情调[①]。Dann(1996)对列维·斯特劳斯和巴特思的myth研究给予同等重视，他认为有魔力的、欣快的"旅游语言"呼应了情感、神秘、英雄和零散的迷思。Gilbert(1999)指出，对旅游指南的研究通常都是追随着巴特思对蓝色指南迷思的研究，在旅游指南中广泛发现社会事实和政治事实的迷思化。Echtner和Prasad(2003)选取了作为旅游目的地的十二个第三世界国家进行分析，以旅行社宣传册文本作为研究资料，分析宣传册的文字和图片。研究指出第三世界国家的旅游目的地表征了三类迷思：不曾改变的迷思，不受约束的迷思和不文明的迷思。不曾改变的迷思是指中国、埃及、印度、土耳其和泰国等东方国家的旅游迷思，未曾改变的迷思聚焦于这些传说中的古老国家。去这些国家旅行仿佛回到了古代文明世界，这些地方建造的遗迹和废墟等吸引物是吸引旅游者目光的重要焦点。为了和旅游者的需求一致，这些第三世界国家的目的地必须呈现出未曾改变的面貌，另一重要表述是关于这些地方曾经是富饶之地的描述，现代社会第一世界的旅游者被鼓励看到这些第三世界旅游目的地曾经的辉煌，这些是最值得旅游者们凝视的。不受约束的迷思是指阳光灿烂的国家如海洋沙滩等旅游目的地（如古巴、斐济和牙买加），这些地方的环境让旅游者可以自我放纵和获得感官享受，这些旅游地是现代天堂。未曾改变的迷思是神秘的和奇怪的，而这些地方的迷思是容易理解的和舒适的。第三类迷思是不文明的迷思，如哥斯达黎加、厄瓜多尔、肯尼亚和纳米比亚，这些地方大部分没有文明，本质是原始的。文章最后指出第一世界的旅游者对第三世界的想象和第三世界为迎合第一世界所建构

---

① 这段话引自硕士论文《论旅游体验中的符号及其解读》，详见参考文献。

的旅游迷思其本质是殖民主义的。

此外,明信片也是被分析的重要文本。Markwick(2001)对马耳他的旅游明信片做了研究,Cohen(2000)指出明信片要研究四个方面:图片表征,与图片搭配的标题,文字,明信片寄送的地址(表明沟通的流向)(转引自 Andriotis, Mavric, 2013)。Andriotis 和 Mavric(2013)认为以往研究中对明信片的分析是把明信片作为表征的固定形式,挖掘其中对地方和特殊文化的解释。他们则将明信片作为历史资料进行了分析,审视的是明信片的发送者和接收者之间想象和交流的移动性。

(三)旅游体验中的迷思研究

这个领域关注的是作为消费者的旅游者和旅游者的体验,研究表明旅游者对期望的表述和对体验的诠释中存在迷思,而且迷思学被认为是用来解释人们的感受和研究旅游体验的新方法。Becker(1978)用质性研究方法调查和分析了旅游者对照片文本的描述,在访谈过程中记录旅游者所回答的"期望",并将测试结果对应到每张照片当中(转引自 Johns & Clarke, 2001)。Norton(1996)认为旅游为个体旅游者获取世界的意义提供了重要机会,旅游营销文本的制作如旅游宣传册是解释旅游地最直白的方式,它们以某种形象来表述某种文化含义。旅游营销文本的解读和旅游者对旅游体验的描述之间是存在相关性的,为此,他引用了 Johnson 的文化圈模型,并依据这个模型把旅游体验的描述划分成了期望、体验和反馈3个阶段,采用了访谈法研究了旅游者对东非旅游体验的诠释。McEwan(1996)分析了旅游者叙述中西部非洲的"黑色大陆"迷思和田园生活的迷思。Johns 和 Clarke(2001)用旅游者话语中呈现的迷思来分析他们的度假体验。研究了旅游者表述中的迷思,并对旅游者的预期、旅游体验过程的描述和旅游者行程结束之后的感受进行了实证研究,揭示了迷思的形式、内容和动机,并指出旅游者表述的迷思通常是由旅游者动机或意识引起的,因为旅游动机的存在,旅游迷思通常具有情感的成分[①]。文中还指出,假日体验的迷思在于度假广告中描述的"和孩子共度好时光","放松"和"生活轻松"是常见的形式和概念。从上述研究可以看出,旅游体验中的迷思存在于旅游者出门旅游之前对旅游地的期望,所以旅游者头脑中关于旅游地的迷思通常具有个人的动机和情感因素在其中。

(四)旅游地的地方迷思研究

本书所研究的问题正是旅游地的地方迷思,故而这一块的研究进展要做更为详细的评述。国内学者崔庆明、徐红罡2012年发表了一篇论文《野象的迷思:野象谷人—象冲突的社会建构分析》,这是国内第一篇提到旅游迷思的论文,讲述的是作为旅游对象物的野象的迷思。虽说文章题目中用了"迷思"这个术语,但是全文并没有对迷思这个概念进行介绍和界定。这篇论文的主体部分标题为"野象的迷思——野象的不同意义",分析在游客、员工、社区居民眼中的野象有何不同意义,但并没说明是什么样的迷思。全文仅仅是用到了迷思这个词。在结论部分作者写道:"旅游目的地通

[①] 这段话引自硕士论文《论旅游体验中的符号及其解读》,详见参考文献。

过宣传,将大象的形象片段化和美好化,使得游客在他们的日常经验中建构出一种片面的大象的意象,这种意象使得大象对于他们形成了一种令人向往的意义。即大象的迷思让潜在游客对野象谷心生向往"。从这句话可以发现旅游地营销制造迷思的作用在于让潜在游客对旅游地产生向往。

Brann(1991:546)说过旅游地迷思是"系统的公众错觉,是自发产生的或由形象制造者操纵的。"Selwyn(1996)主编出版了《The Tourist Image:Myths and Myth Making in Tourism》一书。Selwyn 指出旅游是关于 myth 和舞台化非本真性的生产和消费。Selwyn 在绪论中指出"myth"一词的意思源自列维·斯特劳斯,这一章中 myth 的概念采用的是人类学的定义,Selwyn 将 myth 定义为在智力和情感层面解决个人和社会的疑难问题而假设的故事,神话(myth)宜当作故事来看待,这是他对 myth(神话)概念的理解。在对全书内容进行介绍时,他说此书的论文主要讲述的是中心和边缘关系的三类过程,其中:第一种是关于旅游者对于他者(Other)的观点、形象、迷思(myth)和幻想等想象的建构;第三种是与他者的迷思和形象有关的强大的力量。"他者的特点是各种前现代、前商品化的想象世界或者是旅游者头脑中重温的善良的世界"(Selwyn,1996:21)。虽说此书第一章对 myth 进行定义时所指的是人类学中的神话,但是书中其他作者撰写的各章对 myth 的使用和研究内容却对应的是罗兰·巴特思提出的迷思,如此一来,该书 myth 的中文译名就在神话和迷思之间摇摆不定了,书中很多章节的作者在论述 myth 时其内含很明显是指涉罗兰·巴特思的迷思。例如,"旅游业的发展带来巨大的社会变迁,而旅游迷思却是隐瞒和否认这些变迁,永远保存的是旅游之前所想象的观念和形象"(Brown,1996)。Hutt 所写的第三章就是西方旅游者对尼泊尔香格里拉迷思的建构,迷思描述的是一个山谷,山谷里的人们过得很满足,有各种基础资源,能够自给自足,政府很仁慈很民主。尼泊尔旅游局利用这个迷思把尼泊尔销售给那些寻找智慧、丰裕、社会团结等符号的西方旅游者。在第七章中 Campden 这个旅游地的迷思就是被外来者塑造而成的英格兰中部有魅力的田园城镇。第四章是 Dann 对英国旅游宣传册的分析,这章的主题不是旅游地迷思分析,而是旅游宣传册的迷思分析。Dann 跟随 Uzzell(1984)的观点,认为旅游者是迷思制造者,旅游宣传册是他们自己的迷思,迷思的意识形态功能是将目的地形象("第一次序")转换为更强烈的意识形态文本("第二次序"),在此 Dann 使用了巴特思迷思概念的构造系统——第一次序和第二次序。从 Dann 写的这一章可以了解 Uzzell 内心的主张:宣传册在一定程度上是"我们的自我形象"。这一章的主题就是旅游者意象中的天堂。Dann 说道:"旅游是一个不可实现的白日梦和幻想的世界。"Crang(1997)评价此书是一本很好的论文集。David(1998)也为此书写了书评,他指出:这本书可以更精确地命名为"旅游人类学探索:本真性、商品化以及地方、人和文化的形象"。不过此书的原名还是更为贴切,因为此书各章所研究的问题均是 myth,大部分是研究的地方迷思。

Hopkins(1998)发表了关于符号化乡村营销迷思的论文,此文所关注的不只是地方促销符号,而是确认和解释乡村的意识形态、价值观和迷思的内涵,以及在更广泛的政治、经济和文化背景下生产和消费的意义。文中引用了巴特思对迷思的定义:迷思是由含蓄的符号或意义组成,迷思是建立在隐含意义基础上的第二次序的符号系统(Barthes, 1982)。Hopkins 指出,尤为重要的是去理解符号化景观的商品化、营销和消费。旅游地宣传口号带有第二次序或隐含的意义;它们指称着表面之外的东西,它们是被有意操作的。

Urry(2002)编著的《消费地方》(Consuming Places)对本研究有较大的借鉴意义。书中写道:地方意义不是简单给定的(simply given),而是文化建构的。空间本身是社会化生产和社会化再生产的。这不是简单的个人解释,而是集体迷思;理解这些迷思是一个解锁、削弱现有解释和传统,把冲突元素并列在一起的过程。所以,地方迷思相互竞争且可更换,通常有许多迷思相互叠加,它们附属于不同的社会空间。例如,尼亚加拉瀑布有地方迷思,那里反映了加拿大北部相互竞争的地方迷思。巴特思在蓝色指南中说到古老的阿尔卑斯山迷思,倡导着勤奋和隐居的道德观。地方迷思组建了人们对他们自身和社会世界的认识。此书的第十三章以英国湖区(Lake District)为例分析了地方迷思(place - myth)和地方身份(identity)的存在。湖区原本不属于英格兰,直到有为数较多的游客去了那里,其中一些人写下来的文字被贴上了美丽风景(picturesque)风格的标签,由此诞生了英国著名的浪漫主义流派,作家和艺术家来此游览使得湖区成为英格兰的一部分。游客写的文学作品发展了这里的地方迷思,这个地方的身份就是"湖区"。没有游客和游客创作的文学作品、没有阅读了文学作品的人,就不会发展出迷思。如果不是因为一些写了湖区的作家成为标准英国文学的代表也不会有迷思,因此湖区的发展是一种特殊的地方迷思,它是因为游客和作家而产生的,是因为浪漫主义风格的英国文学作品被认识、描述并得到了反响。18 世纪末地方迷思迅速增加和循环,18 世纪末和 19 世纪初出现的旅游地迷思还有 Blenheim 和 Chatsworth 乡村房屋、Stonehenge 和 Fountains Abbey 遗址、Brighton 度假村等地方。旅游者眼睛所追求的是地方的迷思和形象。Urry 在本书中还阐述了他曾提出的旅游凝视理论,指出湖区的浪漫凝视和集体凝视是相冲突的。

旅游地迷思研究的最新动态是对旅游地想象的研究,"一些学者指出了 myth——传统的被解释的故事(通常是神圣的自然)和旅游想象之间的相似性"(Hennig, 2002; Selwyn, 1996)(转引自 Salazar 和 Graburn, 2013)。"想象是社会建构的发动机,它影响和决定着未来的结果"(d'Hauteserre, 2011)。Santosa(2008)对中国城(Chinatown, 唐人街)的再想象(reimagining)研究运用了参与观察、宣传册和焦点小组资料的分析,指出芝加哥中国城的表征是"异域的、舒适的游览地"。Salazar(2012)在《旅游想象:概念研究》这篇纯思辨研究论文中指出旅游空间让旅游者离开了乏味的世界,是一个充满了想象、幻想和梦想的地方。旅游的"想象地平线"是机会,需要做的就是积极创造和操作那些可以替代根深蒂固的想象的形象和话语。基于此,笔者认为旅游地的迷思实际上反映了旅游者内心投射到旅游地的想象。

Gao 等人(2012)采用扎根理论方法研究了虚假的香格里拉,该研究以中国香格里拉为个案说明一个历史上并不真实的地方所存在的迷思,香格里拉是一个虚假的目的地。香格里拉闻名是因为英国作家 James Hilton 于 1933 年写的《消失的地平线》一书，随后在 1937 年拍摄成了电影。Gao 的研究借鉴的理论是想象地理学，旅游者出于个人的欲望和希望对迷思和故事进行着主观的解释，在自己的头脑中重新创造了旅游目的地。旅游地的想象地理是旅游者个人想象的产品。该研究指出旅游者对香格里拉的意象分为三类：纯自然的没有迷思的景观，受西方媒体和达赖喇嘛影响的西藏迷思，虚假的香格里拉。文中指出："迷思或故事是介绍地方和创造集体公众身份的刺激因素。换言之，迷思或故事通常给人类潜在的精神生活提供了线索，每个社区和环境包含着一个故事"。

Chronis（2012）对葛底斯堡的旅游想象进行了实证研究，他说在各种休闲企业中都是掺和着幻想和真实；旅游想象是旅游目的地有形物质性和叙述建构的不可捉摸性之间张力的产物，即地方和故事之间张力的产物；旅游地的真实和想象是不可分离的，既有真实的，又有想象的。旅游地是社会建构的（Hughes，1992；Meethan，1996；Rojek & Urry，1997；Urry，1995；Young，1999），与特定的记忆、风俗、意愿和价值观相联系（Barthes，1972）。旅游实际上是讲故事（Bruner，2005；Chronis，2005，2008），用故事把一个不引人注目的空间变成有吸引力的旅游目的地。旅游叙述是想象多于真实。构造和解释是旅游营销者和商业技术的任务。旅游地卖的不是地方本身，而是地方叙述。旅游想象为集体体验提供了意义。旅游想象是与一个旅游地相关的承载着价值观、具有情感的集体叙述建构。

Salazar 和 Graburn 于 2013 年出版了《人类学镜头下的旅游和想象》一书[①]，导论中提道：Dann（1976）区分了旅游者想象的两类基本特征。Said（1994）对地理想象进行了分析，地理想象是关于空间怎样被想象，物理空间被认为具有什么样的意义，关于这些地方的知识是如何生产的，以及这些表征是怎样使得不同的行动过程成为可能。对人和地方的旅游想象不能简单地用解释内容或符号内容将其看作商品化或商业化表征。它们通常是在想象中的迷思和幻想的基础上从历史继承的刻板印象中扩散开来，或者如 Leite（2005：290）所命名的"想象的重构"。

综上所述，旅游迷思理论研究在国外已经积累了一定的学术成果，国内还只见到一篇有关旅游迷思的研究论文。旅游迷思研究的基础是旅游符号理论，最早是 1976 年 MacCannell 对旅游吸引物符号系统的结构主义分析，英国社会学家 Urry（2002）的《消费地方》一书中关于英国湖区的地方迷思分析得益于罗兰·巴特思（Roland Barthes）的迷思学思想。Franklin（2004）曾评论道"Urry 和 MacCannell 是旅游综合（general）理论中最有影响力的两位"。myth 研究的理论起源地是法国，是法国人类学家列维·斯特劳斯的神话学研究和法国符号学家罗兰·巴特思的迷思学研究。旅游迷思研究是以罗兰·巴特思的迷思学理论为基础而展开的。从以往旅游迷思的学术文献来看，旅游迷思被看作是旅游地被解释的故事。旅游迷思研究是围绕旅游地的表征、

---

① 2013 年 5 月 1 日美国的 Nelson Graburn 教授将这本书中他和 Salazar 写的第一章"导论"的 Word 文档发给了我，在此对 Graburn 教授表示诚挚的感谢。

描述、想象而进行的。就目前而言,旅游迷思研究集中在旅游营销文本的迷思分析,旅游体验中的迷思分析和旅游地的地方迷思研究这几个领域。以往研究的关注点是旅游地有怎样的迷思,分析的是迷思的主题和内容,但是地方迷思是怎么被制造出来的,旅游者对迷思是怎么消费的,这些方面并没有做过研究,并且以往研究也没有对迷思的概念给出清晰的界定。所以,本研究首先着力于给出迷思的操作化定义,然后论证所选取的个案湘西凤凰古城地方迷思的存在性,并分析迷思的内容,随后分析迷思制造的过程,最后论述旅游者消费迷思的特征。通过这样的分析,可以清晰地看到供需双方是怎样共同营造出了地方迷思,而不是仅停留在对迷思内容的分析这一层面上。

第二节　研究设计

一、研究方法

本研究采用的研究方法是个案研究法,是对湘西凤凰古城这一个案进行的研究。有些案例研究属于质性研究,有些案例研究属于定量研究,本研究是在质性研究的逻辑下进行的。"案例研究适用于以下三种情境:需要回答'怎么样''为什么'的问题时,研究者几乎无法控制研究对象时,或者关注的重心是当前现实生活中的实际问题时"(殷,2004:2)。本研究所要回答的一系列问题是凤凰古城是否存在迷思,凤凰的旅游迷思是什么,旅游迷思是怎样被制造出来的,旅游迷思是怎样被消费的,等等,这些问题中的多半属于"怎么样"的问题类型。其次,笔者无法控制被研究的对象;再者,本研究是针对当前现实社会中的问题。所以,本研究符合罗伯特·K.殷所说的案例研究适用的三种情境,宜采用案例研究法。

"个案研究实质上是通过对某个(或几个)案例的研究来达到对某一类现象的认识,而不是达到对一个总体的认识"(王宁,2002)。个案研究的主要目标之一是"解剖麻雀","即对具有典型意义的个案进行研究,形成对某一类共性(或现象)的较为深入、详细和全面的认识"。"在个案研究中,研究总体的边界是模糊的。正因为个案不是统计样本,所以它并不一定需要具有代表性"(王宁,2002)。因而,个案需要具备的是典型性,而非代表性。个案研究不是统计归纳,而是分析归纳,是从中归纳出理论。"个案研究结论没有'总体代表性'。但是,个案研究结论却可以向'同质化类型'进行外推"(王宁,2007)。本研究通过凤凰的案例可以呈现出地方迷思的制造过程,有助于理解和解释其他类似的旅游地的迷思制造过程。

二、实地调研对象

首先要说明的一点是,本书调查研究的是凤凰古城,与凤凰古城相邻的南华山,凤

凰古城周边的南长城、奇梁洞、黄丝桥古城,周边的各个苗寨等乡村游景点不在调查范围之内。本研究的调研对象依次为:

(一)旅游者

在凤凰古城访谈了正在游览的现实旅游者(现场正在旅游体验中的旅游者),在长沙市访谈了以前去过凤凰旅游的居民(有过凤凰旅游经历的人)和从未去过凤凰的居民(有或者暂无凤凰旅游意向的潜在旅游者)。另外在广州、湘西边城等地做了少量访谈,广州的受访者是潜在旅游者,边城的受访者是现实游客。

(二)旅游企业和商户

旅游企业方面主要调查的问题是旅游企业对凤凰古城如何宣传和营销的,调查对象包括旅游景区公司和旅行社。旅游景区公司是承包了凤凰古城50年经营权的北京天下凤凰文化旅游传播公司旗下的凤凰古城旅游有限责任公司。旅行社方面调查的是旅行社对凤凰是如何推介宣传的,主要调查的是长沙市的组团社(凤凰旅游批发商和零售商)和凤凰县的地接社,地接社的受访者有总经理、销售经理、导游、计调等。

调查的旅游商户是在凤凰古城内经营客栈、餐馆、酒吧、旅游购物品店的经营者,从他们的口中来了解凤凰的旅游业情况、询问他们对凤凰的印象,还调查了凤凰县一些拉客人员(拉客照相、拉客坐船,等等)。

(三)凤凰县政府

访谈地方政府公务员,包括凤凰县宣传部、旅游局、县政府办公室等部门工作人员和官员,了解凤凰县旅游业情况和地方政府在当地旅游业的起步和发展过程中是怎样作为的,同时搜集了各类统计数据。

(四)凤凰县居民

从原住地来说,凤凰当地居民有凤凰本地人和外地人,凤凰县本地人有的外出打工或在外地求学,以中青年人为主;留在本地的是从事旅游业或相关行业的人,以一部分中青年和老年人为主,还有在本地上学的青少年;外地人是来自湖南省其他地方或其他省份在凤凰从事旅游业或其他行业的人,绝大部分经营旅游业。从与旅游业的关系来说,居民中有的从事旅游行业,有的在其他行业就业,涉入旅游行业的居民是旅游业的利益相关者,没有从事旅游行业的居民是非利益相关者。从居住地点而言,居民包括凤凰古城的城区居民和周边乡村的乡村居民。

(五)媒体

媒体方面调查了凤凰县电视台,同时浏览了网络媒体资料,查看了新浪网等网站上的新闻。

(六)专家学者

访谈了湖南师范大学和中山大学的有关专家学者,询问了专家学者的意见。

三、资料搜集和分析方法

　　实地调研时间从 2010 年 10 月 11 日起到 2013 年 12 月 12 日止。在这三年多的调研时间里陆陆续续在多地进行了调研,主要的调研地点是湖南省湘西土家族、苗族自治州(以下简称湘西州)凤凰县和湖南省省会长沙市,其他辅助性的调研地点有湘西边城、湘西芙蓉镇、广东省广州市和美国旧金山。凤凰实地调研先后两次,调研时间分别为 2010 年 10 月 24 日—10 月 31 日和 2012 年 8 月 4 日—2012 年 8 月 11 日,访谈人数为 103 位,凤凰县实地调研结束以后还一直同凤凰县当地人士保持联络,多次联系地方政府公务员请其提供有关数据和资料。湖南省会城市长沙是凤凰最主要的旅游客源地之一,长沙调研从 2010 年 10 月 11 日开始,到 2013 年 12 月 12 日结束,调研了多次,访谈人数为 49 位。2013 年 10 月 3 日—5 日笔者去了湖南湘西州花垣县边城镇(原名茶峒,2008 年更名为边城)和湘西州永顺县王村芙蓉镇景区调研,在边城时还过渡口到了重庆市秀山县洪安镇。因为时间有限、行程很紧凑,只调研了去往边城途中偶遇的两位游客并和他们同游同吃同住。茶峒是沈从文作品《边城》开篇交代的地名,芙蓉镇景区因为是电影《芙蓉镇》的拍摄地而开发为景区。广州调研时间是 2010 年 12 月 1 日—2 日,访谈了 3 位广州市居民。美国旧金山调研是在 2013 年 1 月到 6 月,搜集了旅行社宣传册。此外,2009 年 5 月 16 日—17 日,笔者去了湖南怀化洪江古商城旅游。怀化洪江古城规模小,建筑都是历史遗留的古建筑,洪江古商城景区人员都穿着古装展现各类古人生活场景进行表演,让人印象较深。2009 年上半年还去了长沙的靖港古镇。可以说,湖南省有代表性的古镇均已去过。

　　"案例研究采用的方法与历史分析法大致相同,但它比历史学家多了两种资料来源:直接观察事件过程;对事件的参与者进行访谈"(罗伯特·K.殷,2004)。本研究的资料搜集方法主要是采用访谈法以搜集第一手资料,并搜集了政府文献资料、网络资料等各类第二手资料。同时,在凤凰实地调研时采用了观察法。观察法是研究者根据研究提纲或观察表,用自己的感官和辅助工具去直接观察被研究对象从而获得资料的方法。本研究采用的是参与观察法。在参与观察中最投入的"局内人"情境是我跟有的自助旅游者一同游览凤凰古城,在几个小时的同游互动过程中观察游客的表情、行为和话语,被观察者知道我是研究者。

　　在访谈时我每次都会事先有礼貌地征询受访者是否愿意接受调研,在实地调研中,只有在凤凰的调研过程中被 3 位游客拒绝了,其中两位是觉得刚刚抵达凤凰旅游没什么可说的,另外 1 位是不愿意我现场录音,对录音有所顾虑。当时在凤凰的街道上天色已入黄昏不方便笔录只得放弃对这位游客进行访谈,其他受访者均愿意接受访谈,不违背研究伦理道德。访谈法是研究性交谈,"访谈法的好处在于挖掘意见、体验、动机和观念,这些仅仅通过观察法是得不到的"(Gao,etc.,2012)。本研究根据被询问者的答复搜集客观的事实材料和主观的内心体验和想象的表述。在凤凰、长沙、广州和边城均进行了个案访谈,多数情况下是一对一的访谈。在凤凰调研旅游者时考虑到当时的调研情境,会时不时采取一对多的焦点小组(Focus Group)访谈。访谈法是本研究用到的最主要的方法,采用的是半结构式访谈,事先拟好了访谈提纲(见附录一)。凤凰、长沙、广州及边城的个案访谈采用了现场笔记和录音笔记录两种方式,在征得被访者同意的前提下对访谈内容进行了录音。所有受调查者均是自愿参与,没有付给他们金钱或者礼物作为报偿。本研究的访谈除了现实世界的面对面口头访谈以外,还进行了虚拟世界的网络笔头访谈,使用了QQ聊天工具进行了网络访谈,保存了访谈文本资料。网络访谈没有统计人次数,仅对极个别凤凰县居民和少数长沙市居民采用了这种方式。QQ访谈与面对面访谈相比的差异在于:其一,网络聊天语言有时候倾向于书面化;其二,网络聊天可能比面对面聊天更能透露受访者内心世界的想法。本研究的个案访谈中受访人的基本资料采取编码的记录方式(受访者的基本资料请见附录二),做到为被研究对象保密。个案编码的方式是字母加数字,第一个编码为调研地名称的第一个字母,第二个编码是表示个案访谈顺序的数字,第三个编码为受访者个人姓或名的首字母,第四个编码是受访者性别的英文首字母(例如:F1 - L - M 表示第一位在凤凰接受访谈的姓刘的男性)。

在访谈的基础上,本研究同步对网络资料进行搜集,包括旅游攻略、游客点评、旅游博客等,分析凤凰的网络宣传话语、网络口碑、游客的旅游期望和旅游体验。本研究对实地调研搜集的各类第一手资料和第二手资料进行分析,资料分析主要是对文本内容的文字进行分析,采用的是扎根理论,"扎根理论源自符号互动主义"(Goulding,2002)。进行分析时是对资料进行编码,"编码指的是将分割分段后的资料归入不同的范畴,然后命名"(Charmaz,2009)。编码过程分为开放编码、轴线编码、选择编码三个步骤。扎根理论从经验资料中归纳出理论,"建立能忠实反映社会现象的理论"(Strauss,Corbin,1997)。

四、研究中搜集的资料

研究中搜集到的文本资料分为如下几类:访谈录音誊写资料和访谈速记记录,田野观察笔记,文献阅读笔记,政府文献、书籍、报纸、网络、旅行社宣传册等资料。

笔者将访谈录音逐字输入计算机整理成 Word 文档,将录音誊写为文字的过程耗时4个月,一共整理了36万字的访谈录音誊写文本,以及QQ访谈记录、现场访谈速记的访谈文本。本书主要是对第一手访谈资料进行分析。文献阅读持续进行了3年时间,整理的读书笔记有69万字。在凤凰、边城和芙蓉镇等地调研期间撰写了田野观察笔记。Gao等人(2012)指出,书、网页、博客、邮件和个人相册分别构成了迷思和半真半假(half - truths)创造的养料。所以本研究除了对访谈资料做深入分析以外,还对有关书籍和网络资料进行分析,除此之外还有报纸和旅行社宣传册等。书籍有文学作品,与凤凰、丽江有关的旅游书籍等。因为丽江是与凤凰在氛围、知名度、受欢迎度方面相类似的旅游目的地,丽江是凤凰的一个参照(本研究是单个个案研究,只分析凤凰古城,不过在对被访者访谈时有多人提到丽江,一些受访的游客将二者进行了比较),所以购买了这两个旅游地的旅游书籍进行阅读和摘记。

报纸搜集方面,通过专门做凤凰旅游专线的旅行社(凤凰旅游批发商)来搜集刊载了凤凰旅游广告的报纸,其中包括湖北和湖南的报纸,如长沙的《三湘都市报》上面有旅行社为凤凰打的广告。也有在美国旧金山①搜集的《星岛日报》《世界日报》《世界周刊》等华语报刊,上面有凤凰古城的新闻报道。西方曾有学者对报纸上的旅游版进行过分析,Santos(2004)对《纽约时报》《华盛顿邮报》《洛杉矶时报》和《今日美国》四份报纸做了分析,研究指出,"报纸上刊登的旅游文章其特点是允许没有任何语境的白日梦,并没有很多有关读者自己故事的材料"。本研究摘录了各报刊上关于凤凰的新闻和广告,没有涉及旅游文章,旅游文章主要见于所搜集的书籍中。

电视台方面,曾经求助于湘西州委宣传部以获取湘西州电视台和湖南卫视的资料但未果,所以最终只好圈定影响力有限的当地电视台,联系了凤凰县电视台台长获取了零星的资料。因为湘西州委宣传部官员和凤凰县电视台台长都告知我电视台并不会长期保存资料,三个月就会进行大部分清零,最后取得了2012年8月本人在凤凰调研时最新播出的节目资料,是凤凰县电视台有关凤凰时政的两期节目资料。

在我们现在所处的全球化时代里,电脑和互联网已经无孔不入地渗透到我们的生活中,我们的现代生活已经无法再像古代生活那样自然朴素,我们无法逃离网络对我们的影响和控制,所以网络资料对于现代研究者来说是一个重要的可供挖掘和分析的第二手经验材料,在旅游研究当中更是如此。众多旅游者在旅游归来之后迫不及待地在网络上晒出自己所拍的照片,勤快点的就会写网络日志,或者去一些论坛发表自己的所见所闻、所感所悟,这些都是可供分析的文本材料。笔者浏览过的网络资料有:网络新闻,来源如百度新闻、新浪网、湖南红网、人民网,等等;论坛帖子和留言,来源如搜狐旅游论坛、天涯论坛;网络游记,来源如百度旅游攻略和专门发布旅游攻略与游记的蚂蜂窝网站;网络博客,来源如QQ空间、网易博客、新浪博客等,之所以选择QQ空间、网易博客和新浪博客,是因为这三者是"博客量排名前三的网络平台"(刘焱,2012)。

至于旅行社宣传册的搜集,联系到了如下一些最有代表性的旅行社获取了第二手资料。首先是长沙市的凤凰旅游专线批发商——湘亚旅行社,该社注册的品牌是凤凰假日,他们的宣传册比较少,主要是在报纸上打广告,由该社的老板兼总经理提供了第二手资料并进行了访谈;长沙最大的旅行社——湖南省亲和力旅行社(原名湖南省中青旅),它是组团社,是凤凰旅游产品零售商,由该社的一名经理提供了宣传单资料并进行了访谈;凤凰县当地经营规模最大、游客接待量最多的地接社——运通旅行社,联

---

① 2013年1月—7月,笔者在美国旧金山做访问学者,趁此机会在此期间搜集了有关凤凰古城的纸质资料,主要是华语报纸和旅行社宣传册。笔者还对一部分旧金山人做了访谈,但是被访者中听说过凤凰的人数比较少,所以仅仅了解了凤凰古城在美国的知名度,与本研究的旅游地迷思没有直接相关性,访谈资料对本书而言没有价值,受访者基本资料也没有收入附录2中。

系和访谈了运通旅行社的老板兼总经理、销售经理、导游员和计调人员,运通旅行社提供的宣传册是最多的,因为基本上都是地接社制作好宣传册,然后地接社将旅游宣传册送给各个旅游客源地的组团社,由组团社负责招徕游客。最后在美国旧金山唐人街的各家旅行社搜集了一些推销中国旅游目的地的宣传册,其中一些涵盖了湘西凤凰古城的旅游广告和旅游线路。

五、核心概念界定

(一)符号

现代符号学诞生于19世纪,符号学是一门研究符号的科学。瑞士语言学家费迪南德·D. 索绪尔(Ferdinand de Saussure,1857—1913)和美国哲学家查尔斯·S. 皮尔斯(Charles Sanders Peirce,1839—1914)是现代符号学的奠基人。

索绪尔(1996)认为语言是一种符号,他指出符号(sign)由所指(对象/内容)和能指(词汇)两部分组成。索绪尔所说的能指(signifier)就是符号形式,亦即符号的形体,是由物质、行为或表象载体所充当的对符号意义的指称或指向,较为确定,又称"明示";所指(signified)即符号内容,也就是符号所传达的内在含义,或曰"意义",意义是通过符号载体来提示、显示和表达,不太确定,又称"隐含"。符号是由能指和所指亦即形式和内容所构成的二元关系。或者更通俗地说,"能指是表达其他事物的事物,所指是能指所表达的事物的意义,符号是这二者的结合,依照惯例被表述成:'s/S'"(豪厄尔斯,2011:82)。"在巴尔特(巴特思)看来,'能指的实体始终是物质材料(音响、物体、材料)',而所指不是'一件物',而是'物'的一个心理表象(1967)。"(转引自霍尔,2003:164)

皮尔斯对符号的定义是:能够被用来在某方面代表其他的任何物象。可见符号涉及的范围是相当宽泛的,凡是人类所承认的一切有意义的事物均可构成符号。他说:"尽管世界不完全由符号组成,但世界充满了符号"(Peirce,1934;转引自 Etchner,1999)。皮尔斯提出了著名的符号三角理论,他认为符号的意义来源于三组关系:所指(所指的对象/概念)、符号(用于代表事物的能指)和解释项(解释符号的东西),所指与能指之间构成表征的关系,能指和解释项之间构成意指的关系,而解释项主要受文化、社会规则的约定。这一区分有助于人们理解表征和意指这两个概念。皮尔斯把符号分成了3类:图像符号(icon)、指索符号(index)和象征符号(symbol)。图像符号的能指与所指的事物类似,也可译为肖似符号,"如肖像画、拟声词等"(托多罗夫,2005:3),又如秦始皇陵兵马俑复制品,这样一种微型旅游纪念品就是图像符号。图画、地图、照片和明信片等都是图像符号。第二类符号指索符号,能指与所指之间存在着一种直接的因果或邻近性的联系,也可译为指示符号,指示符号能够指示或索引符号对象的存在。例如,路标与道路之间可以构成指索关系,因此路标可以看成是道路的指索符号。又如"烟与火,风与浪等"(托多罗夫,2005:3)。第三类符号象征符号的能指与所指之间没有类似性或因果相承的关系,它们的表征方式仅仅建立在任意的社会约定的基础之上,"是以任意性为基础的"(托多罗夫,2005:3)。比如雅典卫城是希腊的象征,自由女神像是美国的象征,埃菲尔铁塔是法国的象征,等等。这三类符号并不是相互排斥的,一个符号通常具有多项功能。例如,明信片中的秦始皇陵兵马俑既是图像符号,又是代表着西安、象征着中国古老文明的象征符号。作为路标的曲线箭头是道路的指索符号,同时又是个图像符号,因为该箭头所描画的曲线形状与它所表征的道路具有相似性。所以在很多时候,一个符号可以身兼多职,刻意区分这三类符号并没有必要①。

"符号学是一种形式的科学,因为它除了内容之外还研究意指作用。""符号学不满足于面对事实:它们定义和探测事实来说明其他的事"(巴特思,1999:170)。符号学研究的是"经常被指称为意义的问题"(巴特思,1999:169)。"符号学是一个有用的分析工具,能够系统研究意义的生产,让研究者解释的逻辑和理论说明更加清晰"(Hopkins,1998)。迄今为止,符号学思想已经渗透到语言学、哲学、文学、社会学、人类学、传播学以及文化艺术等多个领域,成为了许多研究领域的基础。

(二) 迷思

迷思与符号的概念既有联系又有区别。迷思学在巴特思看来是符号学中的一个分支领域。"迷思学是言谈类型的研究,只不过是40年前索绪尔以符号学为名所主张的广大符号科学的一部分"(巴特思,1999:169)。维基百科中对迷思的定义如下:

> 迷思起源于希腊语单词 μύθος (mythos),迷思是一个可能真实或不真实的故事。迷思通常十分古老,也就是说没有记录或其他证据可以证明它们发生过。通常迷思由老人向年轻人讲述而流传下来。一些迷思也许起源于真实事件,但经过人们的讲述与重新讲述,它们的一些部分可能已发生改变。所以它们不够"真实"。它们可能已经错误地改变了,或变得更有趣。所有的文化都有迷思。例如希腊与罗马的神与女神的故事是迷思。
>
> 许多人都相信迷思中的动物与神存在。这些宙斯都可以制造一场风暴,以显示他的愤怒。其他例子还有埃及的神,阿图姆,被描述为世界上所有事物的创造者。在印度神话中,大雷雨的形成被描述为所有神的首领因陀罗的愤怒。他最有力的武器是金刚杵(雷电)。迷思中被他的武器击中后没人能活下来。

维基百科对迷思的这个定义中,迷思被看作远古神话,该定义是不准确的。迷思的准确定义需要反复阅读罗兰·巴特思(Roland Barthes)的《神话:大众文化诠释》这本书,从书中去理解他的思想。迷思这个概念是罗兰·巴特思的首创,是语言学和符

---

① 这两段关于符号的概念引自硕士论文《论旅游体验中的符号及其解读》。

号学领域一个具有很大理论价值和现实意义的概念创新。巴特思开创了语言学和符号学领域的一个分支——迷思学。翻译这本经典书的译者将 myth 翻译为"神话"是不准确的,译为"迷思"才比较合适,才能与"神话"区分开来。

维基百科在对"神话"条目的解释中介绍了不同学术范围对神话的理解。

英文中的神话(myth)一词从希腊文的 mythos 一词而来,其原文含意包括"语词""言说""故事"及"虚构故事/小说"等;因其不可置疑的有效性而往往与希腊文中的"道/科学"(logos)相对,在近代的学术研究中,神话往往不是"虚假故事""误解"的同义词,在不同的学术研究中,"神话"这术语有三种主要用法,即礼仪/人类学用法、文学用法及符号学用法:

礼仪/人类学用法认为神话是一种匿名创作的叙事,它提供了世界为何是现在这样及人们为何如此行事的解释,它是将自然变为文化的一种重要的手段,是人类尝试对自我身份的一种解释,故有其当中的文化意涵。

在文学理论中,神话是某种永恒的人类真理的故事或象征,这种永恒真理通常属于道德的或美学的范畴,这种象征或原型具有跨文化的意义。宗教与文学有极其相似的社会功能,就是把这种永恒的真理的价值观透过故事的形式传递。

符号学对神话的理解有别于以上两种用法,它是指一系列连接而不相合的相关概念,某种文化中的成员靠着这种概念才能理解某些对人类重要的主题,神话在无意识与主体间性的状态运作,使文化自然化。

维基百科提到符号学对神话的理解中最后一句话是对迷思特征的诠释,"神话在无意识与主体间性的状态运作,使文化自然化。"Johns 和 Clarke(2001)对 myth 进行概念梳理时,指出 myth 的理论有两大类:人类学和语言学。人类学的神话(myth)是一种叙事,"相信人们讲述的是真的"(Hunter and Whitten,1976:279)。它调整现存社会实践和信仰。列维·斯特劳斯指出神话是一个概念工具,远古的人们使用神话用经验中的形象来解释自然现象(Le'vi – Strauss,1978)。列维·斯特劳斯是当代著名的人类学家,也是法国结构主义的缔造大师。语言学的 myth 理论即符号学的迷思,是罗兰·巴特思所提的理论。"语言学对迷思的定义是一种言谈方式(Barthes 1973:117),这源自于索绪尔的符号学"(Johns,Clarke,2001)。那么,符号学的迷思(myth)和人类学的神话(myth)有什么区别呢? 神话通俗地说是传说,是夸大不实的。百度百科对神话的定义中写着:

在学术上,学者所说的神话,必须具有几个条件:

1. 叙述人类原始时代或人类演化初期的单一事件或故事。
2. 承传者除了自己以外还要让别人对这些事件、故事信以为真。
3. 通常为远古族群的人们集体创造并且流传下来,如果是个人创造而没有群众成员对其创造的参与,这些故事通常不归类为神话,只能认为是文学作品。

从神话的第一个条件来说,迷思与神话不同,迷思不是关于原始时代的故事;从第二个条件来说,创造迷思的主体对迷思有的相信,有的不相信,但是有意制造迷思的行动者其目的是为了让别人信以为真,其目的是功利性的,而无意之中参与了迷思制造过程的人并没有强迫别人信以为真的直接动机,无意制造方的行动者有的相信这个迷思是真实存在的。从第三个条件来说,迷思不是远古族群的人们集体创造的,迷思是当代社会的人创造出来而且流传开来的,并且在流传的过程中可能发生动态的演变。

林志明诠释了巴特思对迷思定义的第一种说法和第二种说法:

（巴特思)首先把神话(迷思)定义为一种传播体系、一个信息、一种意义构造方式、一种意指作用的方式、一个话语(parole)等,所有这些名词都是索绪尔(Saussure)一组基本对立概念的变体,那就是语言结构(langue)和个别言说(parole)的区分。这里,巴特思的提法冒着混淆概念层次的危险:如果神话(迷思)是一个传播体系,那么它不可能同时也是被传播的信息或负载这个信息的言说。巴特思接着又引入索绪尔的另一组二元对立的概念——能指(signifiant)和所指(signifie)——以及它们之间的关系:符号意指作用(signification)。巴特思于是提出第二个定义:"神话(迷思)的定义,并不来自其信息对象,而是来自神话(迷思)吐露这一信息的方式。"这时神话(迷思)已和内容无关。事实上,巴特思是以意义构成程序的角度来看待神话(迷思)和其运作方式(林志明,1997)。

对于迷思的决定性的定义是巴特思给出的第三个说法:"这是一个二次序的记号体系。第一次序体系中的记号,也就是说,概念和意象间的结合整体,在第二次序的体系中,变成只是能指"(巴特思,1999:199)。巴特思的第三个说法是学界在后来发展迷思理论的时候普遍接受的定义,即迷思是二次序的符号,是二级符号。"巴尔特(巴特思)把'神话'[①](迷思)称作第二级符号语言"(霍尔,2003:181)。第一次序中的符号称为能指,与含蓄的所指相结合,构成了第二次序的符号,即迷思。下面分别用中文图和英文图来表示迷思这种二级符号。

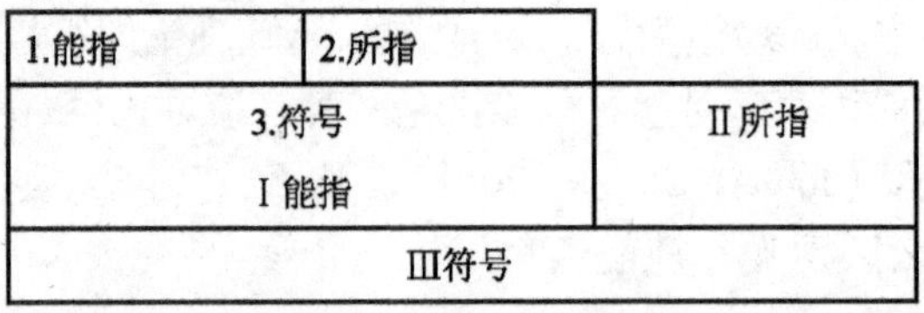

1.能指	2.所指	
3.符号 / I 能指		II 所指
III 符号		

图 2-1 迷思的图式

资料来源:[法]罗兰·巴特.神话——大众文化诠释.许蔷蔷,许绮玲,译.上海:上海人民出版社,1999:173。

[①] 应翻译为迷思,以下引用自霍尔的《表征——文化意象与意指实践》一书中的"神话"都被替换为"迷思"。

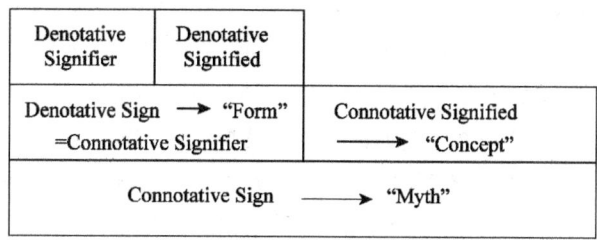

图2-2 迷思的第二性质(The Secondary Nature of Myth)

资料来源:Johns, Nick & Clarke. Valerina: Mythological Analysis of Boating Tourism. Annals of Tourism Research,2001:28(2).

迷思中存在着两个层次的意指,第一级意指(primary signification)和第二级意指(secondary signification)。"直接意指涉及意义的第一个层次,它来自能指和所指间的一种描绘关系。含蓄意指涉及意义的第二个层次,它引导人注意形象(物品)在一个较宽泛的、较多联想性的意义水平上被理解的方式"(霍尔,2003:164)。第二级意指是第一级的"指示符号成为了另一层隐含意义的能指"(Johns, Clarke,2001)。豪厄尔斯对于迷思是二级符号系统进行了举例阐释。

巴特思认为"神话①"是一个二级符号学系统……由能指和所指这两部分的联合所创造的符号,接着继续成为其他事物的能指。这样符号学理论便进入了"第二个层次"……索绪尔的符号学表明了书面和口头的能指"dog"是怎样被用来表示狗的概念的。接下来,我们继续使用这个作为结论的符号,它表示更多的意味,比如忠实。因此,在(第一)语言系统当中的最终术语或符号现在成为了(第二)"神话"系统当中的初始术语和能指。"忠实"成了"神话"的所指,以此类推,"神话"(迷思)符号成了这二者的结合。(豪厄尔斯,2011:86)

"迷思概念里可能存在大量的能指,与语言学的能指相反,一个能指对应一个所指(Barthes 1973:131)"(Johns,Clarke, 2001)。"不同形式概念的重复性,对迷思学家是很珍贵的,使他可以解析这个迷思:只有在某种行为的坚持下才泄露它的意图……在迷思中,概念本身则须扩散到许多能指"(巴特思,1999:179)。"能指解放了,图像超过了叙述,美学占统治地位,观众被大量免费的形象展示所吸引"(Urry,2002:216)。

巴特思运用质量两个维度来衡量神话的理想类型。就质来说,神话能指贫乏而所指丰富。就量来说,神话有大量繁复的能指,而它的所指则总是被典型化,种类稀少。这个说法暗含未来巴特思对流行符号的分析:流行操作着大量的能指元件,但其实创意稀少;它的意旨丰厚堆叠,但其实说的一直是一个美好的空幻世界,而且最终指向空

---

① "神话"是译者的翻译,中国内地出版的书籍中凡是巴特思的"迷思"(myth)均被翻译为"神话",本研究有些地方没有将"神话"替换为"迷思",但请读者注意,如前文所述,"神话"应该被译为"迷思"。

无。(林志明,1997:5)

巴特思认为,迷思在现代世界是普遍存在的。如下所述:
巴特思留意到迷思的世界是动态的世界,迷思概念持续的改变并被历史压迫。迷思的形式不只有词汇或语言,还有图片、艺术品、动作、面部表情等同样也是迷思。巴特思指出迷思在现代世界普遍存在。Kim 指出迷思可以在新闻文章、广告、诗、小说、图片、电影电视新闻、运动、寺庙或教堂的布道中发现(1996:125)。(Johns & Clarke, 2001)

可是,对于迷思的界定不能停留在哲学层面,这样会让人感觉过于抽象而不十分清晰,而以往的诸多研究中并没有对迷思给出操作化的概念,本研究力图在文献梳理和对以往理论的批判性借鉴的基础上给出一个操作化的定义。迷思一定涉及符号的能指与所指之间的关系,这是巴特思说过的。在这个层面上,不能区分符号和迷思,迷思是符号中的一种,迷思是二次序的符号,迷思跟其他符号一样,其形式(form)是能指,概念(concept)是所指。迷思与符号的关系见下图。

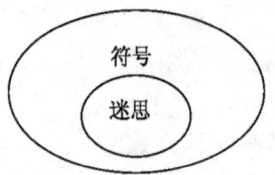

图 2-3 迷思和符号的关系

更重要的问题是,迷思是指称什么的符号呢?迷思是一种特殊的符号,它既具有符号的共性,但是又有自身的特殊性,迷思有信念(belief)、价值、情感、意识形态等因素在里面。迷思具有如下一些特征:

第一,人为性。迷思的人为性在于其能指与所指的联结是人为建构的,"符号是任意的,这是符号学关键之所在。它提醒我们没有任何符号注定指代任何事物"(豪厄尔斯,2011:82)。符号是任意的,但是迷思不是任意的,迷思的人为性体现在迷思是人为建构的,迷思是隐藏着意图的,迷思是由动机激发的。"它关心的与其说是形式,倒不如说是意图。这种建立在'迷思'能指和所指之间的关联,与前面提到的语言学意义的联系是不同的。(关联)'从来不是任意的',在某种程度上,这种联系是被促成的"(豪厄尔斯,2011:88)。"迷思通常由动机或意识形态(Ideology)引起,巴特思(1973:136)认为,语言中的符号是任意的,迷思的含义就另一方面而言从来不是任意的;通常是被动机激发的,没有无动机形式的迷思。因为动机的存在,迷思通常具有情感特征"(Johns, Clarke, 2001)。"巴特思指出迷思为了社会某类群体的意识形态利益服务"(Bignell, 2002:24)。"它并不以能指和所指之间任意的、动机不明的关系为基础。'迷思'中总有某些形式的'动机',即某些目的、意图和根据,作为其使用的基础。而且'迷思'的说服力就来自它们目的的'自然的合理性'"(霍尔,2003:181)。

第二,自然化。自然化又称自然而然化,指的是迷思的能指和所指之间的连接被自然而然化,即指称(signify)的自然而然化。"概念自然化是迷思的基本功能……在第一个系统里(完全语言学的),因果关系确实是自然的,在第二个(迷思的)系统中,因果关系是人为的、虚假的"(巴特思,1999:190)。这里提到的因果关系的人为虚假性对应的是迷思的人为性。"一种无邪的元语言将它扭曲为'自然'"(巴特思,1999:207)。"在他(读者)眼里,能指和所指有段自然的关系。这种混淆可用另外的方式表达:任何符号学系统是价值的系统;现在迷思的消费者以意指作用作为事实的系统:迷思被阅读为事实的系统,然而它只不过是一个符号学的系统"(巴特思,1999:191)。因为能指和所指的连接自然而然化、正常化(normal),所以普通大众选择了相信或者盲从,认为迷思是事实,这是一种信念或信仰,信仰是一种强制性的集体行为。这种自然而然化用英文表达为:Give something natural justification, to make them normal。迷思的自然化让事物变得纯净和天真(Function to purify and make innocent)。巴特思提出的迷思学其重要意义之一在于破除"不言而喻","他教我们透过社会生活的表象,重新质疑我们之前认为理所当然的事物。通过区分自然的事物和历史的事物,我们质疑我们自身的基本观念,就像用新的角度照镜子一样"(豪厄尔斯,2011:99)。"迷思批评和分析的功能在于必须去除自然化的印象,显示迷思是怎样被建构的"(Bignell,2002:23)。下面这段话是对迷思的自然而然化的阐释。

读者可以无辜地消费迷思……在他眼中能指和所指是自然的关系……迷思消费者将指称看作事实系统:迷思被当作事实系统,而它其实只是一个符号系统……迷思学家的立场力求找出决定着形象的意识形态生产方式,将历史转变为自然的过程……迷思的任务是给历史意图一个自然的正当化理由,让偶发性变成永恒的。巴特思指出"迷思是由去历史性组成的:在迷思中,事物遗失了它们被制造的记忆。"他称为"去政治化的言谈"……迷思不拒绝承认事物,恰恰相反,它的功能在于谈论事物。迷思让它们纯化,变得天真,给它们自然的永恒的正当化理由,让它们清晰地成为事实的声称而非解释。(Storey,2009)

第三,共享性。迷思是集体性的(collective)记忆和公众性的(public)感知。例如,一看到中国的长城就想到中华民族的精神,这就是迷思的共享性。"'认同'是迷思修辞学的主要特征"(Girardelli,2004)。人们的集体认同使得共享性成为一种客观力量。"迷思事实上有一个双重功能:它指出某事并予以告知,它令我们了解某事,并且强加在我们身上"(巴特思,1999:176)。"迷思是文化共识创造的,是接收各式各样的隐含意义中的一种意义并让其凌驾于其他意义之上"(Johns,Clarke,2001)。"迷思让特殊的社会意义变成可以接受的关于世界的常识性事实"(Bignell,2002:23)。迷思的共享性基础是特定的群体和社会。巴特思(1999:217)说:"迷思不过是无尽的、不疲倦的诱取,邪恶而无弹性地要求所有人以这个形象认知自己,不朽但有期限,拥有一天就像一辈子。"

第四,折射性。因为迷思是人为的,是存在动机和意图的,所以迷思往往具有折射性、失真性,迷思具有突出、掩盖、修饰等扭曲功能,迷思是对现实的歪曲。迷思的折射性使得其"无法向真实世界敞开胸怀(巴特思,1999:118)"。它的意指(signification)有扭曲性、折射性,不是直接、贴切的意指,存在歪曲现实的意图在里面。这里解释一下意指的含义:"意指是一个过程,是结合所指和能指的行为,是生产符号的行为"(Barthes,1964:15)。"意指是'某物'('能指'或'表达')代表别的东西('所指'或'内容')的过程,这是物体、事件或现象被当作符号或符号系统被给定意义的社会化过程"(Hopkins,1998)。迷思的突出或掩盖的功能使得迷思有提升夸大事实的特点,对现实进行丑化或美化、拔高或贬低、夸大或缩小。"艾柯(Eco,1986)分析重建的迷思世界里存在超真实,迷思旨在成为真实的替代品"(Johns,Clarke,2001)。旅游广告和其他广告中的迷思是让受众想到一个事物,就对它有一个好的想象,想象成理想化事物。所以迷思的折射性主要是对现实的理想化和扩大化。"信息应先引人渴望,接着就比较容易存在"(巴特思,1999:95)。Devinney 等(2010:5)认为"按照巴特思的社会迷思概念,它是意识形态的重新生产。它是迷思的(mythical),因为它表征着理想化事物,是和社会成员现存的有缺陷的行为相互竞争的理想事物。"有句话说得好,"真实最大的敌人通常不是谎言——蓄意的、人为的和不诚实的谎言——而是迷思——持续的、劝诱的、不切实际的"(Devinney,etc.,2010:1)。迷思让人去喜欢或讨厌一个东西,这是迷思与普通符号的重要差别。巴特思说:"迷思学家'解码迷思,理解扭曲'(Barthes,1973)"(Bignell,2002:23)。豪厄尔斯在其《视觉文化》一书中讲述了迷思的这一特征:

巴特思认为记者或者其他神话制造者频繁地为事先存在的观念寻找合适的形式……在度假的时候,如果一个城镇留给我们的印象是"离奇古怪的",或者是历史上有名的,那么,我们很有可能会去寻找机会,拍摄那些能传达我们印象——一种事先已经形成的印象的图片。那里可能有一家近在咫尺的完全现代化的超市,但是我们不会拍摄它,因为它不符合我们想要表达的东西。巴特思关于弱化的能指理论也是有道理的……能指是空洞的,直到意义灌输进来……(豪厄尔斯,2011:90)

在最后一章《今天的神话》当中,巴特思把他的理论、方法和思想和盘托出。他指出我们的社会仍旧是一个拥有特定所有权结构和意识形态制度的资产阶级社会……文化倾向于表现统治阶级的利益,因此神话展现的是资产阶级的思想诉求,然而神话是微妙的,它没有撒谎,只是失真了。它是一个"真实与虚幻并存"的故事……它具有我们所形容的"虚伪的天真"……因此,神话呈现出一种虚假的清晰,在神话中"事物似乎就意味着它们自身",然而事实上,它们是人造历史的产物……它能为历史意图寻找自然的正当化的借口,能使偶然事件看起来是永恒的……它激发我们寻找……潜在文化假设,这些假设看起来是天生的、自然的、注定的,以至于它们看起来就是"不言而喻"的。而事实上,它们不是,它们呈现的是"虚假的清晰"。(豪厄尔斯,2011:91)

总之,迷思是歪曲的镜头(Hutt,1996)。正因为迷思的折射性,"迷思引发了真实和感知的冲突,迷思是想象中虚构的事物"(Devinney,etc,2010)。

上述四个特征中,前三个特征是迷思与一般符号的共性,最后一个特征是迷思的特性。归纳起来,迷思的定义是:迷思是人为建构的具有折射性、共享性、自然而然化的二次序符号。

人类书写的历史中存在着大量的迷思,它们是将事实真相加以美化或贬低,以求在当代和后代人的头脑中达成歪曲的共识,很多史书是不值得全信的。宗教是一个庞大的文化符号系统,是象征语言构成的体系,其中也存在着很多迷思,都存在着真的假或者被美化、神化的符号。现代社会的商业广告可以说全部都包含了迷思。"因为广告常常通过把一种产品和一种令人渴望的生活方式任意地联系在一起而发挥作用……我们想要的不仅是汉堡、汽车和肥皂,还有这些事物代表的关于我们自身的大量欲望"(豪厄尔斯,2011:98)。广告迷思还表现在:"它们鼓励着读者消费产品,消费成为当代文化的基本原则之一,是我们主流意识形态的一部分。在广告中,消费是自然化的、'不言而喻的'。为了发挥意识形态的作用,我们看见广告利用迷思来将迷思的意指加到产品之上而代替已经有意义的符号"(Bignell,2002:26)。广告中建构的迷思是为了让消费者和顾客对产品达成共识和认同。例如,美国有个著名的内衣品牌叫维多利亚的秘密(Victoria's Secret),维多利亚到底有什么秘密呢？维多利亚被塑造成一个十分成功、美丽的年轻女人,这是它传递给顾客的形象(image),这当中的迷思就是:当女性消费者穿上这个牌子的内衣时她就成为了一位美丽成功的女人。美国一个啤酒品牌的广告图片是一瓶啤酒与一位女人,被放大到与人同高的啤酒瓶前站着一个穿着红色比基尼和红色高跟鞋的健康、苗条、高挑、性感、美丽的女人,这则广告把性感的美女和瓶壁上冒着水珠的冰啤酒这两种都能让男人感到很愉悦的元素结合在一起,构成了一种美好的意象和吸引力。同样的,旅游目的地的迷思和旅游营销广告的迷思都是想给受众"洗脑",让你认为那种美好是真实存在的,可是当我们去了旅游目的地实际体验后就会发现旅游营销中所说的话语部分不真实或者全部不真实,旅游地形象是被美化的,旅游话语虚实相杂。旅游迷思、旅游地形象和旅游话语(discourse)这几个术语相互联系密切,在此对话语、形象和迷思这几个概念进行区分。"形象是个人或集体对目的地的想法或概念,形象有认知和评价成分"(Embacher,Buttle,1989;转引自Alhemoud,etc,1996)。"所谓形象,就是人们对于某一事物、人物、组织或地方的信念、观念、情感、期望和印象的综合结果"(Chon,1990;转引自王宁,2001:247)。"旅游地形象是与旅游者记忆相联系的对地方的感知"(Cai,2002;转引自 Qu,2010),"旅游目的地形象被定义为个体对某一目的地的信念、想法与印象之总和"(白凯,郭生伟,2010)。旅游迷思和旅游话语影响着旅游地的形象;话语也是一个符号系统;迷思、话语、形象是三个不同的概念。话语,根据福柯(Michel Foucault)的研究,可以看作语言与言语结合而成的更丰富和复杂的具体社会形态,是指与社会权力关系相互缠绕的具体言语方式①。"'话语'决不简单地等同于'语言'。前者本身兼有名词和动

---

① 资料来源:百度百科对词条"话语"的介绍。

词两种属性,同时指涉思想和传播的交互过程与最终结果。同时,话语是社会化、历史化及制度化形构的产物,它体现着权力关系"(刘丹萍,2008:185)。迷思是解读社会文化、价值观和信仰、意识形态、话语权力等充满象征意义的符号。旅游迷思和旅游话语对旅游吸引物起着建构作用。

旅游中的话语包括图片、文本(texts)、音像、口头语言等,通常以旅游宣传册与宣传片、旅游广告、旅游指南、游记、大众媒体(报纸、电视等)上旅游专栏文章、旅游专题节目、旅游散文、旅游评论、旅游地图、旅游解说、旅游标示、旅游博客等方式而存在……旅游话语对旅游吸引物起着建构作用……吸引旅游者前往旅游吸引物的,主要不是吸引物本身,而是人们有关吸引物的形象。而旅游吸引物的形象则是被建构出来的。吸引物形象与吸引物本身既有一致之处,也有不一致的地方,造成不一致的原因,正是旅游话语的建构作用。旅游话语充当了一个"过滤器",将吸引物那些迎合游客要求的特点加以突出和渲染,而将该吸引物那些引起游客反感的特点加以掩饰或淡化处理。这个过程,就是旅游吸引物的理想化过程。旅游话语就是一种将旅游吸引物加以理想化的机制。(王宁,2008:13,14)

最后关于迷思学的方法论要做一下简单的交代,巴特思对此并没有清晰的论述,豪厄尔斯介绍了一种迷思学的分析方法。

关于巴特思的方法论我们仍有疑问。帕诺夫斯基用三点分析法使问题变简单了,他解释得很清楚。巴特思的论文很少是公式化构思的……我们推荐一种方法,它分三个步骤,从明显的地方下手,进展到隐蔽的地方,最后针对它隐晦的意义……在第一个层面上,这则广告公开地告诉我们关于这个比萨的一些情况……但是在第二个层面上,我们发现这则广告真正贩卖的是一种愉悦的家庭生活……在第三个层面上,广告中"不言而喻"的是什么?所有的家庭都是由父亲、母亲、两个孩子组成的,这是不言而喻的吗?快乐和物质的享受是不可分割的,这是不言而喻的吗?在理想的家庭中,母亲应该为家里买菜、煮饭、摆饭菜上桌,并且(可能)还要清理饭桌,这是不言而喻的吗?父亲呢?21世纪的文化是作为历史性别角色还是自然性别角色,这还不是得出结论的地方……哪怕是看来最琐碎的视觉文本,也有可能蕴含着被建构的深刻但无意识的意识形态内容,必须通过理性分析将其揭示出来。(豪厄尔斯,2011:99)

(三)旅游吸引物

迷思是让旅游地具有吸引力的"磁石",迷思也是旅游吸引物的组成要素。旅游吸引物是西方学术界经常使用的词汇,"西方旅游研究对于吸引物概念的界定强调了旅游吸引物的人为建构及系统的观点"(马凌,2008:162)。而国内经常提的术语是旅游资源、旅游产品。文献综述中已经提到过,旅游吸引物与旅游产品、旅游资源是不同的概念,不可混为一谈。Lew(1987)将旅游吸引物定义为"在本质上是由所有足以将每个旅游者从家中吸引过来的要素而构成的。这些要素通常包括可供观赏的景观,可参与的活动,可追忆的经历"。一个旅游吸引物是三个因素组成的系统:有旅游需求的人、核心吸引要素(人们所访地的任何相关特征或特点)、标志物或信息的要素(关于核心吸引物的信息)(Gunn,1972;MacCannell,1976;Leiper,1990,etc.)。谢彦君(1999,2004)在其专著《基础旅游学》(第一版和第二版)中用一个图形描述了旅游资源、旅游产品和旅游吸引物三者之间的关系(如图2-4所示)。他指出:

整个旅游吸引物系统包括一个核心圈层和两个支持层次。旅游产品和旅游资源构成旅游吸引物系统核心圈层的主体,成为吸引旅游者的最根本因素;旅游目的地的各种旅游支持系统(如住宿设施和各种基础设施等)以及由旅游目的地所传达出的各种信息,甚至逗留在旅游目的地的旅游者本身,无疑也都构成了对旅游者有吸引力的成分。(谢彦君,2004:122)

谢彦君对旅游吸引物的认识与 Leiper 等西方学者的理论一致,"Leiper(1990)从构成要素的角度把吸引物定义为包括三要素的体系:游客或人的要素、中心或核心要素、信息或标志要素,当这三要素相结合时,就形成旅游吸引物"(胡抚生,2008)。

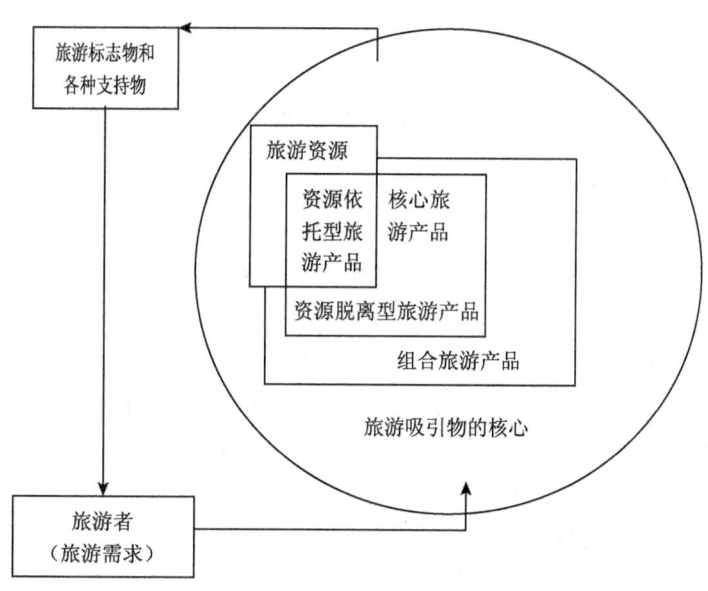

图2-4　旅游吸引物系统

(资料来源:谢彦君.基础旅游学[M].2版.北京:中国旅游出版社,2004.)

旅游目的地是一个庞大复杂的体系,旅游地的旅游吸引物系统是一个符号化系统,在旅游吸引物符号系统中迷思增添了旅游吸引物的吸引力,甚至构成了旅游吸引物的核心,旅游迷思为旅游地"着魅",旅游迷思是旅游吸引物的灵魂。

第三章 凤凰古城的迷思

旅游地的迷思,其实是一个真实的伪造(genuine fake)。迷思给人们营造了想象的空间。关于旅游地的想象,旅游地常被想象成"天堂""仙境""世外桃源"。所谓"天堂一景,人间一梦",旅游地的迷思就好比是一个美梦,是美丽的梦境,是梦想和幻想、理想和期望的交织,像迪斯尼世界的宣传口号"这里让梦成真"(Where dreams come true)。从研究中搜集的资料来看,湘西凤凰的旅游迷思是存在的。本章首先从迷思的四个特征来论证凤凰古城迷思的存在性,然后论述凤凰古城具有怎样的迷思。

第一节 凤凰古城存在迷思

一、凤凰迷思的人为性、自然化和共享性

(一)凤凰迷思的人为性

人为性指的是迷思是人为建构的。凤凰迷思人为建构性的表现之一在于人们将沈从文和他的作品作为湘西凤凰的符号和标签。文学家沈从文的众多作品中,最有影响力的作品就是《边城》,这部文学作品广为流传,20世纪80年代沈从文开始受到了人们的广泛关注和喜爱。"相信许多人都是通过沈从文的《边城》才知道在湖南湘西有一座叫凤凰的古城,凤凰因沈从文和《边城》而出名。""沈从文的《边城》留给世人对凤凰无尽的遐想和向往"(梁自玉,2007)。人们知道沈从文的故乡是凤凰,就误以为凤凰就是沈从文所指的边城,很多人没有读过《边城》这本书,读过这本书的人中有的人知道此书开篇交代故事发生的背景是茶峒,可是从这部作品问世到如今,80年过去了,这个美丽的误会一直在延续,因为人们的传播把凤凰和边城连接起来了,这便是社会的建构,这便是人为的迷思。

问:您来之前知道沈从文吗?

答:知道。

问:您来之前读过沈从文的小说《边城》吗?

答:知道,但没读过。

问:那您知道边城写的是哪里吗?

答:就凤凰这吧,是吧。来这边没有读过《边城》那本书嘛!来了之后才联系起来,才知道沈从文是凤凰人。(F65-H-M)

《边城》这本小说中写的地名是湘西花垣县茶峒镇,百度百科对《边城》小说的介绍中说原型地是茶峒,但又一笔带过说洪安是事实上的边城,并说到很多人都以为边城是湖南凤凰。百度百科中对《边城》和沈从文的介绍如下:

《边城》是沈从文的代表作,展示给读者的是湘西世界和谐的生命形态。《边城》发表于1934年,小说描写了山城茶峒码头船总的两个儿子天保和傩送与摆渡人的外孙女翠翠的曲折爱情。青山,绿水,河边的老艄公,16岁的翠翠,江流木排上的天保,龙舟中生龙活虎的傩送……沈从文先生笔下的边城描写出淳朴自然的湘西,而事实上当时的边城是位于现在的重庆市秀山县的洪安镇……因为沈从文是凤凰人,所以很多人都以为边城就是湖南凤凰,其实不然。看《边城》的第一句:"由四川过湖南去,靠东有一条官路,这官路将近湘西边境,到了一个地方名叫茶峒的小山城时便有一溪……",很明显,沈从文所写的"边城"名叫茶峒……也就是说,"边城"的原型是湖南省花垣县的茶峒镇……《边城》以撑渡老人的外孙女翠翠与船总的两个儿子天保、傩送的爱情为线索,表达了对田园牧歌式生活的向往和追求。这种宁静的生活若和当时动荡的社会相对比,简直就是一块脱离滚滚尘寰的"世外桃源"。在这块世外桃源中生活的人们充满了原始的、内在的、本质的"爱"。

很多凤凰县当地居民和外地旅游者认为《边城》写的就是凤凰。茶峒为了表明它才是边城,2008年茶峒将地名更名为边城,并且在茶峒镇沿河的房子上挂着大木牌,牌上刻着几个大字说茶峒才是真正的边城(如图3-1所示)。与茶峒一河之隔的重庆洪安镇在古街上挂着小木牌说洪安是边城。而凤凰的营销宣传和游客的口碑相传说凤凰即是边城。这三个地方,有的如凤凰被指认为边城,有的如茶峒和洪安自我标榜为边城,边城之争说明沈从文先生的代表作《边城》的影响力是很深远广泛的。各地的名头之争已不是一例两例了,如:香格里拉原型地之争(中国有几个地方宣传自己是香格里拉,最后定在云南,尼泊尔也有一个旅游地为香格里拉),又如曹操墓所在地之争,等等,其背后的推手与旅游业开发的经济利益是息息相关的。凤凰有迷思,许多旅游地有迷思,香格里拉也有迷思。"文学艺术世界虚构的'香格里拉'成为一种永恒、和平、宁静的象征,成为人们心灵中渴望的宁静和谐的世外桃源的代名词"(向洁,2009)。

图3-1 边城镇的木牌

(二)凤凰迷思的自然化

能指和所指的连接是指称的过程,指称的自然而然化是迷思的一个重要特征,即能指和所指之间相联结的自然状态。也就是说迷思的能指能让人们很自然而然地就想到它所对应的那个所指概念。"自然态度的存在,使人们认为生活世界是不言自明的现实,所以,抱有自然态度的普通人会想当然地接受生活世界"(谢彦君、谢中田,2006)。同样的,迷思的自然化使人们认为迷思是不言自明的现实,普通大众会想当然地接受迷思。调研发现,凤凰(能指)和边城(所指)的连接已经自然而然化了,这是因为私人传播渠道和公开传播渠道让凤凰和边城直接画上了等号。当"凤凰=边城""达到自然的状态时,迷思便同时存在了;迷思是被过度正当化的言谈(巴特思,1999:189)"。凤凰指称边城被人们"自然而然化""理所当然化"了,这种自然性是二者之间必然联系的神话和臆想。

关于凤凰的书籍有很多,几乎所有关于湘西凤凰的书籍都将凤凰指为边城,如《爱城:凤凰旅行新概念读本》一书的第33页写着:"关于凤凰的'气息',弥漫在《边城》里。"《边城凤凰》一书中写道:"苗疆既是边地,凤凰当是边城。""凤凰,文学家沈从文的故里,一个苗族、土家族聚居的湘西边城"(刘凤玖,2006)。"'青翠'是凤凰的景色之魂。青江、翠峰和吊脚楼,构成了典型的边城风景"(糜华菱,2007:82)。《沈从文的凤凰城》这本书中写着:

凡是来凤凰的人,肯定会有一半是被沈先生的这个"我"所吸引,是被他笔下的边城之"人"所吸引,也可以说,凤凰之所以成为目前的凤凰,并用"边城"来指代它,几乎全是由于沈先生"奠基"的缘故。因此,他的故居成为凤凰的首要景点,到凤凰来的人几乎全要进去走走。(p113)

《"凤凰古城"全国摄影大奖赛获奖作品集》的前言里写道:"凤凰,这座精致小巧的湘西古城,因一代文豪沈从文的《边城》而传名,因哺育出沈从文、黄永玉等文化名人而富有底蕴,因独特的苗族土家族民风民俗而风情万种。"《凤凰城》一书的"凤凰引"和"高山流水"这两个部分中写道:"沈从文曾教我们这样去寻找凤凰……这个城市,便是极富传奇色彩、极具想象空间的边城——凤凰……边城凤凰,似乎不是一个能够用语言描述的地方,你只能置身其中,通过心灵去感知它,领略它。"

去过凤凰的很多受访者都认为边城描述的就是凤凰,有的受访者认为所谓边城应在边境,而凤凰在湖南省的边境,所以边城就是凤凰,并且认为《边城》一书提高了凤凰的知名度。"迷思的力量在于受访者个人的信念(belief)"(Johns,Clarke,2001),所以旅游者对于边城的迷思是选择相信他愿意相信的,在受访者心中,他认为凤凰是边城,凤凰就是边城。

问:您听说过沈从文吗?
答:听说过。
问:听说过他的那本书《边城》吗?

答:听说过。
问:您感觉他那本书是描述的哪个地方?
答:凤凰吧。凤凰好像也是在我们湖南省的边境嘛。所以我猜测边城应该是凤凰。
问:您觉得《边城》这本书对凤凰的知名度有提高吗?
答:那应该是有提高的。(C24-L-F)

受访者(C29-C-M)说:"很多介绍凤凰的都跟沈从文扯上了,有着千丝万缕的联系。网上就有关于旅游纪实这一方面的资料。有博客,有游记这一方面的"。"想到凤凰就想到边城,想到凤凰就想到沈从文"(C41-L-M)。许多受访者认为《边城》对凤凰的知名度有很大的影响。网络上关于凤凰的旅游攻略都会提到沈从文和边城,讲边城即是凤凰,这是所有对凤凰介绍的一个引言。各种宣传都将边城和凤凰画上了等号。例如,2013年红网新闻报道凤凰收取门票事件,新闻的第一句话是:"2001年以来,'边城'凤凰引入市场机制,发展旅游产业,走上了文化旅游带动县域经济发展之路。"一位受访者(C46-J-F)说:"(边城)是凤凰吧,一来沈从文是凤凰人,二来很多宣传里面就是把边城和凤凰古城画等号。"

问:您去凤凰之前知道沈从文吗?
答:知道,这个我肯定知道了。
问:知道沈从文写的一本小说吗?
答:知道,你说《边城》嘛!我虽然没仔细看过,但是我粗略地翻了一下。我去了凤凰之后对他的印象加深了很多。主要是我去凤凰之前找过一点点攻略的,因为我是自助游嘛,每个攻略都会提到沈从文,主要就是从沈从文的《边城》引出凤凰,讲沈从文写了《边城》,边城就是凤凰,这样一个引子。
问:您相信边城就是凤凰吗?
答:大家都这么说的啊,我也以为是的啊,我并没有去考证这个问题。包括在凤凰还有卖《边城》的书,我还稍微翻了一两页。没有很仔细地看。
问:沈从文和他的《边城》对凤凰的旅游起到一个什么样的作用,您感觉?
答:首先是给它奠定了一个文化背景,让人觉得凤凰是一个有文化底蕴和文化积淀的地方;其次就有点类似于打广告的作用了,起到了宣传知名度这样一个作用,要不然可能像凤凰这样的古镇是有很多的,但是为什么湘西凤凰古镇这样出名,很大一部分就是因为沈从文的《边城》在起作用。我去过的大大小小的古镇也不少,我觉得古镇的特点都差不多,基本上都是沿江,然后古香古色,石板街道,古镇基本的特点都是这样的,都具有这样一些古镇的基本元素。那为什么其他古镇却没有像凤凰这么大的名声呢?即使是在湖南省内,除了凤凰之外还有其他的古镇啊,所以说《边城》肯定是有很大的影响,我个人认为。(C27-G-M)

问:您觉得《边城》描述的是哪里?
答:湘西呗。

问：湘西哪个地方？

答：凤凰可能是其中一部分吧，讲的是几个地方。有人有物嘛，干嘛非得写一个地方啊，可能相关的东西都会写一点吧。

问：那您觉得沈从文对凤凰旅游有帮助吗？

答：有比较大的帮助吧。因为原来可能并不知道凤凰啊，可能就是有的喜欢沈从文，通过他的书，通过他们相互的传导，才慢慢热起来，并不是凤凰本身传开的。

问：那您觉得有没有一些人专门是为了沈从文而去的凤凰？

答：我想应该是有的。应该在目前来说占的比例不会很大，应该不会超过十分之一。因为凤凰热了之后，人们首先知道凤凰，而不是沈从文。开始的时候是先知道沈从文再知道凤凰。（C30-C-M）

由上面第二段材料可知，这位受访者所分析的凤凰成名史是正确的。凤凰出名的逻辑是：2001年以前，在凤凰名气开始大幅提高之前，是因为沈从文让凤凰有了最初的声望，让外界知道湘西有个小镇名叫凤凰；到2001年以后，随着凤凰成为历史文化名城，南长城的发现和企业对凤凰的宣传推广，凤凰人气开始高涨，这几年来凤凰变得很有名气以后，很多人是先知道凤凰而后知道沈从文的，并将凤凰和边城联系在一起。

（三）凤凰迷思的共享性

边城是大众对于凤凰的集体认知和公众记忆，这就是凤凰迷思的共享性。在迷思自然化的过程中就逐渐达成了共享的过程。很多人都以为《边城》一书所写的就是凤凰，人们以为凤凰就是边城。调研中发现很多受访者认为边城就是指的凤凰或者将凤凰想象为边城。受访者（F66-H-F）说："写的是小时候那些，写的是凤凰，大部分写的是沱江河。写的凤凰。"下面一位受访者明明知道小说里描述的不是凤凰，但是宁肯把边城想象为凤凰，表述了他对沈从文的推崇，并认为只要有沈从文，凤凰这个地方就有生命力。

很早就知道沈从文了，上学期间就知道了。《边城》那本书我读过，很薄。《边城》描述的不是凤凰，但我宁肯把它想象成凤凰，因为很多场景就是在凤凰。但是知道真正的是茶峒。应该很多人认为边城就是凤凰，甚至很多宣传也是宣传边城凤凰……应该有很多人是为了沈从文去的凤凰……我认为有很多人因为沈从文而去凤凰，或者说因为沈从文笔下的《边城》而去凤凰。为了沈从文去凤凰的人占百分之十的比例应该有吧。不是说我一定要去敬仰一下、瞻仰一下，像朝拜毛泽东一样去朝拜，不是这个意思，而是因为沈从文笔下有边城，而很多人以为边城就是凤凰，所以去凤凰。我觉得这里应该占到百分之十左右。现在读书人当中，尤其像你们女生当中，喜欢看小说的人应该不会太少……像林语堂、梁实秋，当年都认为这些人是批判的对象，但是近几年你发现了一个趋势没有？恰巧是站在鲁迅对立面的，像林语堂、梁实秋，慢慢地被翻出来了，这些才是真正的带有文学艺术的东西，艺术的价值重新被发现，在这样的背景下，像沈从文这样的小资们，尤其是1949年以后拒绝跟主流合作的这些人（沈从文当年就讲过这样的话。我是小资,我跟不上时代的潮流,所以不能拿起我的笔为新社会歌功颂德了。他被放到故宫去扫厕所,就是因为他不跟从社会主流),但是恰恰你看这几年,这些非主流者全部被重新挖掘出来,成为真正意义上的经典。尤其是随着政策的放松,或者说随着网络言论的自由,两种因素的叠加,更多人会越来越认识到我们现在的这些名家,认识的人越来越多,那么会有越来越多的人了解沈从文,再加上凤凰的名气在近十年里因为炒作越来越大,你去了解凤凰就必须了解沈从文,了解得更多,我相信更多的人会爱沈从文,无论是他的做人还是他的做文。《边城》看了好多年了,有一种清新的感觉,不带有政治色彩,翠翠酸酸菜,那些描述和场景,给人感觉真正是为艺术而艺术,为文学而文学,而不是为了讨好哪个官方,讨好哪个政客,讨好哪个政党,是没有功利的文学作品。所以像这些东西是有生命力的。现在凤凰名气越来越大,也在炒沈从文,沈从文这些人也必然要被发现。所以几种原因叠加在一起,我认为越来越多的人会喜欢上沈从文,进而喜欢上凤凰。或者说因为凤凰而知道沈从文,带动更多人去看。所以我始终认为只要有沈从文在,有这个大湘西神秘文化圈,凤凰还是会有生命力的。(C36-W-M)

不过也有少数受访者回答说不知道边城指的是哪个地方,一位受访者与我的对话如下:
问:来之前知道沈从文吗?
答:知道啊。以前就有看过《边城》。
问:您知道边城描述的是哪个地方吗?
答:我忘记了,很多年前看过的。边城感觉是边缘化的,很边远的地带。(F61-L-M)

边城迷思的共享性还表现在,即便知道书中的地名是茶峒,人们仍然认为实景写的是凤凰,凤凰是边城的影子。事实上,《边城》书中的景物描述确实和凤凰的景致有着一些契合之处。凤凰本地人有的知道《边城》书中的地名写的不是凤凰,有本地人说"题材的发源地在凤凰,但是实景呢,不在凤凰,在花垣县茶峒"(F101-H-M);有些本地人跟外地人一样以为边城就是写的凤凰;一些本地人和外地游客在阅读了《边城》以后,他们认为即便边城所指的地名不是凤凰,可是《边城》这本书里有着凤凰的影子。一位受访者(C29-C-M)说:"边城应该严格意义上讲不属于凤凰。应该在花垣那一块,那一边才算边城。不过凤凰的影子在书里应该是可以找到的。"

尽管我们知道那个边城不是凤凰,但是大家还是把它想象成为这是当年的边城。正因为还是有这些原因在里面,所以觉得不一样。边城可能取景是在凤凰,场景的描述是凤凰,小说是这样的。(C36-W-M)

一些受访者在阅读了《边城》一书后从最先认为边城就是凤凰到后来知道边城不是凤凰,不过他们都认为是沈从文的边城让凤凰有了知名度。因为迷思,凤凰成为一个对旅游者而言极有吸引力的旅游地。

问:您觉得凤凰有名是因为《边城》还是因为政府和企业的开发等别的原因?

答:有名的话肯定是因为沈从文的《边城》。我觉得是这样子的。

问:您觉得《边城》跟凤凰有联系吗?

答:《边城》讲的不是凤凰吧。虽然我没读过,但是听过沈从文的名号和《边城》这本书。以前我也觉得边城好像就是凤凰。但是后来感觉到边城好像不是凤凰。之前沈从文是从凤凰出来的,他写的边城也描述的是湘西的吧,当时就把边城看成是凤凰。但是后面了解了,就知道边城不是凤凰。但是通过这本书已经知道凤凰。(C26 - L - M)

迷思的共享性是指人们对迷思达成了一致认识,这种共享性会产生主体间性。"当几个个体具有相同的经历和分享了知识共同体中的观念时就会产生主体间性"(Berger, Luckmann,1967:67)。对于凤凰,人们分享了"边城是凤凰"这一观念,分享了这个迷思的旅游者对凤凰的想象就变得更为美好了。

当然,还有一些人是不知道沈从文的,也不知道沈从文的《边城》,去凤凰之前不知道,即便去过凤凰旅游以后,仍然不知道沈从文或者对沈从文的印象比较模糊。这一部分群体对迷思的共享在于他们所分享的是其他的迷思,比如很多人一想到凤凰就会想到沱江河与吊脚楼的画面,在这样的画面里他们所分享的迷思不一定和边城有关,尽管《边城》这本书里描绘了吊脚楼和河水,但是在不知道这部作品的情况下就不会联想到边城;一些旅游者想到凤凰的时候是关于一个古镇的想象。其实,一个地方的旅游迷思不仅仅只有一个,可以是多元化的,不同的人分享的是不同的迷思;而且地方迷思在客观上是存在着模糊之处的,人们对迷思的认知具有一定程度的模糊性。

二、凤凰迷思的折射性

迷思有扭曲现实的意图,是人为的折射。非洲的塞舍尔被西方建构为快乐的天堂,当地人的贫困、犯罪等现象是被抹杀的,这反映了旅游迷思的扭曲性和折射性。凤凰旅游迷思的折射性可以从两个方面找到踪迹:第一,旅游者到达旅游地的现实体验和旅游出发前旅游想象的差距;第二,凤凰的美是被拔高和夸大的。

(一)旅游现实和旅游想象的差距

"迷思是人类想象的来源,鼓励着人们游览和消费符号景观的欲望(Goss, 1993)"(转引自 Hopkins,1998)。旅游者出发前对旅游地怀有想象,到了旅游地之后会获得实际的旅游体验,但却发现旅游体验和旅游想象不一致,在很多旅游目的地都会出现这样的情况,凤凰也存在这样的问题,旅游想象和旅游现实之间产生差距的原因之一就在于旅游地存在着失真的迷思。旅游想象是旅游者对旅游目的地的期望和定位,"旅游地并不在人们的日常生活之中,人们是在想象中赋予了旅游地以价值和意义"

(刘录护,2008:48)。"地方是从想象的世界获取了意义,但是这些意义和情感对于旁观者来说却是真实的"(Herbert,2001)。旅游想象是以旅游迷思为材料的,旅游迷思给旅游世界赋予了价值和意义。

旅游者对凤凰的想象是"古韵古香的古城"(F82-H-M)。一位受访的游客(F68-J-M)说对凤凰"充满一种幻想吧。来之前对这里幻想挺大的。"有的受访者(F70-L-M)对凤凰的想象就是"一个古代文化保留得比较好一点的县城"。有的受访者对凤凰的想象是有青石板和巷子、古香古色、民风很淳朴的古镇(C27-G-M),有的想象为"一个有苗族风情的、很美的地方"(F97-C-M),有的甚至将凤凰想象为美丽的天堂,这位怀有天堂想象的游客讲述了自己的旅游想象和旅游现实的差异:

来之前很向往,来了之后觉得没意思,来一次累一次,在我想象中凤凰是美丽的天堂。这里是苗族聚居地,是少数民族聚居地,就有想了解的欲望,因为异域风情嘛!来了之后觉得少数民族风情还是比较浓郁的。我最早来凤凰是1990年,是从电视里知道凤凰的,还是别人推荐的,记不清了。我把这里想象成天堂是因为我认为这里山美、水美、人美,都美。来了之后倒也不是说山不美、水不美、人不美,而是因为这类地方走得太多了,感觉麻木了。桂林、阳朔、九寨沟、昆明石林、丽江等都去过。阳朔、丽江、凤凰哪个更好不能说,只能说各有各的韵味。(F27-Y-M)

有位男性受访者想象凤凰是边城,边城应该是一个落后偏僻的地方,是粗犷的、不规整的,而现实的凤凰是修筑得比较精细的城,比想象中现代。

比想象中要现代,虽然它是一个古城,人也比较多,就是它修建得要更加精细一些,比如说石头路、城墙,还有沱江边上的护堤,那些木建筑、酒吧,都是比较精细的。但是边城描述的比较偏僻的地方,就是不会修得好,可能这里缺一块那里缺一块,比如石板路。现在来看的话石板路是很规整的,如果是边城的青石板路的话可能这里缺一块能看见泥土,那个地方可能就怎么样,没那么讲究,很粗犷,是落后偏僻地区,在我看来就是粗笔调的那种。现在绝对看不到这样的。(C41-L-M)

想象的往往比真实的更动人。"迷思引发了真实和感知的冲突"(Devinney,etc.,2010:164)。在大多数人的想象中凤凰是宁静古朴的古城,是没被现代化、没有被城市化的古城,而现实是凤凰是已经具备现代化气息、商业化浓厚的小城镇。一位2012年去凤凰旅游过一次的年轻女性受访者(C24-L-F)认为凤凰的现实和想象存在着较大的差距。她想象中的凤凰是很安静安逸的古城,现实的凤凰是人流拥挤、商业化很浓厚的地方。另一位(C31-L-F)也是将凤凰想象为古朴的小城,但看到的真实的凤凰灯红酒绿,有很强的现代生活气息。

问:在您没去的时候您对凤凰是怎么想象的呢?
答:我想象它应该就是一个很安静的地方吧,就是那种古城啊、苗寨啊。
问:您去了凤凰后,您对凤凰的印象是怎样的?体验是怎样的?
答:我们是晚上去的,他们那条街上有很多酒吧,沿着那条河有超多的酒吧,我个人不怎么喜欢去酒吧。所以就没有找到之前对它想象的那种感觉。可能要去远一点的苗寨才能感受深一点。所以印象不是很好。那里酒吧很吵,人也超多。我们也没看到白天的风貌,我们只看到晚上的灯光啊、夜景啊,古城的建筑我们也看不到、看不清,所以我想以后要找个时间重新去一次。

问:那您一起玩的伙伴对凤凰有什么样的感受呢?

答:他们的感受也是觉得人太多了。

问:您觉得凤凰的商业化气息呢?

答:商业化气息太浓厚了,不喜欢。他们也说商业气息太重了。

问:您有去凤凰古城里面逛街吗?

答:哦,有,但是那也是商业化的,卖的商品琳琅满目。

问:您觉得您的想象和您去了以后的实际感受之间的差距是什么?

答:就是它没我想象的那么安逸,如此种种。本来想象成可以去那边度假,我不晓得怎么形容,就是我把它想象成人比较少,然后可以很安静地度过一个下午,享受一下下午茶之类的。(C24-L-F)

现实和想象有差距啊,也就是环境嘛,我没想过凤凰会灯红酒绿,因为别人跟我讲的就是一个没有开发的小地方、小城镇,而且很古朴的,但是我去以后感觉霓虹灯啊、酒吧啊,都带有很强的现代生活气息,这确实是让我很吃惊的地方。我所想的就是一个很普通的山城,人也很淳朴的。但是我确实没想过那么多酒吧,沿江全是酒吧。作为我的话,不要酒吧都可以啊。茶室有,但是很少。酒吧一片一片,里面人特别多。(C31-L-F)

下面这位受访者认为古城的自然景观和古建筑很好,但是城墙和街道太新,不该有现代广场和现代建筑(指凤凰县旅游局旁边的广场和建筑),夜景灯光太多,让夜晚的凤凰成为一个现代城,酒吧、商铺太多,没看见反映湘西文化和民族性的东西。

凤凰那些山啊、那些水啊、那些楼房啊,感觉非常好,沱江两边的房子跟我想象中一样漂亮,我一点也不反感,确实很美,沱江水也很清。唯一不足的就是他们把那些街道修整得过于新了。还有给我感觉不好的几点就是,第一,那些城墙,江边的城墙,城墙和里面的街道翻修过,好像没几块砖是古代的,感觉太新了那个城,不像我想象中的那种老城,这是我感觉不好的;另外一个就是商业化气息浓了一点,整个湘西该有的旅游纪念品它都有,所以没有真正凤凰的东西。但是好的地方呢,像陈氏家族的故居,熊希龄的故居,包括那些古建筑都非常好。第二个我觉得不足的是晚上的那个夜景,尽管没有那个夜景黑漆漆的,但是有了夜景之后晚上就变成一个现代城,灯打得太亮。勾勒出一个轮廓是行的,但是点得太亮,霓虹灯要少一些,就把轮廓勾勒出来就行了,不要搞得花花绿绿的。另外就是我们晚上以专家身份去参与了一些东西,比如说像它那些夜生活,那些歌厅,我们走了好几家,都跟在长沙、北京进歌舞厅、酒吧、清吧是一样的,唱的那些歌都一样,走几家都没看见当地真正民族性的东西,反映湘西文化的都没有。所以给我感觉很不好,有一些鬼哭狼嚎的,这点我感觉很不好……凤凰的商业化问题不是一个人批评了。包括那些现代化的夜景设施,那些商业街,都已经有这种味道了。凤凰旅游局旁边的大型广场和现代建筑,都现代化了。另外我刚才说到的酒吧,有一些可以,但是搞到一条街,整个江边都是,并不好。古镇的商铺也是商业化的……对凤凰的印象和想象相符合的还是那条江,吊脚楼,这个基本吻合,包括江边有几条石板街,石板街两边的老楼,这些与我想象中是一样的。不相符的是,没想到晚上灯打得那么亮,没想到在旅游局旁边修那么现代化的建筑,体量很大,那么高大,这是超乎我想象的,但是商业化没超过我想象,全国各地跑,连丽江都是那样子了,凤凰没有理由不商业化。(C36-W-M)

来自我国台湾地区的游客在游览凤凰古城时坐在古城博物馆(陈宝箴故居)门口的长凳子上稍作歇息,就被对面商铺的老板索要座位费,商铺老板赚钱心切,不给钱就赶游客走,台湾游客只好起身离开。他们一家人多次来大陆旅游,他对我描述了他对凤凰古城的想象和感受,觉得现实与想象有冲突,他没想到凤凰到处都是商店。

问:您到凤凰获得了什么样的感觉呢?
答:古城还是蛮热闹的,跟原来想的有点冲突。有很多商店一条街,其实可以有商店点缀在其中,但是不要一走过去到处都是商店。
问:那在您的想象中是什么样子呢?
答:应该有几千年、几百年留下来的特色的东西,那时候残留下来的、没有经过重新打造的、保留原来风味的那种感觉,就像去年去江南那里的三国城,建得蛮真的。我觉得这里就是商业气息太重。这个座位都不让坐,商业气息太重。
问:您有没有失望?
答:没有失望。只是商业气息太重了。
问:达到您的期望了吗?
答:有,有。这里的建筑都是原来建造的吧,没有重新再建吧。就是原始的风貌。
问:您以后还会再来凤凰吗?
答:我们过来大陆花费挺多的,不一定,以后再来也有可能。像我去江南那边,苏州、杭州、乌镇,感觉很好。乌镇和这里很类似,尤其是过那个江的时候,两边的建筑,坐船游,好像似曾相识。(F61-L-M)

下面这两段资料同样说明旅游者实际印象与想象的差距在于商业化,对凤凰的想象是安静、原始、自然,有的人所想象的凤凰是很安静的世外桃源,实际的凤凰却很喧闹。

这里看过的印象跟我的想象还是有差距,差距就是那种商业化,我以前想象的就是安静一些,小桥、流水、青石板,很有沧桑感,有原始、贴近自然的房子啊,然后到这里就发现人挤人,或者有拉客的,到处有星星点点的城里化的感觉,比如酒吧啊。(F95-P-F)

实际和想象有一些区别。这里已经被商业化了,走到街上全部都是卖东西的店面,我不喜欢,感觉太喧闹了。稍微有点失望。我之前觉得应该是好安静的,街上好安静,当地人也是那种世外桃源的感觉,古城嘛,结果我发现不是的。(F82-H-M)

所以,凤凰古城迷思的折射性表现在:部分旅游者以为凤凰是宁静的小城,结果凤凰古城人多喧哗;旅游者以为凤凰古朴,结果去了以后发现有很多现代元素,典型符号是酒吧;游客们以为古镇淳朴,结果去了以后发现遍地商业化,商业化气息浓厚。所以说,"一方面旅游导致了深刻的社会变化,另一方面旅游迷思是建立在隐瞒和否认这些社会变化以及永存旅游前的观念和意象的基础上的。"(Brown,1996:44)

迷思的折射性还表现在真实的凤凰缺乏湘西民族特色。有受访者将凤凰想象成古镇和民族旅游地,"具有民族风情的仙境,人间仙境。而且是带有异域风情的仙境"(C31-L-F),觉得在凤凰待着、生活着应该就像神仙一样。旅游出发地的人们期待凤凰有浓郁的少数民族风情,"就是特别有民族风情的一个地方,应该是个小镇,可能交通不是特别好,很多东西都有种民俗的感觉,不是现代的感觉,是古代的感觉。我以前在照片里看到的就是小河啊,河两边都是建的房子啊,河两边房子的基建都是打在河床上的,那种感觉挺好的"(C37-L-F)。凤凰的现实是"凤凰城里已经少有民族特色了。沱江两边基本上没有了。现在苗人和汉人是一样的了"(C26-L-M)。一些受访者发现当地人都不穿苗族服饰,与他们想象的不一致。有的(C24-L-F)说:"当地人是不是要穿苗族的服饰啊?我看到的都是穿现代服装的。我以为凤凰那边的人都穿苗服。"另一位也说到期望看到当地人穿民族服装,保留着传统的生活习俗。

我不是讲我以为它是带有异域风情的嘛,它的建筑有,那个飞檐啊都跟我们现在的房子不一样,但是人们的服饰就没有蛮多那个了,我原本期待他们穿少数民族服装,我可以看到年轻漂亮的或者老人啊,都会穿一些民族的服饰,但是来后发现都已经汉化了,他们的民族服饰只有过节的时候或者来客人的时候才穿,平时就不穿了。我期望看到的是穿民族服装,保留着原来的一些生活习俗,可以让我们看。(C31-L-F)

总之,商业化过于严重是凤凰目前被批评得最多的现象,凤凰"全民皆商"的过度商业化是游客感觉到离旅游想象差距最大的旅游现实。与此同时,凤凰也"被现代化"了,有的旅游者评价凤凰是"带有现代化色彩的古镇"(F96-L-M),凤凰的现代化也让一些追求返璞归真的游客感觉到他们的旅游梦境与旅游现实存在着差距。旅游者将凤凰想象为边城,想象为宁静的世外桃源,实际上的凤凰却很喧闹、喧嚣;有些人的想象为民族旅游地,但现实感受是实地的风景没有图片美,而且少数民族风味淡薄,希望当地人穿民族服装以体现浓郁的民族风情。迷思掩盖了凤凰被商业化和现代化的现实,突出了边城的古镇风貌和民族特色,让游客保留了美好的旅游想象,现实却让游客感觉一到凤凰美梦就醒了。

(二)被美化的凤凰

凤凰迷思的折射性还在于传播凤凰的话语是对凤凰现实的夸大、拔高和美化。凤凰的美是被夸大的美。凤凰古城最响亮的宣传口号是"中国最美的小城"。沈从文的《湘行散记》中写道:"那个地方,任何时节实在是一个令人神往倾心的美丽地方"(沈从文,2003:142)。湖南省旅游局 2012 年编写的湖南省导游考试教材的序言里写道:"中国最美的古城凤凰……充满着神奇美丽的色彩"。旅游百事通公司对凤凰古城的宣传册中写着:"游览在沈从文笔下能读到,在黄永玉的画中能看到,在宋祖英歌里能听到,被新西兰著名作家路易·艾黎盛赞的中国最美的小城,欣赏'凤凰九景'。"

人们对凤凰的想象是很美的地方,受访者说听说凤凰很美很美,是中国十大值得去的地方之一,所以很向往,想象凤凰是世外桃源。

反正当时别人就说凤凰好美,我就好想去那边,很向往去那边,是听我朋友说的。有时候在网上浏览说凤凰很美很美,很多人都去那边旅游,我一直很向往。我就想象可能跟丽江那种一样,有山有水的地方,是山水小城的那种感觉吧。反正就是小桥流水人家的感觉,有河,有山,有水,建筑物很有特色。我当时没有去过,听说凤凰是值得去的古镇之一,都这样说吧,凤凰是中国十大值得一去的地方之一,中国十大值得去的古镇之一,就特别想去。而且我看到我朋友照的照片,在江边照的,我觉得好美的景色。我想象凤凰就是那种山区里面的世外桃源。远离闹市区那种。(C43-W-F)

旅游者在第一次去凤凰之前对凤凰的想象是"很漂亮的古城,应该有很多古物"(F77-M-F)。现实中的凤凰并没有受访者想象中的那么美丽。全世界各个旅游地对景观的美化宣传比比皆是,凤凰也如是。下面这位受访者想象中的凤凰山清水秀,很漂亮,事实是沱江已被污染,水不能称为秀丽。

想象中凤凰应该是很漂亮吧,他们回来说很好玩,我就想是山清水秀吧,但是事实上沱江被污染了,谈不上水秀。我去时是 2009 年年底的样子,是冬天。那个时候我看了沱江并不是很干净,一般般。江水并不是别人形容的那个样子,山清水秀的那样子。还有它还在建设吧,不是很完整的那种,虽然古朴,但是有点残破。去了之后觉得跟我想象的有一些差距,别人跟我讲凤凰真漂亮啊,山清水秀啊,尤其那沱江怎么怎么样,我去了以后却不是那样子,但是它那个氛围还是让我感到很舒服。(C31-L-F)

一位女大学生游客(F49-Y-F)对凤凰的想象就是"美丽",她说:"别人口中有说,在网上浏览网页时也无意中看到过凤凰的样子,觉得美丽,想过来看一下。"广州的一位受访者(G1-L-M)说对凤凰的联想是凤凰这只鸟,凤凰在人们头脑中是个美好的事物,所以凤凰那个地方应该是很美好的地方。

图片所宣传的凤凰总是比游客看到的凤凰实景更美丽一些(如图 3-2 所示),因为图片里的凤凰显得宁静、古朴、纯净,没有喧嚣,没有现代化,没有商业气息,没有游客,没有世俗化,它就是静静地在那里等着游客去凝视、观赏、体悟。

一位受访者讲述了她看到过凤凰的图片而产生的对凤凰的美丽想象和去了凤凰以后对凤凰的不佳印象。

问:有人对凤凰的评价是说"山美、水美、人美、城美",您同意这句话吗?

图 3-2　图片中美丽的凤凰古城(图片已得到凤凰县旅游局官方授权)

答:同意。我想象它很美,我看到图片了呀。

问:在哪些地方看的图片?

答:就是百度一下看到的,总会有一些旅行社把图片摆出来啊。

问:您为什么会想要搜索凤凰的图片呢?

答:我有同学是凤凰那边的人,说凤凰很好怎么怎么样,给我带了一些吃的东西,然后也说那边的风景可以,我就搜了看一下。

问:您看了照片有什么感觉?

答:很不错。很好。

问:别的感觉呢?

答:还是漂亮啊,照片上的人没那么多,所以看上去还是一个很安静的地方。

问:您喜欢安静的地方?

答:是的,我喜欢。

问:去之前如果要您用一句话描述凤凰,您怎么描述它?

答:沈从文的那句话"山美、水美、人美"。反正我以前对它的印象就是一个宁静的、有苗寨的那种古城。

问:去以后能用一句话描述凤凰古城吗?

答:没有特别印象。现在对它的印象就是商业化浓厚了。跟我一起去的人中有一个以前去过一次,他说以前的酒吧没这么多。凤凰的酒吧太多,很吵,门口有很多吸引顾客的那种女的,我不喜欢。我觉得城市就有酒吧,没必要跑到凤凰去找酒吧啊。不过我想再去凤凰,看看白天的景色,然后也想感受一下,找到以前对它那种印象中的感觉。

问:您觉得那里酒吧要少开一点吗?

答:对。

问:是少开几家,还是一家都不开?

答:一家都不要最好。(C24-L-F)

一位来自我国台湾地区的女性游客(F62-X-F)喜欢看凤凰的吊脚楼。她说她在网络上看到吊脚楼的图片,感觉很漂亮、很特别,觉得凤凰古色古香,建筑物很特别。很多受访者都认为凤凰的照片确实很漂亮,例如,一位潜在游客描述了她看了凤凰的照片和电视剧《血色湘西》后对凤凰的印象,照片和电视里的凤凰很漂亮。

问:凤凰在您心目中是一个什么样的旅游地?您把它作了怎样的想象?

答:我觉得应该是一个在闲暇想放松的时候去的地方,可以离开城市,接触到不同的人文这样子,还是挺向往去的。有时间会去一趟。

问:那您看了照片觉得这个地方是一般般漂亮还是?

答:确实照片很漂亮。但是我本身是湖南人、大湘西人,会喜欢那样的地方,而且不会感到很新奇啊什么的,看那个《血色湘西》就知道,那个里面拍得很漂亮。

问:那您觉得《血色湘西》对您想去凤凰有影响吗?

答:那肯定有,如果是外地人的话肯定更有。就是拍得很好,那个景色。(C21-Z-F)

凤凰被宣传为中国最美小城,但是凤凰事实上并不是最美,中国还有一些美丽的古城,如丽江、乌镇等。一位男性游客(C30-C-M)说:"今年去了凤凰以后,我又去了丽江,去了丽江我就发现不如直接去丽江,凤凰可以不用去,看过丽江就不用看凤凰了。"在有些人看来凤凰很美,在有些人心目中凤凰的风景只是还可以、比较好,不能被高度评价为最美。一位去过凤凰的被访者(C31-L-F)说凤凰"还是漂亮。只是没有想象中的那样漂亮。我觉得人太多了,基本上晚上街上的人特别多,都走不动。"还有一位旅游者说他不同意凤凰最美这句话。

问:听过"凤凰——中国最美丽的小城"这句话吗?

答:没有。事实上在我的印象里,我就不同意这一点。我虽说没去过其他的,但是如果说是最美的,我不同意。(F92-W-M)

通过以上分析可以发现,凤凰是存在迷思的。凤凰具有人为的、自然化的、共享化的迷思,这表现在凤凰被人们当作了边城;同时,凤凰的迷思具有折射性,从旅游者体验和想象的差异中可以发现折射性,从凤凰的美丽被夸大的现象中可以发现扭曲化,这些都确然地证实了凤凰迷思的存在。

第二节 凤凰古城的旅游迷思是什么

一、旅游业是"造梦产业"

世俗的日常现实生活世界是从早到晚紧张、厌烦、昏沉的生活,神圣的旅游世界给人们一个美好的梦想。"梦想是被剥削的、缺乏的不在场证明"(巴特思,1999:223)。"各种被选定以迎合旅游者目光的地方,都是一些能极大地满足人们愉悦期望的地方,这种满足可能要借助于某种'白日梦'或'狂想'的途径来实现"(谢彦君、谢中田,2006)。"Dann(1996)指出旅游是一个不可实现的白日梦和幻想的世界,这正是旅游的构造"(Johns,Clarke,2001)。"旅游业是'造梦产业',购买一个假期是购买一个让梦想成真的机会。现代社会的图片讲述的是'救赎'人们的美梦"(Wang,2000:71)。"营销人员迫切地表征和出售旅游地世界的梦想"(Salazar,Graburn,2013)。法国文学大师普鲁斯特曾说:"记忆中的乐园才是最美的乐园"(程鹰、王美怡,2001:43)。那么,对旅游者来说,梦中的乐园才是最美的乐园,旅游地就是梦中的乐园。

旅游业造梦就是旅游业制造迷思的过程。"迷思隐藏在真实的光环下,是真的假,是由梦生成的建构"(Girardelli,2004)。"旅游者凝视旅游标志物是从迷思的镜头去凝视的"(Scarles,2012)。旅游者凝视整个旅游地是通过迷思的镜头去观看的。旅游迷思的伎俩可以用一句话来形容——"想象我,陷入爱河。"旅游迷思让旅游者觉得那个旅游地就是他梦想中的地方。有位受访者(F101-H-M)是凤凰当地一家旅行社的经理,他的QQ签名就是"令人怀念和向往的传说风景——凤凰古城"。世上最美的风景,是人心中的渴望。凤凰的旅游迷思激起人们对凤凰的向往、渴望、热情和梦想。"现代神话(迷思)的功能就是在某种语境中随时随地激活或激起某种欲望,而当某种语境一旦消失,神话(迷思)的功能告退,欲望也就平息"(蒋原伦,2004:95)。

凤凰古城被想象成一个不可言说迷人心目的圣境。在有的人心中,凤凰是湘西梦里水乡。"梦里水乡"这个美丽的词汇表述了众多未曾去过湘西凤凰的潜在游客对凤凰的想象。一篇在网络上搜索到的2012年湖南省导游资格考试的凤凰古城导游词中写着:"凤凰古城——远去的家园,梦里的故乡,古老而神秘的地方。"《非去不可的100个旅游胜地·中国篇》的目录中写着:"梦之故乡凤凰古城"。"对于湘西人来说,凤凰是一张名片,对于外地人来说,凤凰是一段传奇。""每天都有众多人从四面八方来到这座小城寻梦。尤其对于现代都市里那些有梦的或者失落了梦的人来说,可以套用这样一句话:他们不是去了凤凰,就是在去凤凰的路上。"他们去"认识一个真正的凤凰,寻到一个纯净的梦"(汤素兰,2011:4)。在这些文字里,去凤凰就是为了去寻梦的。那么,凤凰到底有什么迷思呢?

二、边陲地的本真性迷思

现代社会已经去魅了,现代性是好恶交织的,我们在享受现代化所带来好处的同时,又会抱怨现代化黑暗的一面。现代性的技术性和理性化带来了人与人之间的情感淡漠,现代社会的技术和理性使人们逐渐异化,现代人不再是传统社会里那样自然自在的正常人,人类两个重要的需要是自由和真实,真实这种原本最廉价最丰富的资源,在现代性背景下变得稀缺甚至是无法触及。现代城市里的环境也越来越拥挤和喧闹。人们对于现代性中缺失的本真性、古朴性和纯真性会有一种强烈的怀念之情,所以,人们会建构一个想象中的美好世界,这种被建构的理想世界是乌托邦,这是人们根据对现代社会的不满和现实社会的缺憾而建构出来的,从而弥补现代性的缺失,人们把这样的美好想象投射给了外面的世界。这就是一些旅游地迷思的由来。

存在于异地的理想化世界是被建构出来的。人们是根据现实世界的缺憾,来建构一个克服了现实世界的不足、摆脱了现实世界的约束与苦难的理想化世界。因此,这种异地理想化世界的想象,脱离了实际,是对异地世界的真相的扭曲。人们之所以把异地世界理想化,其实表达的是对身边世界的不满。因此,人们把异地世界理想化,不过是对身边世界的一种温和的批评……旅游吸引物其实就是人们根据身边世界的缺憾而建构出来的。(王宁,2008:11)

当然,现代性中好的方面让人们对身边的现实世界也会觉得有令人满意的方面;同样,人们对边远地方不仅仅是有美好的想象,也可能存在着负面的想象,对异地的想象也是好恶交织的,但是能够被选择为旅游目的地的边远地方通常被投射了美好的想象。如果把对边远异地的美好想象和身边的现实世界联系起来,旅游可以分为两种:一种是人们把边远地方的美好想象与人们对身边现实世界的不满结合起来,本研究在这里主要讨论这种旅游方式;另外一种则是,人们对身边的现实很满意,但也建立了对边远地区的美好想象。第一种旅游方式属于弥补性的旅游,旅游是对现代性不满的弥补;第二种旅游方式属于扩展性的旅游,旅游是现代性体验的扩展,因为现代性让我们有能力去超越日常体验的边界。在第一种旅游中,美好的想象是因为对现代性的不满而建构出来的,并投射到了异地世界,变成了异地世界的迷思。在中国社会就存在一些这样的迷思,这类迷思可以称为"边陲迷思",它们是相对于现代化中心地而言的边陲地世界的迷思。边陲地是经济不发达的、比较落后的、传统文化保留得比较好的地区,被认为是传统的、古朴的、淳朴的,是原始的、自然的、落后的,在那里可以找到朴素的、真实的温情。边陲地不是从当地的旅游业发展情况来看的,而是从地理位置和当地发展旅游业之前的经济发展水平来定义的,从地理上而言边陲地属于比较偏远的地区,从开发旅游业前的经济水平而言边陲地是经济不发达的地区。边陲迷思的共性表现为本真性。"有关本真性的价值与理想,一般与经济不发达的社区、纯朴的民风、传统的民俗或历史比较悠久的文物等旅游客体相匹配"(马凌,2008:169)。王宁(1999,2000)说过旅游本真性可以区分为两个问题——旅游体验本真性(本真性体验)和旅游对象物的本真性。"存在本真性广为接受的含义是'一个人真实地面对自己'。这种本真性的理想特征既可以是怀旧情绪,也可以是浪漫情怀。怀旧情绪是指人们期待的是比现在的年代更自由、更天真、更自然、更纯净、更真实的自我这样一种理想化的生活方式"(Ning Wang,1999,2000)。本真性指的是"客体存在的原初(originality)、纯正(genuineness)、逼真(verisimilitude)、权威性(authority),或主体的怀旧(nostalgic)、浪漫(romantic)体验"(陈丽坤,2013)。

边陲社会的本真性迷思包括三个方面:第一,物质文化的本真性。比如传统古朴的建筑、传统的服饰、传统的生活方式。第二,人的本真性。人们希望看到边陲地的人们是质朴、纯真的,希望当地保留着淳朴好客的民风,人与人之间的情感是真实的、朴素的。第三,氛围的本真性。氛围指的是环境,人们期待的氛围是一种宁静、祥和、静谧的氛围,宛若世外桃源的感觉。

本真性迷思是与现代性相对立的传统性的建构。"现代旅游条件下传统的旅游吸引物的建构是基于人们的'怀旧'心理,人们出于对现代性所带来的压力和人与人关系异化的不满,而去'他处'、去'传统'的旅游目的地重新寻找已经丧失的意义感","传统的吸引物代表的是基于过去的、自然的、本真的、田园牧歌式的、感性的价值"(马凌,2008:175)。凤凰古城就是一个被寄托了本真性迷思的传统旅游地,是一个边陲小镇。它被想象成一个让旅游者可以离开都市去寻找慰藉的小镇,它往昔的纯净、朴实、自然、真实,被描述和记录在作家沈从文的笔下,让无数游客心生向往。一些受访者在去凤凰之前看过一些照片和图片,他们去之前对凤凰的想象是乡土的、自然风光美丽的地方,是宁静、传统、淳朴、古朴的古镇。

图片里是很古老、很古朴的房子,好像那种民国时期的建筑。有水、有河。凤凰就是古镇啊,乡土气息、自然风光比较好吧。还有水比较好,比较清澈,没有污染,然后人比较纯朴。总的来说,就是比较古朴、民风比较淳朴的小镇的联想。(C23-Y-F)

好像少数民族人口比较多,感觉有山有水的地方,看到照片里还有很多有现代特色的酒吧。我老公拍的,拍了当地的小孩子,当地卖花的阿婆啊,还有一些特色的酒吧,好像外地人和游客都很喜欢去,就把那里的宁静给破坏了;但是氛围还是挺好。在我脑海里就是山清水秀,还有当地的少数民族姑娘给人的感觉应该是穿当地的少数民族服饰。我想她们的生活方式是不是刺绣、织布啊,这种感觉。就是好像很淳朴很宁静,虽然游客也很多,但是没有受到太多的破坏,保护得比较好。我比较喜欢山清水秀、宁静的地方,喜欢风光秀丽、山清水秀的地方。我去凤凰的话想作为一种休闲,了解一些当地的民风民俗,感受一下吧。因为现在的城市都比较喧嚣。(C42-L-F)

有些受访者想象凤凰是一个宁静的世界,有一种宁静的美,舒适的美。"凤凰在我想象中是宁静的、安静的,是与喧嚣的城市相对立的,没有被城市化。所以我很想去凤凰,去寻找宁静的美,看那种整体画面的自然景观"(C48-C-F)。在他们的想象中凤凰是没有被城市化的宁静小镇。有些潜在游客期待在凤凰能欣赏到它的意境美,想要的意境美是安静和清新。

问:您想象中的凤凰美吗?
答:应该是美的,应该是很舒服的,环境非常美,有水有农家,气候也是非常宜人,然后在那里非常舒适、非常安静,非常适合在那边待几天休闲和放松的感觉。曾经有好多次我都已经安排了行程去凤凰,只是没有成行而已。去之前我也打听了,去凤凰就是住在河边,找个农家小院,住两三天,每天就是很舒服地去感受那种小桥流水,感受那种舒适的天气、气候和温度。很随意、很放松、很舒服的状态。
问:您觉得那个地方是安静的还是喧嚣的?
答:给我的感觉是安静的,这种安静是可以选择的,我不会去那些非常喧嚣的地方,我可能就会找人比较少的这么一个地方,静静地去感受,感受那里很舒适的一种环境。(C38-C-M)

我对它的印象都是建立在亲友口碑之上的。偶尔在报纸杂志和电视上看到一些图片,结合别人说的,自己想象起来那个地方应该是一个意境蛮美的地方吧。就我个人来说我比较喜欢环境好一点的,比较幽静的,特别要有山有水的那种。当你走在那种地方的时候你会感觉人与自然和谐地融合在一起,那种感觉特别的舒适。凤凰那里有个沱江吧,什么沱江泛舟啊,晚上在那种吊脚楼边上散步啊,感觉挺适合我想象中的那个意境的。所以我就觉得那里还不错……想到沱江上的一叶扁舟,慢慢地随着河水划下来,两边都是青山绿水映在眼前。闭上眼睛就感觉山和水很美,感觉自己就在那旁边散步,很惬意很悠然。我就是比较喜欢那种很自然的山和水,给我很安静的感觉,很幽静。我喜欢那种可以听到鸟鸣,又可以听见水流的声音,那种谷静空幽一样的感觉。我就是喜欢山水相间,觉得很美,感觉人在其中和谐自然……我愿意住在自己想象的意境中的山水边上。如果沱江边有住的地方肯定很好,住在那里看着水流流下去,可能晚上不是那么的安静,可是你看到闪烁的霓虹灯是多么的漂亮,感觉一定很好。呵呵呵……我觉得凤凰那个地方是一个山水间充满了诗情画意的地方,听别人说还有看宣传片就感觉自己已经置身于青山绿水当中。还有那些周边来往的游客,感觉热闹但是又不乏自然中应该有的那种和谐静谧的意境。因为有游客嘛,游客就显得喧哗,喧哗反倒映衬出凤凰本身所具有的那种大自然的静谧和谐。(C28-T-F)

旅游地方迷思是人建构的,是理想化的,所以迷思一定是与真实存在反差的,因为有反差性,人们到了实地之后会产生挫折感和失望感。关于凤凰宁静的想象与凤凰的现实有着较大的反差。凤凰名气大了以后,人气高涨。人多、商铺多、酒吧多,凤凰的宁静被严重地破坏了。凤凰唯一宁静的季节是冬季,唯一能够让人有静谧感的时刻是6点以前的清晨,清晨时沱江两岸还没苏醒,淡淡的雾气紫绕在澄澈的江面上,两岸有农妇捣衣,路上的行人只能看见两三人。其他时间段凤凰都不宁静,凤凰的宁静是难得一见的场景。一位旅游者说:"名声太大了也不好,这个地方的安静就破坏了"

(F95-P-F)。去过凤凰多次的受访者和凤凰当地人都描述了凤凰开发旅游业以后的变化,凤凰不再朴素、安静、原始。一位受访者(C35-Z-F)说现在的凤凰太吵,夜晚的凤凰是不夜城,与古镇的淳朴安静不相符合,而以前的凤凰纯一些,比较安静。一位受访者(F84-D-M)说他爱2001年时的凤凰,那时的凤凰是一个惬意、安静、原始的小城。现在他一进古城就感到烦躁,人太多,霓虹灯多,吵闹,商业气息重。他希望凤凰能保持边城的泥土气息。

听说凤凰的时间大概是2000年以后。旅游还不是很兴起的时候。就听别人说那里很漂亮。在我印象中湘西本来就是湖南要扶贫的地方,对我来说就想成一个扶贫的地方,说是最美的小镇,印象中只是山,没别的感觉,那时候还没什么概念,觉得是山底的一个山村。我2005年去了凤凰一次,2008年国庆节一次,最近一次去是今年(2012年)2月……我感觉最好看的应该是2005年那次吧。因为2008年去和今年再去都觉得不像是古镇了,太商业化了。2005年就有酒吧,可能没那么多。凤凰的沱江两岸酒吧真是非常之吵,而且给人的感觉现代又世俗,我们向别人推荐凤凰旅游产品的时候说早晨你可以欣赏它的宁静,晚上你可以去泡泡吧。有的年轻人听说了很是喜欢,但我觉得不太符合古镇本身的那种淳朴和安静的风格。2005年的时候确实有酒吧,只是不多,因为我印象当中记忆很深的是我早晨和好朋友两个人一起沿着沱江走,沱江很干净,然后就是有很多农家的人在沱江旁洗衣服,用那种木槌捶衣服,边上还有很多浓雾,浓雾缭绕的感觉非常好。我们停留的时间不多,只有一天一夜的样子,晚上没有那么吵,我觉得那时候的凤凰相对来说还纯一点,现在我觉得是很复杂的那种,什么都有,掺杂在里面……我记得2005年沱江泛舟是在晚上的时候,泛舟的距离比较长,后来去的一次因为改造感觉就不对了,晚上的时候有很多荧光灯、霓虹灯,就感觉享受的不是那种神秘感。而在2005年的时候灯光不多,只有微微的灯光,现在到了凤凰的晚上就成了不夜城,就是很透亮的。2005年去的时候沱江边上很安静很舒服,旁边商业化设施也没那么发达,就是要享受这种感觉。(C35-Z-F)

现在加了几个景色,加了几个景点,沱江河上加了几个小桥嘛,以前没有,而那房子也是重新砌过,装修了一下。现在就是新鲜一点、亮丽一点,以前就是朴素一点、原始一点。现在就变得商业化了,到哪里都很吵很吵,不像以前天快黑了就没有什么亮光了,感觉很静,现在就感觉很吵。(F57-G-M)

问:您觉得游客对凤凰的想象是怎样的?

答:惬意、安静、原始的一个小城。我2001年来的时候,对这个地方非常有感情。我非常愿意在这个古镇里面串,我钻进古城就走不出去,那半年都是这样。然后我到黄龙洞当了几年老总。现在回来再看凤凰,已经烦了。现在太吵了,以前有人,但是没这么多人,看上去没这么拥挤,霓虹灯也没这么多,也没这么吵,商业气息也没这么重,这些煎、炸、炒东西的气味把空气都污染了。来凤凰以后发现它真的变了。我觉得进了古城就好烦。我进古城查一下岗位我就老爱骂人,我骂员工,因为我心里面很烦,很浮躁。原来我很爱凤凰,我就老是喜欢在古城里面转,爱它的惬意、安静、原始。这次回来发现凤凰变了,变了是发展中的问题,是必然现象,要有有效的功能区划分……

问：您对凤凰旅游业的发展有什么期望或者说什么好的建议吗？

答：我希望我心目中的翠翠带有泥土气息，我不希望翠翠穿吊带装，我不希望翠翠穿超高跟鞋，我希望看到翠翠是一个独辫子的翠翠，不希望翠翠的头发染成金黄色。当然凤凰处在发展中，比方说接待设施、服务设施，包括管理的配套设施，最好尽量安排在新城区。古城保持边城原有的大佬、黄狗、翠翠和爷爷。(F84-D-M)

有的被访者想象着在凤凰可以见到淳朴的乡村生活，是红火的、有生命力的、淳朴的少数民族生活地区，想象着当地人穿着传统的民族服饰，保留着日出而作日落而息的传统农业生活方式。而旅游现实是她所想象的在凤凰都见不到，想象中的模样只残留了一点点，凤凰的真相是已经被经济化、商业化了，看不到传统的民族服饰和传统的生活方式，尽管她看到的当地老人和小孩仍然纯朴热情，但是中青年人已经城市化、现代化了。

想象中应该是湘西剿匪记里面那样的，穿着民族衣服，戴着那个帽子，男的是包布，女的戴着银做的帽子，实际上到那里去好像又不是。然后就是古色古香的一条街，跟那个木门，就是烧火做饭的时候熏黑的那种木门，然后有那种厨房，有那个开口锅和灶，有用柴火吊着烧的炊壶。这都没看到。

问：您去了凤凰之后，对凤凰有什么印象呢？

答：基本上人还是蛮纯朴的、蛮热情的。小孩子纯朴。那个卖东西的，很商人化了，知道讨价还价之类的。那里还有很多间上海品牌的老字号，上海的披巾啊、裹巾啊。

问：您刚才说当地人纯朴，说小孩纯朴，还有什么人纯朴呢？

答：老人家。就是那做姜糖的老人，在一家老字号店做那姜糖。我觉得那个人，吆喝着你们吃嘛，你们吃嘛，人蛮好的。还告诉我们做法。那个可以吸的姜糖好好吃的，放到口里就化掉了，如果在空气里放一阵子就硬了。

问：去之前您觉得凤凰主要给您一种什么样的感觉？有没有安静的感觉？

答：没有。我听到凤凰两个字就想到火。

问：您说听到凤凰两个字就想到火？

答：嗯。我就想到那个红红火火，很兴旺、很发达、很有生命力的一个地方，历史很悠久，然后也很知根知底，好像适合落叶归根啊，很根深蒂固的地方，不会随着地方的经济发展而变化，保留了一些该有的淳朴、民族风情，都应该在。

问：您看到的凤凰是什么感觉呢？

答：都快没了。

问：什么叫快没了？

答：好像就留了那么一点压箱底了。

问：是那些古代、古朴的东西吗？

答：该留的留在那里了，其他都被经济化、商业化了。

问：觉得商业化很浓吗？

答:嗯。我觉得湘西人应该是背个锄头上山、打鱼啊、种田啊、日出而作日落而息,应该是这样的生活。那里完全被商业化了,都不务农了,就做一些饰品在那里兜售。

问:这个在您看来是比较商业化的是吧?

答:嗯。老人还是保持了原有的习惯。小孩子眼睛亮亮的。中青年人看见几个头发都染成黄色了,穿的那个衣服也乡不乡、土不土的。(C15-G-F)

虽然很多旅游者期待凤凰当地人穿着传统民族服装,可是凤凰的苗族人特别是中青年人都是穿现代休闲服饰,只有50岁以上的人才会穿戴银饰、穿苗族衣服,少数民族人现在的真实生活是已经汉化和现代化了,而旅游者想看到的就是苗族服装这类表征着本真性物质文化的符号。传统的生活方式在凤凰无迹可寻,传统的服饰在凤凰所见不多,纯朴的人唯有老人和小孩,宁静的场景难得一遇,本真性的物质文化、本真性的人、本真性的氛围,这些在凤凰都是迷思,本真性迷思是边陲地凤凰的第一层次迷思,是相对于现代性的大迷思,是对传统性的建构。

三、边城的迷思

(一)边城寻梦

在本真性迷思这个大框架之下,每个个体会有不同的侧重点,那些知道沈从文的人在去凤凰之前会有一个关于边城的想象,凤凰的第二层次迷思来自于沈从文和他的代表作《边城》。沈从文笔下的边城有着本真性的物质文化,如吊脚楼,有着本真性的人,如质朴纯真的翠翠、爷爷、傩送等人物。边城的迷思是与本真性迷思相重叠又有差异的迷思。"如果没有沈从文,那个偏远的小镇肯定不会吸引如此众多的目光,至少关于它的故事,人们不可能在未进入时就如此熟悉仿佛它便是我们梦中的家园"(Air,2006:4)。"在每年数以百万计来凤凰旅游的朋友中,许多是追随着大师的足迹或怀着一个寻梦的愿望而来的"(麻根生,2007:93)。去凤凰是去寻找"'眸子清明如水晶'的翠翠……寻找《边城》里那梦幻般的境界"(麻根生,2007:218)。

《边城》这本书中营造的是一个宁静的世外桃源。世外桃源无论是在陶渊明时代还是当今时代都是一个梦幻般的乌托邦。边城被受众理解为一个恰似世外桃源的边远小城。受访者认为凤凰很偏僻,有边城的感觉。

问:请问您觉得《边城》所写的那个地方和凤凰有什么联系吗?

答:我觉得应该有联系,因为凤凰的感觉就是边城的一种感觉吧!凤凰是很偏僻的地方,我去的时候经过吉首,好多好多山,深入进去在山里面有个这样的小城,就是一个边城的感觉。

问:您对边城是怎么理解的呢?

答:边城就是有点远离闹市区的桃花源,世外桃源的那种感觉。

问:沈从文对当地的旅游业有作用吗?

答：应该有吧。读过《边城》的人应该都能从中看到凤凰的影子。我没有读过，想读。（C43-W-F）

《湖南导游词》的"凤凰古城"导游词对沈从文故居有一段这样的介绍："现在大家请随我一起去寻觅沈先生作品中的那种温馨甜美，去体会喧哗后面的那片宁静，去游览人们向往的'世外桃源'边城。"沈从文的《边城》中描绘道：

> 人家房子多一半着陆，一半在水里，因为余地有限，那些房子莫不设有吊脚楼……一切总永远那么静寂，所有人民每个日子皆在这种不可形容的单纯寂寞里过去。一分安静增加了人对于"人事"的思索力，增加了梦……中国其他地方正在如何不幸挣扎中的情形，似乎就永远不曾为这边城人民所感到。（沈从文，2009：1，8，11，20）

百度旅游攻略是 PDF 格式的电子书模板，图文并茂，比较有吸引力。百度旅游凤凰攻略第一页上写的凤凰攻略副标题是"湘西寻梦，迷走边城"。第四页亮点介绍中亮点四"与沈从文共读《边城》"与亮点一同一行，被放在当页最上面的醒目位置，亮点四的介绍中写着："许多读过沈从文的文章的人都有自己的一份'边城情结'，于是凤凰的大门，是由沈从文开启的。在凤凰古城营街的一座古色古香的四合院内，沈从文在这里创作出了翠翠，爷爷，傩送……还有那个美得让人无法遗忘的湘西。"攻略的第五页至第七页是对各个代表性景点的描绘，列举的景点有虹桥、沱江、吊脚楼、沱江跳岩、老洞苗寨、沈从文故居、沈从文墓地、杨家祠堂、天龙峡、南方长城、奇梁洞、苗人谷苗寨、酒吧街这13处。第六页右边最上方是对沈从文故居景点的介绍，写道："许多人来凤凰都是为沈从文而来。因为《边城》《湘西》《从文自传》等自他笔下流出的大家耳熟能详的作品……故居旁的书店可以买到沈老的书，书上会盖个故居纪念的印章，十分有纪念意义。沈从文故居也是凤凰人文风景的一个亮点。"

"《边城》是一幅农村风俗画。《边城》在中国文坛上曾石破天惊，引起过强烈反响。沈从文'乡土作家'也因之得名"（马蹄声，2010：152）。"在平常日子里，前来谒拜沈从文陵墓的游客络绎不绝……他们说千里迢迢来边城，就是为了寻找沈从文，来探索养育了这位著名作家的凤凰古城的奥秘"（马蹄声，2010：154）。一位2012年在凤凰旅游的游客（F98-H-M）说他20世纪80年代就去过凤凰，我问他："您20世纪80年代就到了凤凰是因为沈从文的原因吗？"他回答："当然是的了。"另一位80年代去过凤凰的旅游者（C45-X-M）当时对凤凰的想象就是边城的那个样子，他说："就是想象成边城那个样子。那时候去还比较破旧，民俗民风跟过去差不多，民风比较淳朴，自然景观比较破旧，比较安静、宁静的小城，文艺作品所描述的那种感觉还在。"凤凰、沈从文、边城，这三个词语总是交织在一起的。正如受访者（C34-Y-F）所言："《边城》和凤凰有联系，感觉就是描述那边的生活，描述了凤凰的风土人情。"另一位说："《边城》写的是凤凰吧。人们就是这么想象的。就是你去凤凰，边城给你想象的空间，你想象他的笔下就是这么一个地方，沱江两岸摆渡的老人，和他的女儿（应为外孙女），和她的爱情，就好像《边城》给凤凰赋予了一个故事"（C40-W-F）。的确，边城迷思给了凤凰一个故事、一个传说、一种叙说、一个想象空间。

许多潜在游客、现实游客和去过凤凰的游客都把凤凰认作文坛巨匠沈从文笔下的"边城"。"我很早就知道凤凰了。我读大学,读《边城》的时候就知道凤凰,那时候是20世纪80年代初,我是80级的本科生。边城是整个湘西凤凰那一带,就是凤凰"(C45-X-M)。有的认为就算边城不是凤凰,凤凰和边城应该相关,因为《边城》的作者沈从文是凤凰人。

问:您看过《边城》吗?
答:好像没有,可能又有,我不记得了,我就知道里面有个翠翠吧。
问:那您觉得《边城》和凤凰有什么联系吗?
答:我猜想它就是以凤凰那个地方为原型,大概写的就是那个地方。(C28-T-F)

《边城》和凤凰应该是有一点关系。不是说就是指那个地方,而是凤凰的人文以及那里人的思维方式,或者说平时的一些生活态度和生活习惯会影响到他写边城故事的情节。(C37-L-F)

大部分游客都知道沈从文,一部分游客读过沈从文的《边城》。一位初中学历的女性受访者(C18-M-F)说:"知道沈从文,但是不是很了解。听说过。"一位旅游行业相关从业者(F30-W-M)对我说:"游客基本上都知道沈从文。"凤凰当地的导游员在讲解凤凰古城时一定会介绍到沈从文,如下面这位导游员说到沈从文其人:

遇到教师团我会说到沈老的趣事……我就说有一个女人很出名,她在沈从文晚年的时候居然量了沈从文衣服的尺寸,说要给沈从文织件毛衣,知道是谁吗?李云鹤,就是江青。因为沈从文曾经在青岛大学教书,当时江青在图书馆做管理员,沈从文指导过她写作;还有一次津巴布韦的文学代表团来到中国搞一个学术交流会,当时江青就叫随同人员去请沈从文参加交流会,沈老就诚惶诚恐,跟着走,走到会场的时候,陪同人员说领导这边走,他一看台上坐满了,就江青旁边有一个空座位,他知道是留给他的,趁工作人员转身的时候,他自己就躲到一个角落里面去。然后会开了有四五分钟,有点冷场,江青环顾四周在找他,当目光向沈从文扫过来的时候,他把头低了下去。这也可以说是湘西人的一种不趋炎附势。沈从文在北京好多年,最后官至副部级吧,但是他一直自称自己是乡下人。湘西人不趋炎附势。(F94-L-M)

因为对沈从文笔下边城的向往,这个"文学"的迷思能够广泛延伸。"因为慕'沈从文'之名,我去了湘西凤凰"(糜华菱,2007:97)。有一位旅游者(F95-P-F)说她以前对凤凰是十分向往的,她就是从沈从文书里知道凤凰的。她说:"以前对凤凰一直很向往,一直很向往,向往的那个劲过了但是没有机会来。以前是在农村,后来到了城市,住惯了城市那种生活,我就好想到那种接近自然的乡村去走一走,我觉得凤凰就是这样的地方……就是从沈从文的书里知道(凤凰)的。"一位潜在旅游者(C8-Z-M)说他一直想去凤凰,其原因就是"想去看下沈从文所说的那个边城。"两名来自美国加利福尼亚州旧金山市的女性游客(F9-Y-F,F10-Y-F)在接受访谈中表示知道沈从文和边城,她们提到了"Border Town",这是边城对应的英文。一位男性游客(F96-L-M)说很愿意来到知名作家笔下描绘的地方,他说:"我一直觉得凤凰是中国文化内蕴深厚的一个古城,我小学老师一直是这样介绍的,留给我的印象就是这个,我老师说我们一定要去凤凰,去亲自参观一下……应该没有交代具体写的是哪里吧!给我的感觉就是写的这里……当然愿意来到名作家笔下描绘的有名的地方。"一位女性受访者(C20-F-F)说上学时就知道沈从文,沈从文的《边城》等作品的描述让她产生了去凤凰旅游的动机,这样的情结让她想循着沈从文的足迹去游览凤凰,感受他的文字。这就好比 Urry(2002:201)研究英国湖区的迷思时写道:"当一个人在这个地方沿着特定的线路散步的时候想到沃兹沃斯(Wordsworth)的诗就会获得那种体验和感觉。"

《边城》里有描述凤凰那里的那个什么,然后讲了凤凰的人文,讲他们那里的风俗啊,有些什么活动啊,有少数民族,还讲了他们那边的美。呵呵。凤凰特色食物也有讲过。我就喜欢这种。有傩戏。

问:那您觉得会有人为了去看沈从文故居和墓地而去凤凰吗?

答:有啊,肯定会有。我在看沈从文写的那本书的介绍时,有很强烈的欲望去循着他走过的路,去感受他的文字。

问:假如您看到的跟他写得不一样呢?会失望吗?

答:嗯,应该也不会吧。因为以前的环境跟现在的环境不完全一样,以前他们的心态和现在的心态也不一样。但是你要说是失望的话,总会有淡淡的失落,因为很多东西都已经改变很多很多。(C20-F-F)

有的人是专门为了沈从文而去凤凰旅游的。"有人看过沈从文的书,喜欢一个人的文字,爱上他的书,就会忍不住想要看看他生活的地方,了解他的事迹,了解他的生平。那我就会想看看他的坟墓。我觉得可能有不少人单纯为了看沈从文故居和沈从文墓地而去吧"(C27-G-M)。有的旅游者去凤凰是想寻找一下沈从文笔下那个时代的凤凰,如这位受访者(F70-L-M)所言:"我就是来看一看这个地方,看看沈从文笔下的那个样子,如今的凤凰还有没有,我想找沈从文笔下那个时代的凤凰。看一看文化、人物一些东西究竟保存得怎么样。"有的说:"他(沈从文)算是我的半个偶像,毕竟我还是比较欣赏他的文采,这是对偶像的一种心情"(C29-C-M)。在凤凰经营旅游业的外地人(F37-X-M)对我说:"知道沈从文,但不了解。凤凰的名人中沈从文的名气最大,我认为有30%的游客是为了沈从文而来的。"

"出自对作家沈从文的崇敬和他所描绘的人物与生活的向往而来到凤凰旅游的'沈从文迷'慕名来到凤凰后,一定会去拜谒沈从文的故居和墓地"(赵玉燕,2008:173-174)。有些游客特意在凤凰购买《边城》等书籍,有的是第一次购买,有的是已经有书之后再次购买,因为在凤凰购买沈从文的书可以盖章,这样便有了一份纪念意义和留存价值。

我们几个朋友要买一些书,她问要盖章不,我一看,她那纸盒里还有不少购书纪念章,什么"中国凤凰""梦回故里,凤凰古城""听涛山书社",还有沈从文先生的"照我思索,能理解我,照我思索,可认识人"等,有小篆,也有现代艺术体的,一个个图章雕刻精细,印到书上典雅大方,很有纪念意义。(范诚,2011:231)

我买了沈从文的书,上面盖了3个章,在沈从文故居买的,别的地方买不到盖印章的。这本书20块钱,上面有《边城》《萧萧》等5篇作品。准备回去以后好好读一下。(F17-Y-M)

有的游客在去凤凰之前不了解沈从文,在去了之后有所了解,在访谈中表示若再去凤凰的话想先把沈从文的作品读一下之后再重游凤凰。

我自己没看过他的东西,我对他这个人又不认识、不了解,我怎么去感受,我怎么感受得出来。至少我要看过他的作品,我能知道他讲了点什么,他能反映出什么东西来,完了以后我再去旅游我才能感受出来。

问:凤凰这儿您还会愿意来第二次吗?

答:应该不来了。也不一定。哪天看看沈从文的书,说不定再来感受一下。像我这次来了,就像逛市场一样,来了啥也不知道,哪天回去没事拿书翻一翻,看看,了解一下,再有机会再来,也有可能。这次是一个人来的,没带老婆孩子,等以后有机会了,看看书,再感受一下,有可能家人一块来。(F92-W-M)

当然不是所有人都是因为沈从文而去凤凰,凤凰本地的地陪导游员(F28-G-F)说道:"我接待的游客中100个有90个知道沈从文,因为游客过来之前肯定要搜集信息。我觉得没有专门为了沈从文而来的客人,大部分人都是过来观光古城的。"纯粹因为沈从文而去凤凰的只是一小部分的群体,但是如前文所述,有不少人是为了沈从文笔下描写的边城而去凤凰。Urry(2002:196)在研究英国湖区的文学迷思时发现,"人们并非直接受文学和艺术作品的影响而被湖区吸引。在访谈中几乎没人会谈到湖区与文艺作品的联系,游客确实似乎并不知道这些文艺作品中的大多数。但是,是这些作家和艺术家,从 Gilpin 开始,为我们提供了这个地方具有视觉吸引力的语言和词汇。"凤凰亦如是,是沈从文的描绘让人们觉得凤凰很有吸引力。有一部分人是怀揣着边城的迷思而去了凤凰。

(二)边城已逝

沈从文的《边城》这部抒发乡土情怀的中篇小说虚拟了一位纯洁美丽的少女翠翠作为主人公,描述了一个爱情故事,这个故事里除了对美丽的景物作了细致勾勒之外,还有对当地民族风情的介绍,描绘出湘西人达观、淳朴与真情的世界,渗透着湘西的泥土味和淳朴味。"游客的向往是找到沈从文笔下的边城"(F101-H-M)。而今日的凤凰难以寻找到沈从文笔下边城的意境了,边城终究成为了迷思。《凤凰城》书上(43页)写着:"有些风景确实不再回来了,我们只能通过一段文字、一幅画面去追忆或想象,不过因此你可能会在心头产生另一番滋味。"

20世纪80年代的凤凰仍然是沈从文笔下原汁原味的边城。《沧桑凤凰》书中讲述了电影《边城》拍摄时的凤凰。

1981年春夏之交,我国影坛上的著名导演凌子风率《边城》摄制组来凤凰城拍外景地,看见这古城的自然景观和淳朴民风时,无限感慨地说:"想不到文章中读到的边城竟然与我今天看到的边城几乎没有两样。这里的山水确实秀丽,这里的民风保存得如此完整。湘西的确是个神奇的地方,沈从文先生忠实于生活的态度是值得好好学习(的)⋯⋯"(马蹄声,2010:152)

几位大学生说喜欢《边城》书里很纯的感觉,来凤凰后觉得边城的故事不是发生在凤凰,反差太大,真正的凤凰已然没有边城的纯净感。还有些受访者说凤凰和边城的描写有一些出入,缺少了原汁原味。

问:您知道沈从文和他的《边城》吗?

F41-Y-M:知道沈从文,上中学时就知道,也读过《边城》。

F42-Y-F:来前知道沈从文,知道《边城》,其他作品不了解。读过《边城》,喜欢《边城》书里的感觉,很纯嘛!

F40-Y-M:知道沈从文,知道《边城》。我读过《边城》,高二人教版语文课文中有一段。来这里后感觉边城的故事不是发生在这地方,反差太大了,没有对歌,没有那种纯纯的感觉,像山楂树之恋那样的纯净爱情。

问:您已经看了《边城》,为什么还来这个书店买这本书呢?

F39-Y-M:我们来这里有一部分原因是为了沈从文,我来书社买书是为了盖章,比较有纪念意义。

问:您能回忆一下《边城》描述的地方是哪里吗?

答:凤凰北门那边吧。

问:您觉得古城北门的实际样子和《边城》描述的一致吗?

答:沈从文描写的是很早以前的事,现在不断地在变化,它也是发展,和书中的描写还是有变化的。它不是原来描写的那么原汁原味了。(F79-X-M)

改革开放30多年来国家经济的迅速发展让大部分人过上了温饱、小康或富裕生活,但是精神文明建设却被忽视,信仰缺乏、道德感松弛,现代中国人的心灵在现代社会的转型期变得浮躁不安、不复宁静,很难保持一种平静的心态。带着边城迷思的旅游者到达被指称为边城的凤凰想要寻找的是纯净感、安宁感,可惜今日的凤凰再也不是往昔的边城了。一些受访者都感觉到边城已逝。尽管沈从文先生是很忠实于生活的作家,但是《边城》所描绘的是他内心理想的世界,作品完成于1934年,写作年代与现在已经相距80年了,因此时间在改变着一切。

至少这几年的话我认为没有(边城)这个痕迹了,找不到了。2003—2007年就找不到了,包括现在也找不到了。因为有客人来过两次,在2003年之前来过一次,那个时候的景观氛围是不一样的,很多游客都是那时候过来的,他当时拍出来的照片现在要我去找当时的景观我是找不到了。(F101-H-M)

　　问:您觉得现在的凤凰能找到沈从文笔下边城的意境吗?

　　答:现在很难找到了。而且像这种文化人笔下的感觉可能在现实中并没那么美好,它那种感觉如果带着心情去找的话还是能找得到,但是如果对这个故事不是很了解,不带着那种心情的话,就很难找得到。

　　问:您本人去凤凰旅游有没有尝试去找沈从文笔下边城的意境呢?

　　答:还真没有。一个是时间不够,这个需要在凤凰住上个把月的时间,早出晚归,感受凤凰的点点滴滴,才会想起《边城》动心思去寻找一下。但是去个两三天,完全只是周末小度假式的,很难有这种心境……1997年的时候,凤凰比较原生态,有一定的配套设施,配套设施虽然不足,但是不足以掩盖它真正的美。但是现在的话,很商业化了,很多的景和物给人的感觉不会那么真,只是去那边放松,为了放松而放松,就是这种感觉……在最开始宣传凤凰的时候,比如沈从文故居它也是九景之一,这种宣传是非常有利的。因为大家一般都读过《边城》,所以说通过宣传就更加了解凤凰。不过现在去找沈从文描写的边城的意境的话,那是比较少的。(C46-J-F)

　　问:您觉得在凤凰能不能找到边城的意境呢?

　　答:我觉得在凤凰找边城的意境只能在清晨,现在如果在淡季的晚上11点左右也能找到。如果从文学方面留意,现在已经有点难了。你看在小时候,临街没有这么多店铺,全是木板拼上去的门,一块一块木板,上下两个槽子,我们小时候在古城走的话,石板街没有这么规整,可能还有几块烂掉的,因为中间还有下水道,石板街是青石,晚上人很少,在老街里面就是东正街里面,两边都睡觉了。从门缝中透出灯光到石板街上,天上一轮明月,繁星点点,透过黑檐翘角看上去,非常有意境。石板街很多断了,不规整,这头翘起那头压下去,走的时候会发出声音。如果有雨的话就坐在屋里面,听着外面的雨滴答滴答地响,那真是一种很美的意境。当然你要写作的话,搞到晚上11点,没什么游客,灯没全灭,老街也能找到意境,当然也可以走一下没修复的南门,走到朱镕基题字的地方,走到东正街,那段稍微好一点。(F94-L-M)

　　发觉边城的消逝带来了一种怀旧的感伤。人们去凤凰是为了寻找一种怀旧情感的旅游体验,是对过去和对传统的怀念。怀旧有"安逸的怀旧(armchair nostalgia)或想象的怀旧(imagined nostalgia)"(Appadurai,1996,转引自 Salazar,2012)。凤凰古城唯独在冬季这个旅游淡季里是安逸宁静的,让人有温和从容、岁月静好的古城怀旧感觉。"人们觉得现在的社会生活相当令人失望,过去比现在在很多重要的方面都要好一些——过去是黄金时代;人们对老地方、工艺品、房子、乡村等都越来越有美学关注,所有老的东西都是珍贵的"(Urry,2002:219)。因此,带有怀旧色彩的旅游地备受现代社会的旅游者欢迎。凤凰的怀旧色彩来自于边陲地的本真性迷思和纯净的边城迷思。

四、浪漫的迷思

迷思的内容可能会发生变化,一个旅游地可能会有几个迷思,地方迷思可以是多元的、歧义性的,必须克服以往大多数相关研究中一个旅游地只有一个迷思的那种观念。Urry(2002)说过有相互竞争冲突的迷思。凤凰的旅游迷思除了本真性和边城以外,还有一个浪漫的迷思。浪漫的迷思和边城的迷思同属于第二层次的迷思,本真性迷思是第一层次的迷思。第一层次的迷思是一个大框架,对其他具体的、相互重叠或相互竞争的迷思具有统摄性的作用。第二层次的迷思就是处于第一层次迷思之下的分支迷思。同一旅游吸引物被植入不同游客群体的文化价值观就被建构成不同版本的迷思。Urry(2002:196)说过,"地方迷思当然是有社会选择性的,因为只有一部分人被这种迷思吸引而来到此地。不是所有人都去观光,旅游者也不是来自所有社会群体,也不是所有群体认为如果没有去那里旅游就会引以为憾。"凤凰的每个迷思吸引的是不同人群。浪漫的迷思是因为人们对凤凰有着浪漫美好的想象而建构出来的。如这位受访者所说:

(想象凤凰是)一个古城吧,挺浪漫的,挺美好的一个地方。湖南人来一次凤凰还是蛮好的。一直很向往沈从文笔下的凤凰古城。《边城》反映了湘西的文化。我们也喜欢那种自然风光,这里就是小桥、流水、青石板啊,有山有水,尤其是那种建筑,河边的吊脚楼,以前看那个图片,感觉坐在那里欣赏一下那边的风景非常好。(F95 - P - F)

凤凰的浪漫迷思包含了两个方面,一个是关于爱情的浪漫,另一个是关于小资的浪漫。

(一)浪漫的爱情:到边陲地寻找爱情

沈从文的《边城》中讲述了一个爱情故事,讲述的是少女翠翠和两个年轻男孩之间纯净的爱情,如同电影《山楂树之恋》一般纯真美好。纯净的爱情是世人都向往的美好。爱情与死亡是人类文学作品经典永恒的话题,爱情故事或欢喜或忧伤、或喜剧或悲剧、或聚合或离别、或平淡隽永或轰轰烈烈,在人们的内心世界里营造着爱情的美梦。在旅游地宣传营销的微电影制作中"因为爱情"的主题被频频借用,如四川的《爱在四川》四部曲、浙江绍兴的《樱为爱情1、2》等,拍摄时间基本上是2011年以后。凤凰如今除了"边城"的名头之外,这几年来又被现代都市人添加了一个标签——"艳遇地"。"有的旅游者尝试在旅途中发展出朋友伙伴的社会关系,希望在旅途中播种和收获友情,还有的人希望收获爱情,由此一些别具风情的旅游目的地赢得了别样的标签,中国的凤凰、丽江、阳朔和乌镇,就被冠以'中国四大旅游艳遇地'的名头"(彭丹,2013)。凤凰是一个边陲地,同为天涯沦落人的游客,认为唯有在这样的边陲地才能收获真正的爱情。一位旅游者(F76 - S - F)说到四大艳遇地时说:"好像凤凰是其中一个吧。凤凰是比较适合情侣来旅游的一个小镇。"一位凤凰本地人说凤凰是中国四大旅游艳遇地之一,说旅游者来凤凰是寻找恋情。

来凤凰是寻求恋情。凤凰被驴友誉为中国四大旅游艳遇地之一。这里流露着淡淡的暧昧气息。旅游者来这里寻找人生的伴侣,比如一页情酒吧,不是一夜情。所谓一页情是指前一段感情翻过去了,寻找下一段感情,就像翻书的时候翻过了这一页,迎接下一页……丽江有《一米阳光》,我想写的、想拍的叫作《在古城遭遇激情》,当然这个激情不能那么讲。(F5-Z-M)

一位旅行社的门店经理(C46-J-F)说人们想去凤凰的原因有四点,其中第一点就是人们期待在凤凰能邂逅浪漫的感情。她说:"我觉得那里是可以邂逅浪漫感情的地方,这是第一;第二是酒吧的氛围,晚上的酒吧、夜景、沱江泛舟;第三因为城小就给人一种安宁静谧的感觉;另外的话感受一下少数民族的风情,看看沱江边上的吊脚楼"。此外,她还讲述了游客去凤凰的旅游动机和旅游体验,动机之一是融洽感情,体验之一是小城的浪漫故事,去艳遇、去邂逅、去寻找浪漫的感觉。

问:游客去凤凰旅游的动机和目的是什么?

答:第一就是离开自己的工作环境和生活环境,到一个小城去休闲,这是一个很重要的目的;第二就是和朋友到一个地方去融洽感情;第三就是家庭自驾出行,融洽家庭关系。就这么一些。

问:那他们到那边能获得怎样的旅游体验呢?

答:第一个对少数民族的了解,现在有篝火晚会、特色表演,会了解一些简单的、表层的少数民族文化;第二方面的话,获得的体验是小城的浪漫故事,去酒吧、艳遇,但不是所有的游客都有艳遇什么的,只是大家有这么说,会有这种霓虹灯下的感觉吧,可能邂逅啊、浪漫啊,这种感觉;第三方面休闲放松是最主要的体验。(C46-J-F)

一位女性潜在游客认为凤凰是湖南最受欢迎的旅游目的地,年轻时尚的人更喜欢凤凰。她的很多朋友去过凤凰。在她看来,凤凰让人感觉放松,凤凰有故事,凤凰浪漫。

湖南的景区中我觉得更多的人会喜欢凤凰一些,年轻、时尚的人会更喜欢。

问:您为什么会这么觉得?

答:就是因为大家生活节奏这么紧张啊,城市生活道路拥堵啊,更向往自然的东西……在情操方面处在那种意境中更陶冶一些,凤凰有故事,有浪漫的情境啊。(C21-Z-F)

一位男性潜在游客对凤凰的想象是人间仙境和艳遇地,适合恋爱、适合生活。他认为凤凰这样的地方可以产生很好的恋情,找到自己的另一半。关于艳遇地的想象来源于一些报道、影视剧和别人的口耳相传。

他们说那个地方……它是个世界性的旅游景点,全世界的人们可能都会去……重要的是那地方可以产生很好很好的恋情,找到你的另一半。

问:您把它当作一个有艳遇的地方?

答:也可以这么说喽!也算吧。

问:这就是您对它的一个向往?

答:对。

问:那您对凤凰想象的画面是?

答:就是一个人间仙境。或者说,就是一个适合居住、适合恋爱、适合生活的地方。

问:您说到凤凰可以发展恋情,那是别人告诉您的,还是您自己想象的?

答:第一肯定不是凭空想象的,这怎么想得出来啊。通过报道、影视剧啊。

问:什么影视剧?

答:我也不晓得,反正很多。我看过,具体不记得了。还有听别人讲那里会产生艳遇啊!我又没去过,我又不晓得。

问:如果您去凤凰您是自己一个人去还是?

答:最好是带女朋友去。没女朋友就找朋友去,一个人去也无聊。

问:最后请您用一句话对凤凰做个总结。

答:此生不去凤凰,遗憾。(C25 - Z - M)

一位30岁的男性游客(F21 - D - M)说:"年轻人来这里,寻求刺激占第一位原因吧。寻找感情,放纵一下……一页情酒吧啊,还有什么如果·爱。好多店子都这样。丽江也是。"一位85后的女性游客(F75 - Y - F)说:"凤凰是一个小镇,比较适合关系特别好的或者是情侣啊过来玩一下。"2013年12月《瞭望东方周刊》记者采访凤凰古城公司董事长叶文智,叶文智说:"80后、90后是产品消费的主要对象,都说这里是一个艳遇指数非常高的小城,这个很浪漫、很有情怀的独家旅游产品非常受年轻人的追捧。"

过去,很多游客是奔着沈从文、黄永玉等文化名人而来,经围棋大赛后,来的人中30%~40%并不知道宋祖英,70%~80%的人不知黄永玉,80%~90%的人不知沈从文,现在很多80后、90后没有读过沈从文的书,不看黄永玉的画,没有听说过熊希龄。当时是80后,现在是90后,已成为了游客的中坚力量和主体,尤其是男孩子将邀请对方"这个周末可以去凤凰吗?"当作是求爱的另一种表达,等女孩给男孩一个机会,或是愿意接受一段恋情,正如凤凰那句广告词,"为了你,这座古城等了千年,你不来,我不老。"

(资料来源:新浪财经/国内财经.凤凰门票新政:县政府忙于处妥利益群体关系. http://finance.sina.com.cn/china/20131223/124817721053.shtml.)

Walster's(1978)把爱分为两种:激情的爱和和谐的爱,前者只考虑自己的需求而且短暂,后者关系长久,考虑对方的利益,关心的并非是自己(转引自 Trauera,Ryan,2005)。"浪漫(romance)是先关心自己然后才可能想到对方;爱情是相互关心并在健康的相互关系中关心自我"(Bauer,McKercher,2003,转引自 Trauera,Ryan,2005)。旅游者在被誉为艳遇地的凤凰所寻找的艳遇是追求浪漫,是一种自我关注;如果想寻觅到爱情,所谓好的爱情是相互的关爱,那么在凤凰、丽江等地寻爱的旅游者能够如愿以偿吗？凤凰的收获爱情之旅终究只是一个难以实现的迷思罢了。

(二)浪漫的小资

凤凰的浪漫迷思里还隐含着小资产阶级浪漫情调的追求。小资是小资产阶级的简称,小资也是一个形容词,指小资生活的、小资情调的。小资意味着一种身份感,"迷思进入到消费者理念的深层意识,因为它将刻板印象因素简化为身份感"(Girardelli,2004)。凤凰旅游的主力军大学生去凤凰觉得骄傲、小资、体面,在凤凰的旅游世界里可以获得临时的小资身份。

凤凰旅游业是靠大学生来支撑的,大学生去凤凰觉得有面子、骄傲、自豪、小资、惬意,所以有些学生逃课去凤凰。因为人生年轻的时候一定要做两件事情：一场说爱就爱的恋爱,一次说走就走的旅行。(C47-G-M)

有一位超爱凤凰的忠实粉丝,曾去凤凰旅游过两次并且还希望再去凤凰住一个月,作为长沙人,她喜欢旅游、喜欢小资情调的生活。她觉得凤凰很小资,比阳朔更小资。在凤凰旅游就是待在古城、住在古城,融入当地的生活,不需要去看什么景点,感觉很享受。她不认为凤凰已经商业化,她也觉得沱江水有点脏没关系。她也提到了中国四大旅游艳遇地。像她这类受访者就是大爱凤凰的常游客。在她看来,凤凰的咖啡厅比长沙的咖啡厅有味道、有感觉,可以获得很享受、很舒服的感受。

中国有四大旅游艳遇地：阳朔、凤凰、乌镇和丽江。别人说阳朔小资,凤凰比阳朔更小资,凤凰满街都是名人。我去的时候住的青稞客栈,那家一楼的房间不错,特别梦幻。上面的房间看夜景不错。他家的房子正对着白塔①。我超爱凤凰。去凤凰两种交通方式都试过,自驾游和坐长途汽车。去凤凰不是非要去那些景点转,我们去玩就在古镇待了3天,融入当地的生活,我喜欢看她们当地人一边卖东西,一边做刺绣……我觉得没有商业化啊……我去过凤凰两次了,第一次去是2007年,第二次去是2008年,两次去都是待了3天,准备下次还去凤凰,在那边住一个月。

问：您觉得沱江水有污染吗？

答：那也很美丽嘛！为什么一定要干净才美丽呢？反正我觉得那里什么都好,你不要跟我说。特别是我游完乌镇啊、周庄啊,我就更喜欢凤凰了。周庄、乌镇那边是平原,没有山,虽然有水,水在房子里面穿啊,但就少了那股味儿了。我觉得到了那边的话就是看那边的庭院,还是有特色的。但是,自然风景没有凤凰好,我觉得凤凰最美……你若去看味道,就是同样的小镇味道的话,那就还是凤凰好；看乌镇和周庄的话,其实就单纯看看苏州的拙政园这样的庭院就好了,就是整个的建筑风格都是那股味

---

① 白塔指万名塔,《边城》中有一白塔。

儿。我的感觉就是没必要去看周庄、乌镇。去上海看看繁华就好了……你看长沙有这么多咖啡厅都没有凤凰的那个味道。坐在凤凰的咖啡厅里面,有感觉。

问:请问这种感觉是什么感觉?

答:舒服啊!我就要那种感觉啊!就是感觉啊。哈哈,哈哈!这就是我的 style。嗯,我觉得所有的东西,就是,嗯,很享受。就是一个人待着那种,外面的东西都跟你没有关系。(C3 - L - F)

凤凰到底小资吗?一位旅行社人士认为凤凰不能算真正的小资,因为去凤凰的游客中有很多人经济水平不高,她认为小资需要有较好的经济基础。

问:凤凰那里小资吗?

答:谈不上真正的小资。把一个地方评价为小资,首先要有小资的人去,凤凰就是比较杂,钱多钱少的都有。小资还是要钱稍微多一点,钱少就算不上小资了。也不能拉动当地的经济啊。手上没有很多钱或者时间不够的,就会去那里。它有稳定的客源市场。虽然我去过几次了,但是如果我们部门搞活动,两到三天时间,预算费用不高,可能我们又去凤凰。(C46 - J - F)

在凤凰,咖啡馆是属于小资情调的,酒吧象征着艳遇和小资。孙九霞(2012)说:"酒吧作为'制造艳遇的空间'是庸俗小资文化的集中体现。"孙九霞论述了丽江古城从原生文化到小资文化再到庸俗小资文化的演变。

丽江旅游刚兴起时,古城的古朴和清幽吸引了一批追求"品位、浪漫与品质生活"的外地人,他们中的一部分人留在丽江边开店边享受古城生活,古城也因此逐渐被赋予了"小资情调"。"小资情调"是一种生活品位,它在前卫与时尚中,品味着生活中的浪漫情怀。随着"小资情调"在古城内的蔓延,与"小资情调"相对应的小资文化也不断凸显。此后,丽江旅游迅速发展,越来越多的游客来到古城,小资情调渐渐变了味道,游客们开始刻意地寻求偶遇,也就是现在颇为流行的"丽江艳遇",为艳遇而旅游又使得当初的小资情调庸俗化。(孙九霞,2012)

借鉴她对丽江大研古城的分析,凤凰的小资文化现在也是庸俗小资文化了。凤凰曾经高雅过,那是 2001 年以前,20 世纪 80 年代到 90 年代末,那些因为喜欢沈从文和沈从文的文字而去凤凰旅游的人,那些继黄永玉之后去凤凰写生而顺便旅游的人,他们是高雅的人群,但是那时候没有小资的概念和小资文化形态,所以没有高雅小资文化。2001 年以后,尤其是近几年,凤凰人气很旺并被添加了艳遇地的名头,凤凰具有了庸俗小资文化形态。凤凰的年轻游客接受或喜欢凤凰的庸俗小资,他们是与高雅游客相对应的大众游客群体。但是,整体来说,凤凰缺少小资情调的氛围,小资不过是旅游者给自我添加的标签。

本章小结

　　迷思带给旅游者的是凤凰的梦。凤凰的美梦萦绕在从未去过凤凰的旅游者心中，梦是旅游者对旅游目的地的想象。去过凤凰一次或两次的人接触到了现实，但有的人依然半梦半醒，有的游客则觉得梦醒了，梦醒时分兴味索然。现实是梦的终结。"人们在无穷尽的消费诱惑中梦想乐园、得到乐园又失去乐园"（张敦福，2007）。"虽说'香格里拉'和'世外桃源'都是文人墨客虚构出来的，但我们总是在不停地寻找，寻找自己梦中的家园，而这'梦'存在我们每个人的心中。"（游多多旅行网，2010:130）

　　对凤凰抱有美梦的旅游者在到达凤凰之后，就在头脑里把日常的"理性"逐渐唤起。"当理性一点点滋长，梦性就一点点消退，于是，越想记住梦，梦离得越远；越想回味梦，梦就越是渺茫。现实越来越清晰丑陋，梦越来越弥漫着诗性但又幽淡而不可言说"[①]。用迷思的人为性、自然化、共享性和折射性几种特性相对照，均表明凤凰存在着迷思。凤凰作为边陲小城，它的本真性迷思让人们怀有对传统理想社会的美好想象，人们寻找着乌托邦；凤凰也是浸淫着文学色彩的历史文化旅游地，它的边城迷思弥漫着诗性；到访凤凰的年轻游客，他们是凤凰这几年的旅游主力军，又为凤凰建构了一个浪漫的迷思。多元化的迷思为凤凰倾注了不同的意义，营造了不同的想象空间，为凤凰附着了诸多魅力。

---

① 这段关于梦的解析引自腾讯空间的日志，空间名为"灵水湖谭苑"。

第四章 凤凰迷思的制造

第一节 凤凰旅游发展历程

湘西凤凰的旅游发展历程可以概括为下面这个"链条":沈从文的作品对凤凰的传播——政府为解决经济困境带领地方发展旅游业(申报国家历史文化名城,申报过程中南方长城被发现和命名;出让景区经营权,开启政企合作模式)——旅游业和相关行业的运作(凤凰古城旅游公司的事件营销和广告营销,媒体的宣传,旅行社对凤凰旅游线路的推荐,本地人和外地人进入旅游业)——政府的管理推动本地旅游业持续发展(加强古城景区治理,创建和申报凤凰古城国家5A级景区、国家卫生县城和世界文化遗产,整合乡村旅游资源、明确城区游和乡村游两大板块)。如图4-1所示。

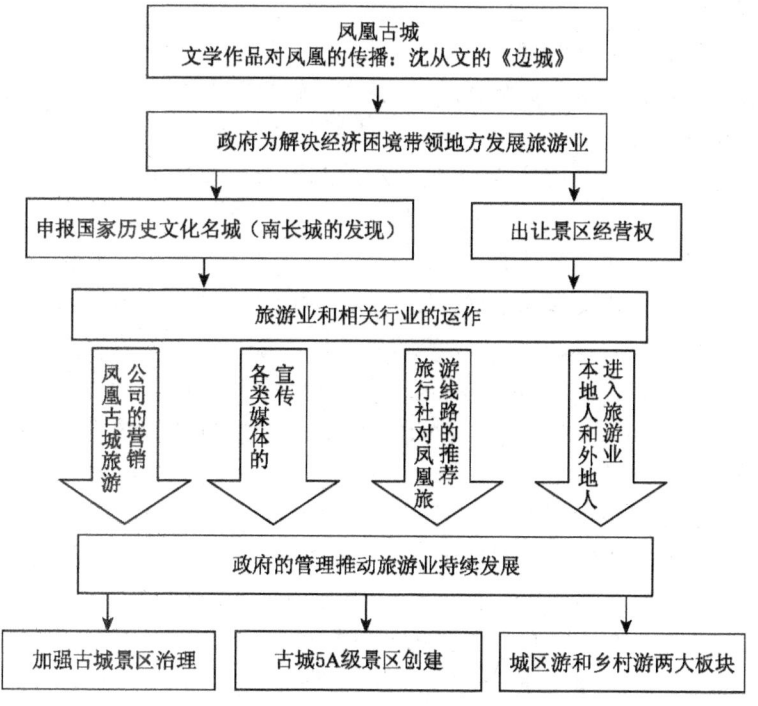

图4-1 凤凰县旅游发展历程

20世纪90年代,全县的烟厂关闭,从财政收入过亿的自治州工业强县一下变成财政收入仅三千万的贫困县。短短一年,凤凰的经济跌入萧条时期、紧张时期,与此同时,烟厂关闭还间接导致相关产业的衰落,可以讲凤凰在90年代受到严重的挫伤,之后政府通过一系列的尝试与实践发现,旅游才是凤凰的新出路,事实也证明,凤凰适合搞旅游,旅游将促凤凰经济的腾飞。(叶红专[①],2007)

(资料来源:红网,湖南频道:湘西凤凰县:天下凤凰之"凤凰"模式,http://hn.red-net.cn/c/2007/05/25/1211765.htm。)

如上段材料中所述,凤凰县20世纪80~90年代发展的主要行业是烟草业,生产五香烟,当时烟草业是凤凰的支柱产业和经济命脉。经过十余年,烟草业衰退没落。于是从2000年年初正式发展旅游业。若追根溯源,凤凰县的旅游业实质上发端于1985年,当时县政府提出要发展旅游事业,"成立了专门的管理机构,并且聘请凤凰籍著名画家黄永玉担任顾问"(胡婷婷,2009)。1986年,凤凰县被列为全国旅游外事开放甲类县城;1997年,凤凰古城被列为湖南省级风景名胜区;1999年被列为省级历史文化名城和国家级生态示范县;自2000年开始,凤凰县政府大力发展旅游业,凤凰旅游业的真正起步是在2001年,地方政府引入市场机制经营旅游业,成功引进了张家界黄龙洞投资股份有限公司(驻凤凰办事处为"凤凰古城旅游有限责任公司")经营凤凰的八个景点。

关于凤凰的旅游资源特色,当地政府总结为五个方面,凤凰县原旅游局副局长(F12-W-F)对此进行了介绍:

凤凰是以文化旅游为主。跟自然风光相比,形成了独特的比较优势。文化在凤凰的旅游中占了很大的份额……归纳起来凤凰的旅游资源有五大特色:1.古朴的历史风貌……到新中国成立前期的时候,凤凰一直是大湘西的政治、军事、经济和文化中心。凤凰的历史是从唐朝的时候开始,还有人可以追溯到更早,就是秦朝的时候。2.厚重的文化底蕴。凤凰的文化是楚文化和当地的土著文化相结合,苗汉文化相互交融,形成了这样一种多种文化交融的地域文化。第一,苗文化……我们的文化无不与苗族紧密相关,可以说我们的苗族文化占了凤凰文化的很大份额……第二,舞台文化。我们这里的戏曲,傩堂戏、阳戏,这两个戏是凤凰的传统戏,还有文茶灯,这三种戏是地方戏……第三,民间工艺文化。蜡染的制作、扎染的制作、苗族银饰的锻造技艺,都被列为国家非物质文化遗产……凤凰古城这么小的地方共有6个人被联合国教科文组织授予"民间工艺大师"的称号……3.浓郁的民族风情……我们这里每年农历四月八、农历六月六,都是苗族的传统节日,六月六苗歌赛我们每年都搞,四月八就搞大型的活动……常来凤凰、反复来过几次的游客都知道这两个节日,都特意赶在这个时候来玩,都知道要赶四月八,要赶六月六,因为他们到过这里觉得很热闹,很好看……4.秀美的自然风光。有美丽的凤凰古城,有十里沱江风光带,有国家地质公园,有国家森林公园,有南方长城、奇梁洞等自然景观……凤凰古城看它的表面也是秀丽的自然风光,古

[①] 叶红专是凤凰县前任县委书记、湘西州现任州长。

城是一个山城……5. 辈出的名人英才。历史文化孕育出了很多名人，凤凰有政治家、文学家、艺术家、军事家。政治家以"民国"第一任内阁总理熊希龄为代表，文学家以沈从文为代表，艺术家以黄永玉为代表，军事家以曾国红、田兴恕为代表。(F12－W－F)

  凤凰旅游业的发展速度是比较快的。"2007 年凤凰县旅游产业直接提供就业岗位 1.5 万个，全县旅游从业人员共计 4.5 万人"(谢丁，2010)。2009 年凤凰县旅游就业人数达 7 万人；2010 年旅游就业人数达 8 万人，同比增长 14.3%；2011 年旅游就业人数达 9 万人，同比增长 12.5%；2012 年旅游就业人数达 10 万人，同比增长 11.1%，近三年年均增长率达到 12.6%。其中获国家导游资格证的导游员 200 余人。截至 2012 年年底，凤凰县拥有旅行社 7 家，"凤凰运通、天下凤凰、长松国际、苗疆、假期、阳光，等等"(F93－L－M)，24 家旅行社营业部。城区共有酒店、宾馆、家庭客栈 400 多家(其中四星级 1 家，天下凤凰酒店；三星级 3 家，例如，政府宾馆和江天度假村；二星级 9 家；在建的五星级酒店 3 家，例如，花园酒店；总床位 16325 个)。乡村旅游景区 19 个，国家重点文物保护单位两处 5 个点，省级文物保护单位 15 处，县级以上文物保护单位 129 处。①

  凤凰县最早的游客年接待量统计数据在 1999 年，为 20.8 万人次，2000 年为 28.6 万人次，2001 年为 57 万人次；2005 年，凤凰县接待游客 252 万人次，旅游收入 5.5 亿元，门票收入 5500 万元；到 2009 年，全年接待游客 486 万人次，门票收入 1.55 亿元，旅游产业收入 26.1 亿元，是凤凰县的龙头产业、主导产业和支柱产业(见表 4－1 和表 4－2)；到 2012 年年底，全年接待游客 690.49 万人次，门票收入 1.78 亿元，旅游产业收入 53.01 亿元。一位地陪导游员(F94－L－M)说到凤凰这些年的游客量情况："一个景点只要开发了五年以上就会这样，只要出了一点名。因为在凤凰就是五年，包括 2003 年"非典"，2004 年噌地一下人气马上起来，2003 年那时候也有游客，可能整个凤凰有一百来人，现在凤凰是 600 万人次。"

表4－1 2001—2006 年凤凰县旅游发展情况表

	2001	2002		2003		2004		2005		2006	
	总量	总量	增幅	总量	增幅	总量	增幅	总量	增幅	总量	增幅
旅游人次（万人次）	57	89	56%	108	21%	189	75%	252	33%	350	39%
旅游总收入（亿元）	0.74	1.1	48%	1.5	36%	2.9	93%	5.5	89%	11.87	115%

---

① 凤凰县县政府办公室 2013 年 5 月提供的数据，并结合了《中国凤凰》里的数据。

表4-2　2007—2011年凤凰县旅游发展情况表

	2007		2008		2009		2010		2011	
	总量	增幅	总量	增幅	总量	增幅	总量	增幅	总量	增幅
旅游人次（万人次）	430	22.86%	426	-0.93%	486	13.93%	520	7%	600	15.4%
旅游总收入（亿元）	17	44.31%	19	11.7%	26.1	35.32%	30.2	15%	44.3	47.01%

当被问及游客人数多的月份和假期,凤凰当地人回答7月和8月是黄金月,国庆节七天是黄金周。

问:一年的假期中什么时候游客量最突出,人气很旺?

答:七八月份。还有"十一"黄金周。

问:"五一"、清明和中秋呢?

答:"五一"一般,清明和中秋也可以,清明多一些。节日来的人数排名的话,第一是"十一"黄金周,第二是清明,第三是"五一",第四是中秋,七八月的话不能称为假期,是黄金月。(F93-L-M)

就旅游客源地而言,凤凰县旅游局提供的一份材料《2001至2008年旅游统计数据》中写道:"游客主要来自省内以及周边贵、渝、川、鄂省市地区,长线游客相对较少。"县政府的文件《2006至2008年10月旅游相关数据》中描述道:"2007年,旅游客源得到拓展,在稳定省内及广东的基础上,湖北、重庆、北京、江浙一带等地客源市场大幅增加。四川、贵州、重庆、湖北、广东、广西等地自驾游古城逐渐增多",并绘制了2007年国内主要客源市场图,如图4-2所示:

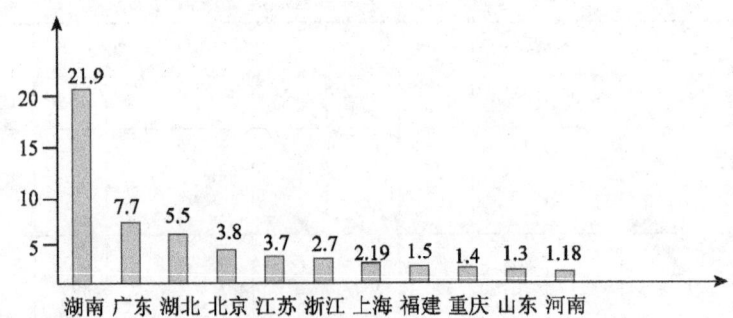

图4-2　2007年凤凰县国内主要客源市场统计图(单位:万人)

说明:以购买凤凰主要景区(点)门票为准,全年购票进入凤凰主要景区点游客60.06万人,河南、山东、重庆、福建、上海客源人购票游古城均达万人以上。

凤凰不仅有很多本地居民留守在旅游行业就业,还吸引了很多外地人来凤凰经商,外地人在凤凰经营旅游购物品商店、酒吧、宾馆、餐馆,等等。一位在凤凰古城回龙阁街经营服装店的河南人大致介绍了凤凰旅游行业本地人和外地人经营的情况。

来凤凰做生意的河南人少说有10%,多说20%,就回龙阁这条街有9家是河南人开的,河南人的店子总共有100家左右。我是两年前(指2008年)来到凤凰的,每年除去吃、住等花费,还余两三万块钱。河南人做服装、龙须糖;张家界人做客栈;本地人做生意做不赢外地人,本地人做姜糖、银器、烧烤,餐馆是本地人经营居多,本地人做餐馆生意做得要大一些,周边人、外地人也经营餐馆、酒吧。(F37-X-M)

有的人是在核心旅游产品企业工作(凤凰古城景区公司、乡村游景区),有的在组合旅游产品企业、门店工作(旅行社、宾馆、餐馆、旅游购物品商店、酒吧,等等),有的是个体经营户(售卖旅游纪念品的摊贩,沱江下游划船的船家,拉客坐船、拉客租服装照相、拉客去景点的拉客者,等等)。本地居民说凤凰没有其他企业,只有旅游业。总体来说,凤凰旅游业发展情况是比较好的。

第二节 旅游地迷思的社会建构

"旅游迷思有一种本真性和重要的历史、经济及政治建构"(Selwyn,1996:28)。迷思是被人为地建构出来的,旅游地的迷思制造就是对旅游地的社会建构。何谓建构?我的博导老师对建构的诠释是:

"建构"的简单含义是,事物不是给定的,而是借助人力建造出来的,如:房子、机器等。但社会学一般不讲"建构",而是讲"社会建构"。"社会建构"指的是事物不是给定的,它是在社会互动过程中生成的,如:社会制度等。社会现实显然是由人构造的,离开了人,离开了社会互动,就没有社会现实。

"建构"分别具有本体论和认识论的含义。从本体论角度看,任何社会事物,都离不开人的活动或互动。它只有在人的活动或互动中生成或改变。从认识论角度看,同一个社会事物,在不同的人那里,所引起的感知是不同的。感知到的现实是如何生成的呢?也是通过人的活动或互动。例如,权力借助符号垄断,而把某一个版本的现实宣布为唯一版本的现实。而其他的群体则从自己的立场出发,宣布其他版本的现实的存在。于是,同一个现实,导致不同版本的"感知到的"现实。不过,关于本体论和认识论意义上的建构,相互之间是可以转化的。同时,人们的感知框架,是在社会化过程中形成的,不同的社会化经历,形成人们不同的感知框架。因此,一个东西被感知为"合理"还是"不合理",是由其感知框架决定的,而感知框架是在社会化过程中形成的。教育等制度对儿童的社会化过程施加了影响。因此,人们如何感知现实,也是权力通过教育灌输而建构的。另外,社会现实是通过语言交流而呈现给其他人,而我如何"述说"社会现实,也是受到修辞和语言的影响的。所以,被述说的社会现实,也是借助修辞和语言等手段来建构的。不同的人,用不同的语言和修辞来述说同一个现实,而这个事实在不同的陈述中呈现为不同的样子。

(资料来源:2013年12月23日博士生导师回复的邮件)

Laverty(2003)指出:真实不只有一个,存在多个被建构和可以被所知者改变的真实。真实不是"外在的"东西,而是地方化和专门建构的(转引自 Rakic', Chambers, 2012)。"现在学者们广泛认同空间和时间是被建构的。人文地理学认为空间是一个没有意义的王国——是'生活的事实',像时间一样,创造了人类生活的基本协调性。但是空间也能成为'被人类注入意义、让意义与空间以某种方式相联系的'地方(Cresswell, 2004)"(Rakic', Chambers, 2012)。旅游地的社会建构是给自然存在的旅游目的地加上社会属性。旅游地的"社会建构是指当地意义的制造(local meaning - making)"(Salazar, 2012)。迷思就是为旅游地空间注入意义。

旅游地方(或旅游地区)的迷思是社会建构的,其含义是:旅游地方迷思是通过大众媒体和大众交流所建立的,由于不是个体塑造的,而是在社会性的互动过程中建立的,因此,旅游目的地、旅游景区和旅游景点的迷思均是社会建构的。本节重点讲述的是旅游地(旅游目的地)迷思的社会建构。不过,旅游地迷思的社会建构与旅游景点本身的建设脱离不了关系,后者是前者的载体。旅游景点和景区是被旅游者观赏、利用的旅游对象物,从旅游景点、景区与旅游目的地的关系而言,旅游地的建构有两个类型:①嵌入型景点建构。一个旅游城市的某一个景点被建构,如广州的陈家祠,南京的中山陵。②整体型景点建构。整个地区成为一个景区系统,如凤凰古城处处都是景点,整个凤凰古城构成一个有机的整体性景区。另外,云南丽江,安徽西递、宏村等各个古镇都属于这个类型。旅游者被这类旅游地的整体性景观和氛围所吸引。

人们对旅游地的向往或喜欢不仅仅因为它客观的自然属性,更多是因为它被旅游话语所建构的符号属性和迷思属性。"社会建构往往会在一定的社会条件下,依据某种社会与理想的需要,去建构某一旅游客体,使之成为承载某种社会价值与理想的符号"(马凌,2008:165)。旅游地是社会建构出来的理想世界,旅游地的迷思承载着理想和价值观。旅游地迷思的社会建构是一个社会互动的过程,旅游生产方建构出来的意义传递给旅游消费者(旅游者),旅游者对旅游地的意义会有自己的解读和建构,旅游者的解码过程存在各不相同的理解,所谓有一千个读者就有一千个哈姆雷特。同时旅游者的意见会反馈给生产者,旅游生产者或许会调整原有的建构框架给旅游吸引物赋予新的含义,制造出新的旅游地迷思,这样就形成了旅游地迷思的沟通和互动。旅游迷思生产者与迷思消费者(旅游者)之间的互动模型如图4-3所示。

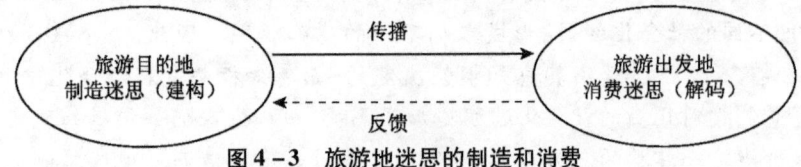

图4-3 旅游地迷思的制造和消费

说明:图中虚线表示反馈比较微弱,是因为目前旅游市场的供需之间尚未建立比较好的反馈路径。

在旅游地迷思的生产过程中存在着对旅游对象物的表征过程。"表征意味着用语言向他人就这个世界说出某种有意义的话来,或有意义地表述这个世界"(霍尔,2003:15)。"各种事物、概念和符号间的关系是语言中意义生产的实质所在,将这三个要素联结起来的过程就是表征"(霍尔,2003:19)。"表征是意义通过语言和物品被建构和传达的方式"(霍尔,2003:153)。旅游业生产方建构和表征着旅游地。"表征不只是简单地反映现实,它们实际上是生产现实;形象、身份、表征是社会建构;表征和叙述强化了占统治地位的权力结构,展示了旅游促销中的意识形态基础"(d'Hauteserre,2011)。旅游地表征影响着旅游者观看旅游对象物和谈论旅游对象物的方式。Urry(2002:197)说"在这些关于湖区的个人观点的背后是关于哪些景观、乡村、风景和视野可以被授权、合法地去看以及看的方式"。关于旅游对象物的形象、期望、想象、信仰等都是被旅游生产商和旅游者共同建构出来的。

"在旅游客体、建构过程与旅游主体之间有一条潜在的逻辑线,即建构过程是旅游主体针对旅游客体的、曲折的价值观表达"(赵红梅,董培海,2012)。旅游生产方对旅游地、旅游景区、景观的表征最常采用的符号是图片。旅游宣传图片被艺术化、唯美化,图片的表征是力求完美的扭曲表达,隐含着夸大、理想化的迷思。像 Cronin K.(2003)的研究便发现了图片表征的扭曲性。

导游手册、明信片、旅行指南里关于 JNP(加拿大杰士伯国家公园,Jasper National Park,简称 JNP)的图片的画面"主角"始终是广阔无垠的原始森林或其他自然景观,似乎刻意避免出现人类活动的痕迹,以塑造 JNP"未被侵染的、纯净的、新奇刺激的野生环境"之形象。但这显然违背公园的发展实情:其旅游业发展得十分红火,某些地段和景点常常游人如织。(刘丹萍,2008:180)

旅游地方迷思定义了旅游地哪些是旅游吸引物,哪些应该体验。"与迷思相反的差异是沉默的(silenced),这些被排除在外的重要的沉默与包含在内的表述同样重要……谨慎地经过筛选的表征鼓励旅游者所期望的不是完整的旅游地而是旅游地的迷思……这些营销表征提供了有影响力的期望框架"(Echtner,2003)。Echtner(2003)对第三世界国家旅游迷思的研究是以旅行社宣传册图片为分析资料,研究发现,"迷思有选择性地借助了东方表征中标志性的刻板印象,润色了积极方面,弱化了对迷思不利的方面……关于变化、现代性和先进的方面就保持了必要的、显著的沉默状态。"为了让旅游地变得更有吸引力,迷思制造者有选择地表征着应该被表征的事物。旅游景区的营销图片里人总是缺位的,或者是只有少数几个人存在。人的存在有时是为了宣传此处是度假天堂,例如海滨旅游地的图片,图片里有几位男性或女性游客,旅游者在海滩晒太阳、游泳等,让人想象着在那里度假休闲很惬意很浪漫;有时图片里的人是本地人,是为了展现本地人的纯朴纯真,展现异域文化,比如民族旅游地的本地人穿着民族服装出现在图片里,旅游者对本地人的想象是纯朴的想象,如一位受访者(C8-Z-M)讲述到凤凰的本地人,"苗族这些人应该都是很纯朴的那一种。"大部分旅游宣传图片所展示的只有自然景观和人文景观,让人看到风景自然自在的美,没有人的存在,让人欣赏宁静的美景。事实上景区是有游客的,一些热门景区还经常人满为患。景区在宣传营销时绝不会将拥挤场面的真实照片摆放在潜在游客面前。景区宣传图片的扭曲和美化是为了凸显旅游地的美丽景致。

一位旅游者告诉我,他去凤凰前所看的图片是"从高处往下拍的整个沱江,吊脚楼、跳岩、苗服,拍得很完美,拍的都是当地的,不会有其他任何的杂质在里面,不会有人在里面,不会有广告在里面,还有画的图片,手工画的"(F96-L-M)。凤凰的图片中景观总是没有人的,如图4-4所示。事实上,凤凰一年四季除了冬季以外经常是热闹非凡,古城街道上拥挤得水泄不通,冬季里的元旦和春节也有不少游人。凤凰的地陪导游员(F94-L-M)说:"傍晚人很多,我说凤凰古城几乎就没有消停过。即使淡季过来你都找不到清晨和晚上的那种感觉,淡季过来的人也是蛮多的,只是现在相对人少一点。我感觉全国各地,除了北京天安门看毛主席,很少像凤凰这么热闹的地方。这个街比较挤,人散不出去。"人满为患的事实被迷思制造者掩盖了。凤凰被建构成静谧的旅游目的地,它超凡脱俗,安静古朴,与喧闹的都市构成了鲜明的对比。

图4-4 图片中静谧的凤凰(图片已得到凤凰县旅游局官方授权)

旅游地迷思虚虚实实,营造出一个非真实的世界。"早期创造了迷思的虚构故事被接受为一个事实,或者至少是对更可靠的真实的揭露。这种想象的地方经由电影和书呈现为真实的或者迷思化的真实,反过来影响着真实。首先迷思成为了真实,然后真实被迷思化(貌似真实)的版本替代"(Gao,etc.,2012)。不论迷思有多少真、多少假,旅游迷思的价值在于它承载着旅游者心中的梦想、价值观、理想甚至是信念。马克思·韦伯(1949)说过,"每个人所看到的都是他自己的心中之物"(转引自费瑟斯通,2000:208),所以,每个旅游者心中所认可的那个凤凰迷思决定了他/她眼中所看到的那个凤凰古城。

"旅游地被表征和社会构建①的最本质问题是如何生产意义,如何使意义合法化,谁掌握了权力。"(刘丹萍,2008:184)"地方是表征的结果,被如何表征则受控于人类社会的选择"(刘丹萍,2008:181)。同样的,旅游迷思的制造就需要分析谁制造了迷思,谁掌握了权力,各类行动者生产了怎样的迷思,各类行动者之间是否存在互动,互动机制是怎样的。

第三节 凤凰古城旅游迷思的制造

一、迷思的各方制造者

经调查发现,凤凰旅游迷思的制造方包括:政府、企业、文学作品、媒体、居民和游客,如图4-5所示。其中,原本作为迷思消费方的旅游者也在无形中参与了迷思的制造。"旅游者结束旅游行程后,往往会加入到既定的旅游话语的再生产过程中去,就是说,他们用自己的亲身旅游经历来验证、完善或修改既定的旅游话语"(王宁,2008:14)。"旅游者对其他人所进行的旅游景点的宣传,也就是集体意识不断被建构的过程"(刘录护,2008:33)。旅游者评价凤凰、宣传凤凰就是建构集体迷思的过程。

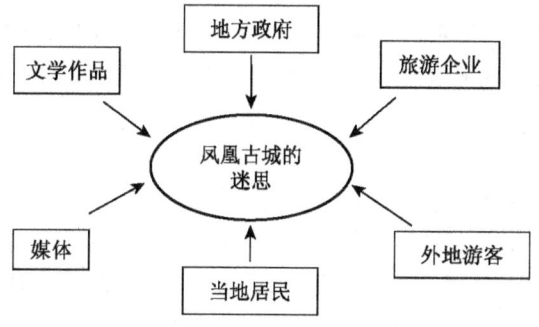

图4-5 凤凰古城旅游迷思的制造方

---

① 原文的"社会构建"应表述为"社会建构"。

凤凰古城的迷思制造方可以归纳为不同方面的力量,分别是:政治力量,指凤凰县政府。经济力量,指旅游企业和商户,文中着重分析的是发挥主导作用的景区公司以及旅行社。凤凰古城旅游公司是旅游开发商,也是旅游生产商和旅游销售商;当地旅行社和旅游客源地的旅行社是旅游销售商。文化力量,指文学艺术作品。社会力量,指旅游者、媒体和本地居民,居民中涉入旅游业的属于经济力量,非涉入旅游业的属于社会力量。接下来剖析各类行动者在迷思制造中所讲述的话语和发挥的作用。

(一) 旅游企业的话语——千年古城,神秘魅力

"为了你,这座古城已等了千年"。这是凤凰古城旅游公司最开始为凤凰打出的宣传口号和营销话语,这句话向外界推出后从不曾改变过,是古城公司最经典的营销口号。凤凰古城公司对这句话的解释是:"梦回故里,凤凰古城"是宣传主题,"为了你,这座古城已等了千年"是副标题。

我们只有"梦回故里,凤凰古城"这么一句,这是基调,口号的话就在基调下面加了一句"为了你,这座古城已经等了千年",实际上是一个副基调。凤凰宣传的基调永远不会变,如果变了人家就不明白你到底是想说什么,"为了你,这座古城已经等了千年"是非常煽情的一句话,而且它也把凤凰的底蕴和神秘都包含在里面了,这句话特别好,所以这句话也很受人们欢迎。至于其他的宣传话语都是旅行社在行程安排中加进去的话语。(F84 - D - M)

凤凰古城公司执行总经理讲到凤凰的宣传定位"梦回故里,凤凰古城"是基于凤凰是沈从文的故乡和《边城》这本书的意境。

沈从文写了《边城》,沈从文也是凤凰人嘛,《边城》这本书的意境,在凤凰这个地方,只要稍微用心看过这本书的,再看凤凰的时候,这个意境就马上能从大脑中显现出来。由于这么个人他生在凤凰,他虽然写的是茶峒,但是它的意境能够在凤凰找得到,找得到吊脚楼一个扒开的窗户里面,打开以后一个眉毛拉得纤细的女子对着河里某一个船夫使劲叫。有良心的话人家还来,这种意境河里就能找得到,包括翠翠的这种爱情故事,在里面都有一些元素体现,所以叶总基于这些原因,当时将凤凰的宣传定了一个位,叫"梦回故里,凤凰古城",梦回说的是朱镕基考察凤凰,故里讲的是沈从文。(F84 - D - M)

"为了你,这座古城已等了千年"这句广告语叙说的是凤凰是一个历史久远、有文化底蕴的千年古城,而且充满着丰富的情感气息。但是凤凰古城真正的建成历史只有300多年,而位于凤凰县城正西25公里的黄丝桥城堡才真正具有1000多年历史。网络上一篇凤凰游记中写道:"面对眼前水墨丹青般的画面,我不由得想起在来凤凰的路上,看到的那句拨弄心弦的广告语'为了你,这座古城已等待千年',这感觉就像是

前世的情人,在静静地等待今生的邂逅。"①有一部分受访者都表示听过或是看到过这句宣传口号,也有受访者表示没有听过这句口号。

问:凤凰的一句宣传口号,"为了你,这座古城已等了千年",知道吗?
答:知道,在我们吉首火车站打了那个广告。(F75 - Y - F)
问:凤凰有一些宣传口号,"梦回故里,凤凰古城",听过吗?
答:我好像听导游说过,讲了梦回故里。
问:"为了你,这座古城已等了千年"听过吗?
答:啊,对,对,对!导游说了,千年就等你来,说过这句话。
问:"神秘湘西、魅力凤凰"呢?
答:这是广告语吧,也有听说。
问:"神秘古城、天下凤凰"?
答:没有。(F92 - W - M)

其他营销凤凰的旅游企业是旅行社,包括凤凰县的地接旅行社和旅游客源地的旅行社(客源地旅行社接收的客人有团队和散客)。旅行社一般都不会为了某一个旅游产品去设计专门的营销口号,旅行社通常的做法是将某个旅游产品的旅游线路印制成宣传单。本研究主要调查了凤凰当地最大的旅行社运通旅行社和最主要客源地长沙市的两家旅行社,一家是湖南省最大的旅行社亲和力旅行社,另一家是专门经营凤凰旅游产品、几乎垄断长沙市场的湘亚旅行社,该公司注册了"凤凰假日"品牌,湘亚旅行社对凤凰的营销宣传口号十分明确,是"神秘湘西、魅力凤凰",该社老总的手机彩铃都设置成了这个广告语。一些游客都表示听过"神秘湘西""魅力凤凰""天下凤凰"等营销话语。

问:凤凰有宣传口号您听过吗,比如"为了你,这座古城已等了千年"?
答:我只知道有句"神秘湘西,魅力凤凰"。
问:还有一句"神秘古城,天下凤凰"?
答:也听说过。(F79 - X - M)

旅游目的地迷思的制造是为了销售旅游地。"旅游地卖的不是地方本身,而是地方叙述"(Chronis,2012)。有的旅行社在凤凰的营销方面所下的功夫还是比较多的,如:刚才提到的长沙市湘亚旅行社,该社营销凤凰借助的媒体有报纸、电视和网络,例如,他们在报纸上打的形象广告会请一些写手写一些散文、随感,来解读、讲述凤凰。

第二是做渠道或者形象的推广,一个就是报媒,就是报纸的推广。在武汉、在长沙、在南昌,我们会在当地的发行量大或者比较有名气的报纸上面投入一些广告,长沙就是《潇湘晨报》和《长沙晚报》,武汉就是《武汉商报》和《武汉晚报》,荆州的《荆州日

---

① 资料来源:欣欣旅游网,旅游攻略《为了你,这座古城已等了千年——凤凰游记》,http://lxs.cncn.com/74456 - news - show - 186190.html。

报》,等等。讲到报媒的推广就有两个方面,一个是我们批发商邀请我们的景区比如梵净山景区、凤凰古城景区一起来做形象广告,在发行量大的报纸上做二分之一版或者整版的广告,这个是没有任何线路或价格的推广的,只是宣传和推广景区,有这个凤凰古城、有这个梵净山景区,我们会请一些写手写一些散文,来解读、讲述凤凰,在报纸上写一段文字,一些随感,这是一个方式;还一个方式就是直接把它做成产品化了,直接就凤凰古城三日游、梵净山凤凰几日游,直接把产品价格嵌到上面。反正比较常用的就是报媒。另一个就是电子商务网站、网页,现在流行的淘宝网啊,聚划算啊。聚划算就是聚在一起团购的意思,团购网像窝窝团啊。人们打开电子商务网站搜旅游,比如搜凤凰旅游,都可以搜到凤凰旅游的产品,有很多凤凰旅游产品比如自由行、单地的这些。利用电子商务平台是一个很好的方式。而且今年我们感触蛮深的就是电子商务平台的宣传和推广已经在慢慢取代、超过传统的宣传模式了,传统的模式比如报媒、关系营销,关系营销是通过我们朋友关系的推广。今年报媒投入比较少,因为从去年下半年电子商务旅游开始风行起来。我们做了这么多年旅游,去年上半年我们感受不到电子商务的效应,没有这么明显,没有这么有冲击力。打个比方,我们在网络上的收客量,今年6月对武汉的收客量做了一个统计,网络收客量是2000人,但是通过关系营销和门市的收客还有报纸的收客的量是800人,从这个数字比例就可以看到电子商务平台在中低端旅游产品营销方面已经慢慢后来居上……销售方法其实有很多很多,比如电视推广。去年8月在快乐购上我们做了山江苗寨+凤凰古城+西门峡漂流一个月的推广,就是专题,快乐购买旅游产品像东南亚产品、凤凰产品、漂流产品;我们跟湖北的电视台也合作过,我们跟中间商合作,我们提供产品和资金,像去年的快乐购推广我们是和湖南海外合作,由湖南海外牵头,我们就是做后台和操作,跟我们的同行和中间商合作。(C44-C-M)

凤凰的旅行社老板(F93-L-M)说他们旅行社曾经用过的宣传话语有凤凰古城公司的"为了你,这座古城已等了千年"和"放下行囊,便回到故乡",还用过"神秘湘西、魅力凤凰"和"凤凰——中国最美丽的小城"这几句宣传口号。现在很少用宣传口号了。"放下行囊,便回到故乡"这句话所建构的凤凰是旅游者梦中的家园,与凤凰古城旅游公司定位的"梦回故里"相一致。

问:"为了你,这座古城已等了千年"知道吗?

答:它最经典的就是这一句。还有一句"放下行囊,便回到故乡"。一般的话,他们就这两句。

问:你们没有打出什么口号之类的吗?

答:我们没有更新颖的去跟旅行社推广,客人来了以后,我们的宣传资料上会推广凤凰古城的一些景点。

问:你们在网络电视上打的广告是什么内容?

答:我们在外面招徕客人一般就是介绍行程,给客人的就是行程。就是一些彩印的资料,一些凤凰的图片,一些苗寨的图片,第一天干什么,第二天干什么,主要就是行程,和一些凤凰比较吸引人的图片。那句"为了你这座古城已经等了千年"我们都很少用,不过也用过,"放下行囊,便回到故乡"也打过。

问:有没有这句话"凤凰——中国最美丽的小城"?

答:都打过。

问:有没有"神秘湘西、魅力凤凰"?

答:都有。

问:"神秘古城、天下凤凰"听过吗?

答:没有。开始出去跑业务的时候就是用古城公司的一些口号,我们就借用了。现在的话,它也不是一个什么新市场,新市场古城公司在电视上面推介得也比较多了。我们出去就是给对方的旅行社一个行程,多少价,这个合同我跟你签,你交给我多少钱一个人。

问:你们公司现在有宣传资料吗?

答:我们公司现在基本上没有什么宣传资料。(F93-L-M)

(二)政府的话语——中国最美的小城

凤凰县政府现在对凤凰的宣传是"中国最美丽的小城"。这句话原创人是新西兰作家路易·艾黎,在中国生活了将近六十年的路易·艾黎说:"中国有两个最美的小城,第一是湖南凤凰,第二是福建的长汀。"《凤凰县志》(1988:20)的"大事记"中记载着:"1966年7月,长期留居中国的新西兰朋友路易·艾黎来县访问。参观了县城、古跃潭电站及黄丝桥古城等地。称赞凤凰是中国两个美丽的山城之一。"凤凰县政府塑造的"最美"品牌正是借用了作家艾黎的这句话。凤凰县政府提供的一份文件材料的标题是《瞄准国际一流旅游目的地目标,打造"中国最美丽的小城"》,此份材料的定稿时间是2011年11月2日。在提出"中国最美小城"这个宣传话语之前,凤凰县政府为凤凰古城定制的品牌是"天下凤凰"。凤凰县委组织编写的《中国凤凰》书中写着:"2001年列为国家历史文化名城后,凤凰不失时机地推出了'湘西从文艺术节''中华炎黄圣火采集仪式'等一系列大型文化旅游宣传活动,提出了打造'天下凤凰'品牌的宣传目标。""《凤凰古城》特种邮票的发行,进一步提升了'神秘古城,天下凤凰'的旅游品位"(《中国凤凰》,2011:173,178)。不过后来凤凰县政府放弃了"天下凤凰"这个宣传话语,启用了"中国最美的小城"这句话。

我们觉得天下凤凰太霸气了,不好。中国最美丽的小城是原来的县委书记张永中提的,他是一个研究沈从文的专家。

问:您觉得凤凰好看吗?

答:凤凰肯定好看了,是中国最美丽的小城哎!"凤凰——中国最美丽的小城"这个营销口号是县委县政府用的,县委县政府统一布局。凤凰最开始的营销是叶文智讲的那句"为了你,这座古城已经等了千年",后面就是"神秘古城、天下凤凰"这个品牌,但到后面有人感觉神秘古城确实是神秘,但是神秘的提法现在用得更多的是湘西。凤凰的"神秘古城、天下凤凰"的子品牌超越了"神秘湘西"这个母品牌。这个以前州委副书记郭建群就写了篇文章,说了湘西旅游的六大突破,确实很多人知道凤凰,不知道湘西,不知道吉首,他就觉得超过了"神秘湘西"这个母品牌。(F57-G-M)

从外地去凤凰的路上可以看见沿途广告牌上打着"最美小城"这个标语,这句话也是网络上关于凤凰的相关介绍、论坛评论和游记攻略中引用频率非常高的一句话。湖南省旅游局编写的《湖南导游词》上"凤凰古城"的导游词里写着:"'中国最美丽的小城'凤凰到了,凤凰以秀美的山城水乡自居。"很多受访者都听过凤凰是中国最美的小城这句话,此话深入人心,被广为传播。
问:有没有听过这句"凤凰——中国最美丽的小城"?
答:这个我知道。在网站上面有评论嘛!我经常上网的。(F79-X-M)
问:有句话"凤凰——中国最美丽的小城",听过吗?
答:这儿都有那个标语嘛!坐车的时候看到一个牌子"中国最美丽的小城",就在凤凰看到的。就在汽车北站,公交车站那里就可以看到。
问:您觉得凤凰符合这句话吗?
答:还可以吧。(F74-S-F)

凤凰县政府把凤凰宣传为"中国最美"诚然是夸大美化的迷思,如果将凤凰宣传为"最美之一"或许还能符合现实。在旅游宣传中以"最"来突出唯一性以吸引公众的注意力是惯常的手法,营造的都是夸张的迷思。关于凤凰是否真的是最美,一位受访者(F70-L-M)答:"这个不好说吧。因为我没有把全国的县城跑到,我怎么知道是不是最美呢?"最美与否得看公众是否接受、认可和如何评价。

这个要看公众的接受程度,你说了以后大家接受,接受以后就传开了,就像湘泉一样"人生百年,难忘湘泉",这句话从它的第一瓶酒说到它的将来,一直在说。说凤凰是否符合中国最美丽的小城,这个我们不敢妄下结论,我只能说凤凰古城值得推广,凤凰古城有人们喜欢的符号和元素,至于它是不是中国最美丽的小城,是公众说了算,我们不能作排他性的判断⋯⋯那么要由公众去评价。(F84-D-M)

多数受访者不认同最美这个说法,认为这种说法并不恰当。
问:您是否听过凤凰被誉为中国最美的小城?
答:这个我听说过。
问:您觉得这个评价怎样?
答:应该说最美的话我不认为是最美的地方,在中国很多地方都用到最美、唯一这种形容词,我觉得不是很恰当,毕竟还会有更美的,我相信比凤凰美的还会有。(C38-C-M)

一位凤凰的旅行社经理实事求是地说,凤凰从外观来说是最美的小城之一,从环境来说还达不到最美之一。

从外观来说是符合的,是最美的小城之一。谁把它定位为最美的小城的话就是夸大了。比如说贵州的镇远古镇就不亚于凤凰,那边的环境还比较原生态。前几年接待贵州的旅行团还比较多,这几年都没什么贵州团了,因为他们没必要来凤凰了。从旅游环境来说凤凰暂时还达不到最美之一这个标准,旅游环境是指空气啊、水啊,旅游景观的破坏啊,旅游景观破坏是指修缮的时候没有修旧如旧,而是修旧如新,我拆了一个遗址,修出来的是新景观。(F101-H-M)

地接旅行社在宣传凤凰时经常采用的话语就是"最美的小城",如一位旅行社人士(F102-Q-F)说:"宣传的时候主要是以路易·艾黎那句话来宣传。"导游员向游客讲解凤凰时,会说凤凰是中国最美的小城,或最美的小城之一。一位组团旅行社经理说现在不用最美小城这个营销口号了。首先因为游客去过的地方很多,宣传为最美不合适;其次因为这句话大家应该都已经了解了。

美的话,游客只是觉得这个地方他没去,他就会去,也不是说这个地方有多美。尽管宣传为中国最美的小城,但是游客选择一个地方并不是因为它有多美,和谁比起来更美呢?就没有可比性,是不?他只是说没去过这个地方,或者去过这个地方觉得环境怎么怎么样,至于那种美是站在沱江边上,是沱江泛舟,还是望虹桥的那种美,就很难说了,因为每个人心中最美的概念不一样。

问:你们在对游客宣传凤凰的时候会说它是中国最美的小城吗?

答:像这种宣传就很少了。因为照中国最美的小城这样讲的话,游客都是去过很多地方的人,跟他讲最美、最好啊,最怎么样的,没多大意思,于是不构成我们宣传的标语了。

问:您不是说游客向往凤凰是因为它是中国最美的小城之一吗?

答:对,这是游客心目当中的。但是当我们宣传的时候一般不会用这个词。这个大家应该都了解,只是没有说出来而已吧。而且凤凰是中国最美的小城是很久以前的口号了,最美也会有所变化的。(C46-J-F)

(三)媒体的制造

媒体包括大众媒体和小众媒体①。小众媒体在当今互联网时代其突出形式是网络互动媒体。"大众媒体是现代社会的象征权力,同时具有大众化和商业化这个特点,这使开发民族文化旅游的人意识到,争取到媒体的关注,以及以何为关注点来争夺话语权,已经变得比民族文化本身更为重要了"(赵玉燕,2008,p172)。这里所讨论的是大众媒体。凤凰古城公司在营销凤凰的过程中动用了所有可动员的媒体资源。

叶老板在这块动用了他所有的宣传资源,包括电视、报纸,那个时候网络还不是很

---

① "小众媒体"一词见王宁编著的《旅游社会学》一书的第24页,参考文献中列出了这本学术著作。

流行,长期投放广告。到2003年、2004年的时候长沙交通频道和湖南交通频道才开始有一些广告,但是更主要的还是在电视和报纸上面。电视主要在浙江、贵州、上海、广东,都是卫视台,是通过湖南卫视接洽。那个时候叶总的关系最主要还是在湖南卫视,通过穿越天门这个活动以及此后他接触了很多媒体界的朋友,从事旅游行业以来他一直有一些资源,但是穿越天门活动以后这个资源就比较牢固了。至于凤凰卫视播出"天下凤凰聚凤凰"以后,就没有长期投放广告,它有一些专题片,没有刚才说的那些电视台那么普遍。在这些地区投放广告,是常态化的,一年四季播放广告,像贵州离我们很近,然后交通环境也很好;报纸的话就是各个省的党报、权威报纸,我说的权威报纸就是《湖南日报》啊、《中国旅游报》啊,包括《贵州日报》啊,湖南还有《潇湘晨报》《三湘都市报》,这两个报纸投放的广告是最多的。(F84 - D - M)

宣传凤凰的大众媒体主要有电视、网络、报刊,同时书籍、杂志这类纸质媒体也对凤凰进行了宣传。"我家有本书,就是中国最美的一百个小镇嘛,我就在前几页看到了凤凰。因为我当时对凤凰兴趣不大,所以也没有太注意看。但是通过当时的文字介绍和拍的照片感觉凤凰是座淳朴的小城"(F96 - L - M)。这位受访者所看到的书籍中凤凰被建构成一个民风淳朴的旅游地。凤凰旅游开发后的商业化让凤凰原来那种与世无争的淳朴成为了一个迷思。

影视剧对旅游目的地的宣传推广能够起到较大的作用。去凤凰的游客有一部分人会联想到电视剧《乌龙山剿匪记》《湘西剿匪记》《血色湘西》和电影《边城》。《湘西剿匪记》《乌龙山剿匪记》等电视剧曾在凤凰古城的陈斗南旧宅拍摄①。凤凰的标志性景观北门城楼更"为影视名家所推崇,已有《湘西剿匪记》《乌龙山剿匪记》《边城》《血鼓》等数十部影视剧在这里拍摄。"(麻根生,2007:95)

凤凰县宣传部领导说到在凤凰拍摄过的影视剧有《血色湘西》《战士》《红棉袄》等。

媒体传播是很重要的。在媒体传播方面很多媒体到我们这里拍过电视,比如《血色湘西》《战士》等,什么专题片啊,电影、电视都非常多。还有一部电影叫《红棉袄》,获得了百花奖的儿童片提名奖,专门写留守儿童的。它不在城里拍的,是在凤凰乡村拍的,在一个苗族聚居的地区。(F4 - Y - F)

这些电视剧中受访者提及最多的就是《血色湘西》。一位受访者(C23 - Y - F)说:"电视里看得稍微多一点,因为电视剧,很多是在凤凰演的。像《乌龙山剿匪记》是不是那里?前阵子有个电视剧《血色湘西》印象特别深刻。"因为这部电视剧,有的受访者就把沈从文的边城想象成了苗寨,说《血色湘西》里有个穗穗,《边城》里有个翠翠,认为《血色湘西》改编自《边城》。

---

① 《中国凤凰》第97页写道:"陈斗南修建的住宅……《湘西剿匪记》《乌龙山剿匪记》等影视曾在这里拍摄。"

我感觉(《边城》)不是描述的凤凰(古城)这个地方,是凤凰周边的苗寨。现在有一日游去苗寨。好像电视剧《血色湘西》就是有点改编自沈从文的书,什么翠翠啊,那里就是穗穗啊,《血色湘西》拍的景跟这一块还是有区别的。因为电视剧看的感觉比较深刻,一想到那里就感觉和这里有点区别。(F72-Y-F)

当地人中有的人知道《血色湘西》在凤凰的取景地是凤凰古城附近的关田山苗寨。到了凤凰的游客有些也知道这个取景地。"拍摄电影的地方都没让我们去,好像有个拍摄基地。不过《血色湘西》的拍摄基地还是去了,就是关田山苗寨。那里就是那个破房子。《乌龙山剿匪记》好像也是在那里拍的,有扮土匪的那一些"(C43-W-F)。"关田山苗族山寨是《边城》《湘西剿匪记》《血鼓》《湘西往事》《湘女萧萧》《神枪血恨》等众多影视剧的外景拍摄地"(游多多旅行网,2010:90)。上述影视剧将凤凰建构为一个民族旅游地,可是不少游客去了凤凰后发现民族风情不浓,影视剧为凤凰打造了一个少数民族传统未曾改变的迷思。

电影电视的传播除了影视剧外,还有电视台所播出的新闻、天气预报中展示的凤凰图片,娱乐节目中关于凤凰的介绍等,这些都让游客知晓了凤凰。有的说:"新闻报道中凤凰很漂亮啊!"(F16-Y-M)

问:哪些电视台播放了凤凰的宣传片呢?

答:中央一台,还有中央几台我忘了,湖南卫视也到这里做了几期节目。(F102-Q-F)

还有旅行社在报纸上面的宣传。电视上面的宣传也都有,那种广告片,到黄金周啊、节假日啊,不是都有嘛!到哪里哪里几日游,有很划算的那种。而且我记得湖南卫视有一个天气预报,它报那个景点的,它那个上面也有。(C28-T-F)

一位受访者说到她了解凤凰的途径是多元化的,有电视、网络、朋友购买的书籍,其中电视上的综艺节目让她印象深刻,在电视和网络上看到的那些照片让她对凤凰有了第一印象和美好的向往。电视和网络为凤凰建构了美丽的形象。

电视,多半是综艺节目,像快乐大本营,我在读中专的时候看的那期,好像是主持人,组织了好多人去看凤凰,看了那边人穿的服饰。

问:凤凰在您心中是什么样的形象?

答:古城、衣饰、苗族服装、对山歌、古老的房子,还有船。蛮漂亮的。

问:您把凤凰想象成一个什么样的地方?

答:应该是那种很美很美的,到处都可以听到歌声的,给人感觉很温馨的吧。反正给我的第一感觉是好漂亮的。我就记得那期快乐大本营,那时候我好想好想去。(C19-C-F)

书籍、报刊、杂志对凤凰的介绍也有很多。这类媒体受众群体的特征在于其阅读书报杂志的主动性。下面这位受访者知道凤凰的途径有同学介绍、书籍、旅游杂志、电视、网络,等等,她对凤凰的想象是山美水美,促使她想去凤凰的原因是旅游杂志的介绍。

问:除了同学介绍,您有从别的途径看过凤凰的信息吗?
答:上网的时候啊,以前看书、看旅游杂志啊,推荐的也有看过。
问:旅游杂志是哪一种啊?
答:就是地理环境什么的。还有旅游什么的。因为很久了,这段时间都没看过。
问:那电视里有看到过吗?
答:有啊。就是中央二套《走遍中国》那个栏目有播过。旅游频道也有播过啊。还有湖南卫视啊,湖南卫视播的明星去那边搞活动的节目。
问:那么凤凰在您心目中是什么样的印象呢?
答:凤凰水美、山美。我就觉得那个吊脚楼最好玩啊!我喜欢那种风格,民族风情之类的。我喜欢那种原生态的。我一直都计划去凤凰,可是没有时间。
问:真正促使您想去凤凰的是哪些途径的介绍呢?
答:嗯,旅游杂志的介绍吧。(C20-F-F)

网络对凤凰的介绍是海量的,新闻、攻略、游记、博客、微博、网友点评等,不一而足。"空间啊,QQ群聊到凤凰什么的。有时候上网会有广告信息链接,主要是凤凰图片,就是专门的景点介绍和论坛什么的,有意无意中点进去看到了。人家说就是比较休闲的地方,又能休闲又有酒吧,现代和古老的结合,都市和乡村的结合"(C30-C-M)。一些人是在网上看到了凤凰的图片觉得凤凰美。一些旅游者在出游前会做功课,通过网络查询凤凰旅游攻略,并浏览凤凰的图片。

问:您来之前有没有了解一下凤凰呢?
答:肯定上网查一下攻略啊,怎么游玩的。
问:那您在网上有查到一些图片吗?
答:看到的图片就是有很多吊脚楼那种,然后有沱江啊,两边都是吊脚楼。挺漂亮的。(F74-S-F)
问:您来之前有没有看过凤凰的一些宣传材料啊?
答:看过,在网上。讲的历史、人物。图片也看了一些,好像有一些风景照,苗寨的、沱江河夜景的照片。看了那些照片觉得美。(F70-L-M)

网络媒体对凤凰的宣传中讲述最多的是两点:第一,凤凰被誉为中国最美丽的小城之一;第二,凤凰是沈从文的故乡,凤凰是边城。网站上关于凤凰的介绍比较多见的是凤凰旅游攻略,这里以百度旅游凤凰攻略为例来看网络媒体对凤凰迷思的塑造,这段攻略中涵盖的迷思是美丽的边城迷思。攻略上写了凤凰的概况。

凤凰,是沈从文笔下那座如诗如画的边城,是新西兰作家艾黎口中"中国最美丽的小城"。这里有听不尽的沱江滔滔流水声,有看不尽的浣衣妇,还有走不尽的青石板路。

许多人说,在凤凰的时光犹如一场梦,不愿醒来。

穿着花裙子或者花裤儿,踩着夹脚凉拖,穿过东门在桥洞下听流浪歌手弹吉他,唱着不知名的歌。河边湿软的风吹过,一座一座吊脚楼悬在河上,楼里的灯光或明或暗,隔得远远地瞧了,就仿佛一幅水墨画。你是否想过有这样一个地方,接近你想象中的模样。

这样一座淡泊的古城,经过了岁月的洗刷沉淀。默默地以它不动声色的力量,吸引着天南海北的游客,只为在某个清晨或者黄昏,捧一盏茶,像《边城》里的翠翠一样,等一个偶然路过心上的人。

(资料来源:百度旅游.目的地指南.凤凰:凤凰攻略,http://lvyou.baidu.com/fenghuang.)

网络上有个帖子《中国十个最值得一去的小镇》,很多人都看过这个帖子,凤凰就是一生中一定要去的十个古镇之一,帖子中叙说的也是凤凰古城的边城迷思。

凤凰:沈从文笔下的湘西风情

读过《边城》的人都对翠翠和翠翠生活的地方留下了美好的想象:翠翠清澈如水的性情和恋情,乡民朴实旷达的作风,月光下水边的吊脚楼等。《边城》是自称为"乡下人"的沈从文所作,写的就是湘西的凤凰县。

凤凰县位于吉首市与怀化市之间偏西的地方,城区傍沱江而建,沱江如酒,沿江的吊脚楼就如美人醉酒一样憨态可掬。城内大街小巷中辣子与熏肉的香味四季飘香,多情湘女,婆娑而过。有月光的晚上,苗民男女的对歌声可惊醒每一扇临水的窗户。

(资料来源:驴妈妈旅游网,中国十个最值得一去的小镇,http://www.lvmama.com/guide/2011/0110/120723.html.)

一位受访者说到在网上看了凤凰的资料和图片,网络图片将凤凰建构成古朴宁静的美丽地方。事实上凤凰已经现代化,而且很喧闹,古朴宁静的美仅仅是本真性迷思罢了。

网上有一些资料,可以看到图片,看论坛的时候可以看到别人在凤凰旅游传上来的图片。凤凰是一个很美的古镇,感觉很宁静……我感觉是那种很古朴的古镇,然后保留了古代的石板、青砖那样一些建筑,就是那样子吧,可能人少的话就会觉得比较安静,然后很多是木房子吧,依水而建,大概是这样子吧。(C14-G-M)

综上所述,电视、网络、报纸、书刊等媒体传播的凤凰是美丽的凤凰、边城凤凰、有民族特色的凤凰、民风淳朴的凤凰和古朴宁静的凤凰。

(四)人际口碑传播:旅游者和当地居民

凤凰迷思的传播有一股重要力量是人际口碑,包括日常生活世界的面对面交流和网络世界的非面对面交流。人际口碑是传播凤凰的渠道中最让潜在游客信任的渠道。

"网络口碑来自旅游者的真实体验,它为口碑受众提供了无偏见、非商业化、高可信度的一手信息"(柴海燕,2013)。大多数受访者都说他们是听别人说起凤凰的。凤凰当地一家旅行社的计调人员告诉我,游客了解凤凰是"通过一些电视媒体、网上报道。还有游客来到凤凰之后的口碑"(F102-Q-F)。一位游客(F72-Y-F)听说凤凰是因为"好多同学都去过呀,觉得凤凰很美呀"。一位男性受访者(C14-G-M)对凤凰的知晓是一位老家在凤凰的朋友告诉他的,其朋友对凤凰的描述是小桥流水人家的古镇。一位游客(F103-W-M)说道:"来凤凰之前儿子告诉我凤凰的。儿子说我给你安排,你来旅游旅游。他说凤凰是个小城,是个美丽的小城。"一位受访者(C3-L-F)说起她第二次去凤凰是拉朋友一起过去的,她向她的朋友宣传凤凰十分漂亮,"那几个朋友是被我强拉去的,我把它说得好漂亮、好漂亮,他们就一起去了。有一个还刚从凤凰返回一个月都没有。"在人们的言谈中,凤凰被描述成美丽、漂亮的地方。传播凤凰的人有去过凤凰的旅游者,有凤凰本地居民,还有没去过凤凰但知道凤凰的人。有人说,"来长沙的时候有朋友说来湖南不去凤凰就是没来过湖南。我同事说的。他们都说起这几个景点,凤凰、张家界和韶山这三个地方"(C33-H-M)。凤凰是湖南标志性的旅游地,来了湖南就一定要去凤凰。在这个意义上,凤凰成了一个非去不可的地方。

就是有很多朋友去那里旅游啊,有些朋友也推荐啊。我现在是学生,在学校很多同学说想去凤凰看一下,特别是外省的同学想去,所以就听他们的了……好多人都喜欢去凤凰啊!有些人去了一次还想去第二次,有些人去了一次就再也不想去了。各样的说法都有……很多外省的同学感觉凤凰就像湖南的一个标志性的旅游的地方。就像河南的洛阳这样子的地方一样。反正就觉得来了湖南吧,就一定要去凤凰、张家界这样的地方去看看。我周围的同学就觉得好玩啊。也跟我一样,听别人说那里很美啊,比如吊脚楼啊,想去看一看啊,听别人说了,就像跟风一样就去了。(C28-T-F)

有的受访者听别人说凤凰是值得恋人去的地方,这是关于凤凰的浪漫爱情迷思,爱情的迷思也被部分人群传播开来。

凤凰本来就是我们湖南很有名的一个景点啊。反正很有名啊,以前就知道,听别人讲过。在朋友、同学、书本、电视那里都听说过。电视里主要是一些影视啊、广告啊。我觉得它是一个很值得恋人去的地方,听别人讲了。我自己感觉是一个很向往的地方。从环境啊、人文啊、风俗啊。很神奇!湘西嘛,本来就是一个很神奇的地方。(C25-Z-M)

人际传播对凤凰叙说得最多的还是凤凰的美丽。一位女性受访者回答说是她的同学、凤凰人让她知道了凤凰,老家在凤凰的同学和去过凤凰的亲友对凤凰的描述是美丽的。另一位受访者也是听过人家形容凤凰漂亮、原汁原味的古城风貌。

同学讲凤凰啊,就是说那里漂亮,山水美呗!就是讲它的那个水啊,还有它那里是沈从文的故乡嘛!它的那些街道,还有吊脚楼……朋友有去过凤凰嘛!我弟弟有去过凤凰,他们去凤凰写生,因为他学美术,在湖南师大。他们去写生,拍回来的照片啊什么的,很漂亮,然后同事去玩啊,说那里什么的。

问:讲那个地方讲了什么呢?

答:那个地方玩是很好玩,游山玩水,休闲、悠闲的那个感觉。到那边他们去泡酒吧,感觉在那边泡吧是在比较静的环境下,没有像外面那种喧闹。还有,我觉得我弟弟他们拍照好玩,山很绿、水很清的那种感觉,木的吊脚楼原生态的、本土的那种感觉。(C20-F-F)

问:是怎么听说凤凰的? 是通过朋友介绍、网上、电视、旅行社推荐,还是?

答:都有吧。

问:印象比较深的是?

答:应该是朋友介绍吧。因为先前有朋友去过啊,看过他们的照片,就是凤凰古城,沱江边。

问:他们怎么形容的?

答:水美,古城的那种原汁原味的风貌也挺漂亮的。那边人也很好。风土人情多。(C29-C-M)

(五)文学作品制造的迷思——沈从文和他的《边城》

在好几本书中都可看见这样一句话:"世人知道凤凰、了解凤凰,是从沈从文开始的。"比如《从沈从文笔下走出的凤凰城》一文中就引用了这句话。

说到凤凰城,就不得不提沈从文。沈先生以一曲田园牧歌式的《边城》,将自己魂梦牵系的故土描绘得如诗如画、如梦如歌,也将凤凰这座静默深沉的小城推向了全世界。《国家历史文化名城凤凰》一书中这样写道:"世人知道凤凰,了解凤凰,是从沈从文开始的,许多人到凤凰,是沿着沈从文作品的字里行间来的。"确实,来凤凰的人大都是冲着沈从文和他所表达的那个充满水一样柔软的乡情来的。

沈从文的代表作《边城》为凤凰制造了迷思。"很多人都知道沈从文,也看过他的作品,在很多作品中沈从文用自己深沉而优美的笔触写下了对故乡的爱,透过点点滴滴的文字让我们认识了凤凰这片纯真的土地"(游多多旅行网,2010:60)。一个友好的命运把沈从文交给了凤凰,是"边城"让凤凰有了最初的知名度,是"边城"让凤凰成为旅游者心中的美梦,是"边城"让凤凰有了灵魂和一个被讲述的故事。一篇文章《觅踪凤凰城》中写道:"最初认识凤凰是在沈从文老先生的墨香里,他的一部《边城》读得我灵魂出窍,那清香古韵烙在心里一生不散。"《沈从文的凤凰城》这本书中写道:"现在,大凡专门到湘西凤凰县一游的人,都是为了沈从文先生而来的……湘西凤凰因沈从文先生的小说而出名。"有位受访者说他朋友对凤凰情有独钟就是因为他那位朋友很喜欢沈从文。

最早知道凤凰是在北京的时候,有个朋友他特别喜欢沈从文,他看了很多沈从文的文章,然后这些文章中就有的描述了凤凰小镇的一些情况,我这个朋友对凤凰是情有独钟的,因为沈从文而对凤凰情有独钟……他对湖南唯一的感觉就是对凤凰的感觉,超过了张家界,超过了韶山。他跟我讲到凤凰的时候他的表达非常激动、很有热情。所以我从那个时候就开始对凤凰有点了解,大概是在1999年的时候。我当时想象就是江南小镇的一种感觉。他讲到了沈从文的很多描述,讲到了小镇特别小桥流水的那种感觉……沈从文肯定不是从同学那里才得知,他毕竟是一代文学家,差点获得诺贝尔文学奖这样的一个人。当时他已经获得诺贝尔文学奖提名,这个消息我上大学的时候就知道了。沈从文的知名度还是蛮高的。我上高中大学的时候知道沈从文。在我那同学描述沈从文时表现出特别的崇拜之前,我就知道沈从文……我听我那朋友讲,感觉边城就是描述的凤凰。他没这么确切说,但是他的口气给我的感觉是这样的。(C38 - C - M)

沈从文"是湘西的影子,凤凰的魂(匡离离,2005:186)。"凤凰本地人(F66 - H - F)说:"游客是听说凤凰的美而来的吧,应该是通过沈从文,关键还是听了沈从文而来的。"当地导游员(F54 - O - M)认为"团队游客百分之六十是为了沈从文而来的。"本地人对沈从文先生十分尊敬,言必称沈老、沈从文大师。凤凰县本地居民在提到沈从文或者被问及是否为家乡有沈从文感到自豪时,每一位居民都表示感到自豪。

我们老百姓提到沈从文有一种自豪的感觉。比黄永玉还要自豪。因为沈从文和黄永玉不同呢!我对凤凰历史还比较了解,沈从文读的书并不多呢!是小学呢!后来十几岁的时候跟了湘西地方武装,搞到外面去了,湘西老百姓因为战乱过得很苦。后来他就从文,为的是要把湘西老百姓的思想转变过来,教化百姓。后来他到了北京经过自己长期的自学,后来成为北京大学教授了。其实他本身没念过大学,就是小学。通过自己的努力得到那么高的荣誉,他的作品很出名,和黄永玉比较我还是比较敬佩他,不是靠什么名人一吹一捧上来的,是靠自己的努力上来的。黄永玉也是努力,但是年轻的时候并没有沈从文出名,影响深。沈从文因为1986年的时候过世了,不然他会获得那个诺贝尔文学奖。一个小学生通过自己努力成为北京大学教授,那相当不简单。(F100 - T - M)

问:您为本地出了沈从文感到骄傲自豪吗?
答:当然。非常感到自豪。我很喜欢他的作品。
问:喜欢哪部作品?
答:《边城》。
问:您觉得沈从文对当地旅游业有作用吗?
答:有。他的文章能让人感受到凤凰,凤凰的风俗民情。
问:您觉得来这里的游客是为了沈从文而来的吗?
答:是的啊,大多数是到他的故乡,到他的家里看。一般的人是为了沈从文来的,有的是来看熊希龄的故居,了解他们的人文事迹。(F67 - L - M)

沈从文和他的《边城》对于凤凰的意义很大。沈从文和《边城》不仅代表着凤凰的人文精神,更重要的是沈从文和他的书传播了凤凰古城。"很多人觉得边城写的像凤凰的感觉,他们先看了那本书,觉得描述的场景还蛮可以的,就过来了"(F75 - Y - F)。多数受访者说是先知道沈从文才知道凤凰的,"别人是因为沈从文知道了凤凰"(F86 - H - F)。"先知道沈从文。我看了他的书嘛。他的书《边城》和翠翠"(F77 - M - F)。"如果没有沈从文的话,大家对凤凰了解比较少吧,因为有沈从文介绍凤凰,大家才了解凤凰"(F79 - X - M)。"因为他写《边城》凤凰就出名了。他们说就因为沈从文所以这地方出名了"(F92 - W - M)。当然也有少数受访者说是先知道凤凰而后知道了沈从文。有受访者(F87 - T - M)认为人们原来是因为沈从文知道凤凰,现在的人来凤凰却不一定是为了沈从文,"原来应该是首先知道沈从文,然后知道凤凰。原来来的是一些作家、文学爱好者,还有就是黄永玉带的一些弟子,一些画家、一些学生,他们的推广,现在的旅游市场比较盲目了,他们来不一定是要看沈从文。"一位来自张家界某旅行社在凤凰带团的导游员说凤凰幸亏出了沈从文,沈从文写的《边城》吸引了众多游客来到凤凰古城。

问:有没有人是为了沈从文和边城而来呢?

答:这个说不好。也有。我的团队中也有专门来看沈从文故乡、专门来看边城的,正因为沈从文在《边城》里把凤凰描绘得风情万种,这才引来了这么多游客,络绎不绝地来到我们凤凰古城。

问:您觉得是沈从文的《边城》使得游客来了?

答:是的,应该是这样。

问:您不认为凤凰古城的营销也发挥了作用吗?

答:当然营销也做得不错。但是沈从文的书、《边城》的电影的营销是最大的。凤凰幸亏出了沈从文,写了《边城》,我是这样认为的。(F60 - C - M)

一位经营书摊的凤凰本地人说凤凰的旅游是因为沈从文的作品而发展起来的。他的看法是,如果没有沈从文,湘西会很穷,没有沈从文,就没有凤凰的今天。

问:去沈从文墓地的游客多吗?游客知道沈从文吗?

答:去沈从文墓地的游客多,夏天很多;还有游客说怎么没有单独的沈从文故居景点门票,他们只想去沈从文故居看,但是古城景区卖的是套票,含8个点或10个点的。来这里的游客很多都知道沈从文,来我这里买沈老的书的游客对我说:"你们这里没有沈从文,没有沈老,你们就不会有今天。"我觉得,没有沈老,湘西特穷。

问:您觉得游客来这里旅游的动机是什么?

答:看一下古城,看沈老的家乡,而且从广告上看这里风景秀丽。其实凤凰的旅游是从沈从文的作品出来的,你看好多摄影作品有吊脚楼,沈老的作品里有。现在我们的旅游是城区带动乡下,苗寨、土匪洞,乡村苗区也渐渐富裕起来了。

问:你们本地人为家乡出了沈从文、黄永玉、熊希龄等名人感到自豪吗?

答:这个不用说的,当然自豪了。

问:游客有哪些类型呢?

答:一是看沈从文;二是看湘西土匪;三是纯粹观光、消费、玩,买一些土特产。去酒吧的年轻人最多。来凤凰的客人年轻人最多,不过也要看季节,黄金周老年人不会来,人太多太拥挤,老年人不方便,重阳节来的老年人就多。(F38-W-M)

下面这些受访者同样讲述了凤凰名气的由来,都一致提到沈从文所发挥的重要作用,是沈从文让凤凰具有了知名度。例如,"沈从文让大家知道了凤凰,我最初知道凤凰就是因为沈从文的书"(F95-P-F)。"如果没有沈从文,没有那本《边城》的话,凤凰就不会是现在这个样子"(F78-Q-M)。"凤凰出名是因为沈从文的《边城》"(C45-X-M)。

问:那您知道凤凰是怎么出名的吗?

答:凤凰的出名我觉得要分开来看,从2000年之后它的出名是因为叶文智公司的宣传、炒作、经营、营运。之前凤凰一直存在,只是没人把它炒作起来让人知道。但是它有名吗?它实际有名,只要是读过沈从文的书的,或者是看过相关纪录片的、电影电视的,都知道那个地方,但是不具有大众性,波及面不大,只是我爱好文学就读了这本书,或者是我喜欢沈从文我就读了这本书,就知道凤凰这个地方,或者我看了一个电视剧知道这个地方,比如《乌龙山剿匪记》讲湘西那一块。至于《血色湘西》是凤凰出名之后好久了。2000年之前是因为文学作品、影视作品被人知道的。

问:沈从文对凤凰的旅游有什么样的贡献吗?

答:他的作用都还很大吧。他就是把这个地方传播出去,把凤凰的美传播出去了,他不记录下来的话这个美就不会被后面的人发现。他的这种贡献应该是比较大的。是他让别人发现了凤凰的美,是他描述凤凰让别人发现了凤凰。

问:您觉得现在的游客有多少是冲着沈从文去的?

答:这个就不好说了。我觉得冲着沈从文去的人不多,大概占到总体游客的五分之一。(C41-L-M)

可以说,没有沈从文大师笔下的边城,就没有凤凰今天的古城,我是从我从事旅游业的角度来说。古城公司对凤凰的营销是有功利性的。黄永玉大师的影响力还达不到世界级的。因为前几年我一直在外围做营销,一说起黄永玉大师,很多行业的人都不了解。沈从文提高了凤凰的知名度。我认为人们是因为沈从文才知道凤凰。凤凰古城公司近几年通过大力度的广告宣传才让人们先知道凤凰,当没有古城公司的广告的时候其实是沈从文的影响。(F101-H-M)

问:凤凰的名人对凤凰的旅游业有贡献吗?

答:其实凤凰的旅游业能够开发起来主要是因为沈从文,沈从文没有上过学,他写了《边城》那本书,他也写了其他的一些书,对我们是相当有贡献的。

问:现在的人是因为沈从文知道凤凰的多,还是因为凤凰知道沈从文的多?

答:知道沈从文的多一些,当然知道凤凰的也挺多,是知道沈从文的在先。他们到凤凰就是冲着他来的,我这里卖书,卖沈从文的书,游客来这里自言自语地念"我们就是冲着沈从文来的"。言下之意就是"没有沈从文我们不来"。沈从文把凤凰推出去了。(F85-Y-M)

总之,沈从文和他的《边城》传播了凤凰,《边城》这本小说为凤凰制造了"边城"的迷思。制造迷思的各方行动者都在传播凤凰,尽管迷思主题不一致,但是都是对凤凰的美化,迷思往往是歪曲的。于是旅游客源地建构出关于凤凰这个旅游地的理想梦境。媒体、旅游出发地的旅行社、旅游者也参与着梦境塑造这一过程,和当地的政府、旅游企业共谋这个美梦。各个主体制造出来的旅游地迷思与客观上形成的旅游地迷思是比较一致的。

二、迷思制造中的工具理性和价值理性

"韦伯将目的合理性行动和价值合理性行动区分的思想,被演化为工具理性与价值理性的文化导向区分"(刘录护,2008:28)。塑造迷思的行动力量可以归为两类:遵循价值理性的社会行动者和文化行动者(非利益相关者),遵循工具理性的政治行动者和经济行动者(利益相关者)。市场和政府是工具理性态度,社会和文化力量是价值理性态度。"工具理性常常是短期主义的,价值理性则常是奉行长期主义的"(王宁,2008:8)。凤凰县政府申请保护历史文化名城其行为实质是一种工具逻辑,申请历史文化名城的目的是为了开发旅游业。改革开放以来,中国的地方政府为了追求GDP,基本上都是遵循工具逻辑,是一种工具理性行为,体现的是"权力意志",即以保护文化为名,行开发旅游、发展经济之实,造成的不良后果就是旅游资源的过度开发和旅游地的过度商业化。旅游业的开发既有利于某些传统文化的传承和保护,又会对传统文化造成破坏。凤凰正是深受旅游双刃剑的影响,凤凰的过度商业化饱受批评。

凤凰旅游迷思制造的"主力军"是地方政府和凤凰古城旅游公司。凤凰古城旅游公司对凤凰的八个景点拥有50年的经营权,出资购买景区经营权的古城公司其行为更是一种工具理性行为。企业所追求的都是利润最大化。如一位去过凤凰的受访者所说:

凤凰要发展,更好的发展,政府必须要起到一个先导的作用,还是要保持它的特色:质朴、宁静。一个地方的发展必须要规划好,应该来讲不能无序。政府要把它规划好。商人的话,叶文智把它开发得很好,但是他是商人,他肯定有他的利益在这里,他行使几十年经营权肯定是要利益最大化的,但是几十年过去以后呢,凤凰怎么办呢?留给子孙的还得要靠政府来把古城规划得更好。让我们的子孙都能够享受到、都能够看到这一方美丽的水土。(C26 - L - M)

从事旅游业的当地居民在传播凤凰的迷思时也是遵循的工具理性,他们认为来凤凰的游客越多越好。在问及是否希望以后来的游客越来越多时,一位受访者(F66 - H - F)回答:"当然啊,我们就靠这个了。"地方政府、企业和从事旅游业的居民构成了利益相关的权力市场,他们属于旅游地的政治经济系统。其中,地方政府和大型旅游企业集团处于强势地位,从事旅游业的居民处于弱势地位。如王宁(2008:15)所说:"旅游目的地各利益群体的关系也是权力关系。例如,政府、旅游投资商和当地居民

之间就结成了权力关系。在这种权力关系中,政府和投资商是强势的一方,而当地居民则是弱势的一方。"

媒体在多数情况下的行为属于非商业化用途,媒体大体上可以归为制造迷思的社会文化力量,媒体是力量强大的、无利益相关的行动者,"媒体在现代社会所具备的制度化作用,赋予了它强大的社会形塑能力,如话语解释权、议程设置作用等,这使得媒体能够参与到文化制作事件的进程中来。旅游吸引物的制作,也是这么一种文化制作事件"(赵玉燕,2008:172)。文人、艺术家等文化掮客也是文化力量,他们构成了文化系统。旅游者和当地不从事旅游业的居民是与经济利益无关的社会力量。社会系统和文化系统遵循的是价值逻辑,多数情况下为一种价值理性行为,体现了"善良意志",他们希望对传统文化给予保护,反对过度的商业化,希望旅游地能够可持续发展。

迷思塑造的四类力量和两种对立的逻辑关系如图4-6所示。图中还展示了一组对立关系:政治经济力量对迷思的制造是无机的机制,文化社会力量对迷思的制造属于有机的机制。有机和无机这组词是借鉴了Gartner的研究成果,Gartner(1997)在研究旅游地形象的形成过程时使用了Gunn提出的有机形象和引致形象,引致形象的形成是因为旅游目的地的营销和促销,有机形象的形成是来自于媒体和人际口碑。本研究也使用了有机这个术语,并用无机作为有机的对立词语。无机机制是有意图的、刻意的制造机制,比如旅游广告的地毯式轰炸,但是在受众看来可信度并不很高;有机机制是无意图的、非故意的制造机制,比如旅游者的口耳相传,能够相互联系结成一个有机的整体,有机制造中所传播的信息比较公正,在受众看来具有比较高的可信度。

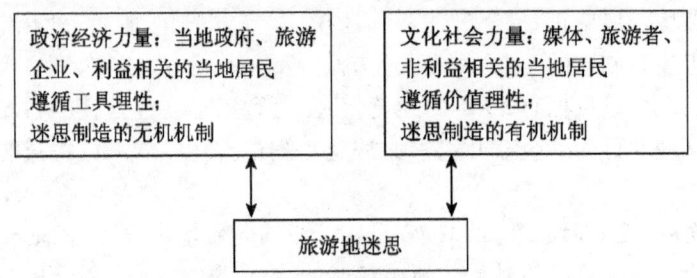

图4-6 旅游迷思制造的两种逻辑

三、迷思制造中的权力、资本和社会

(一)地方权力和资本的共谋:地方法团主义

中国各个旅游地的开发和塑造其实是政府起了很大作用。旅游开发的目的是为了地方的经济发展,是以GDP增长为目标的。凤凰县政府为了发展经济选择了发展旅游业,在旅游资源推向市场的起步阶段将古城经营权托管给了叶文智的公司。2001年10月14日,凤凰县政府将凤凰古城、南方长城等8个景点经营权转让50年,受让方需要在经营期内向凤凰县政府支付转让费8.33亿元。凤凰古城旅游公司是凤凰古城的旅游开发商和旅游生产商,也是凤凰古城最大的旅游销售商。凤凰旅游业的发展形式是所有权归政府、管理权归职能部门、经营权归企业的"三权分离"经营机制,将县内主要景点经营权转让给凤凰古城旅游公司开发经营,走出"政府主导,市场运作,公司经营,社会参与"的旅游发展模式。①

凤凰县委宣传部一领导(F4-Y-F)讲述了凤凰县政府选择发展旅游业和选择政企合作方式的由来。发展旅游业是为了解决全县的财政危机,选择政企合作是因为政府经营旅游业时陷入财政亏损的局面,所以选择了委托公司经营的模式。总之都是为了发展经济。最后被访者提到凤凰县政府目前的主要任务是规范旅游市场秩序和保护旅游资源,以及开发旅游景区和整治旅游环境。

烟厂在20世纪90年代被关停后,凤凰的财政收入就降下来了,变得非常的贫困。在烟厂生意红火时,凤凰县是湖南省第一个财税过亿元的县,有几年都是过亿的,当时很了不起的。全国的中小型企业都要关停的政策出来后,烟厂垮了,凤凰的支柱产业就没有了,我们的财政就陷入了低谷……因此,90年代末期我们县里就在想要立足什么样的资源,然后就想到这个旅游资源。2001年,县里正式搞旅游开发,搞旅游开发的时候就在想该用什么样的方式。1999年的时候也尝试搞这个旅游,当时是政府在搞旅游的经营,但基本上就变成财政投入、财政亏损这样一个局面,当时因为凤凰的名气慢慢变大了,上面的一些接待啊,政府接待可以说入不敷出啰。呵呵!变成了接待性旅游,亏损就很大。当时就在想应该怎么样经营,后来就想到一个方式:所有权归政府,政府把8个核心景点的经营权转让出去,但是景点的所有权还是归我们政府;管理权归职能部门,像执法部门、旅游部门;经营权归企业,经营权转让给张家界黄龙洞投资有限公司,后来凤凰搞经营就更名为古城旅游有限公司,就是古城公司,把景点转让给它50年经营,现在是天下凤凰文化传播有限公司。就是这个三权分立的经营机制。这样把景点经营权转让给古城公司以后,营销、宣传、景点建设和设施方面都归企业,那么我们政府就是管理和协调各方面的关系。古城公司做得很好,古城公司在旅游方面还是有很多经验的,开始的时候也搞了一些很大型的活动,比如说中华炎黄圣火采集仪式、棋行天下围棋赛、谭盾的交响乐等,至于宋祖英唱歌是金凤凰文化有限公司搞的。通过这些企业他们自己在做。还有那个邮票,邮票是邮政局做的。通过企业的运作,慢慢也吸引了一些媒体,这样呢就把凤凰炒热了……现在我们的主要任务,从政府来说是怎么样规范好旅游秩序,怎么样保护好旅游资源,基本上是围绕这两个方面。还有呢,开发精品的旅游产品,即开发一些旅游景区,还有搞好一些景区配套设施建设,比如说交通方面的啊,还有一些其他方面的,比如整治旅游的环境。其实我们做这些工作都是围绕旅游公司来做的,是为旅游企业服务的。(F4-Y-F)

凤凰县政府对凤凰旅游业起到了很大的主导作用,一位凤凰当地的旅行社经理说

---

① 凤凰县旅游局提供的材料《凤凰旅游业现状》。

他们的营销工作要跟着政府走。"旅游有句话就是,'计划不如变化快'。每年都有营销计划,可是实际操作起来,政府的一句话就把我们的计划全部打乱,所以这么一来的话我们的思路要跟着政府走"(F101-H-M)。

凤凰古城内的一位宾馆老板在访谈中介绍了凤凰旅游发展的历史和现状,讲述了政府和景区公司对凤凰旅游业发展做出了很大贡献。政府和古城公司合作以后实现了强强联合。

> 凤凰的旅游应该是一九七几年就开始有了。黄永玉对凤凰旅游的理解是:凤凰的文化是军人带来的。凤凰的旅游是黄永玉带学生来凤凰写生,当时是一九七几年,由他们带出去为外界所知的……20世纪90年代时,当时的凤凰县委书记是滕万翠……应该值得肯定的是,滕万翠对凤凰的旅游业是立了大功的,没有她就没有叶文智的进入。当时云南也有一家公司想进来承包凤凰古城景区,还有其他几家公司,是滕万翠选择了叶文智……叶文智对凤凰旅游的发展做了很大贡献。凤凰县那一届政府做了很多工作,跑北京都不下200次,为的是申报历史文化名城。跟叶文智合作后实现了政府和企业的强强联合。叶文智的进入可以说将凤凰的旅游推向了市场。古城公司的广告力度单纯从怀化来说力度就很大,包括电视,包括一些事件,如连续几年做南长城的围棋赛、谭盾的音乐会……后来2006年,叶红专来凤凰做了县委书记,叶红专做两三年的县委书记相当于别的书记做十年。滕万翠把工作交给张永中,然后张永中2006—2008年把工作交给叶红专。叶红专做了两项工作:一是亮化沱江风光带,二是沱江河治理。这在张永中在任的时候就已经提出来了,只是没实施。张永中当时说过他有三大梦想:一是沱江两岸风光带亮化工程;二是沱江河治理;第三个不记得了。叶红专把第一个和第二个梦想切实实施和实现了。叶红专后来还做了一件事情,在古城大街小巷做了石板路,山上也做了石板路,是红岩石板路和青色石板路。叶红专调走后是张永中当县委书记接手旅游工作,2008年至今又没做事情了,基本上是吃老本。古城公司也没做事情。(F24-T-M)

所以,政府的作为在于政府首先考虑到开发旅游业来发展地方经济,在政府接待式旅游亏损的情况下将景点托管给企业经营,让凤凰旅游迈向市场经济。90年代时政府发展的旅游业属于接待性质,是亏本经营,于是政府将凤凰古城委托给企业去市场化经营,实现了凤凰古城被推向市场,通过旅游业切实地发展了地方经济。自2001年至2012年,凤凰县旅游业收入占GDP的比重一直不断提高,旅游业已经成为凤凰县的支柱产业和主导产业,是凤凰县经济的主导命脉。具体数据见表4-3[①]:

表4-3 2001—2012年凤凰县旅游业总收入占GDP的比重

年份	2001年	2002年	2003年	2004年	2005年	2006年	2007年	2008年	2009年	2010年	2011年	2012年
比重%	9.09	13.6	15.4	25	41.5	72.7	76.5	72.3	87.5	87.3	106.5[②]	112.9

---

① 凤凰县统计局提供的数据。
② 表中2011年和2012年的数据有误,凤凰县政府提供的原始资料有误。此表中的统计数据水分很大。

2006年凤凰县县委通过常务会议确立旅游产业为凤凰县的主导产业的核心定位思路。随后在凤凰旅游业的进一步发展阶段,在当时的凤凰县县委书记叶书记(现为湘西州州长)的带领下当地政府做了一些对旅游业很有意义的事情,如沱江水质治理、沱江沿岸夜景打造、古城铺就石板路,等等。政府对旅游业的开发和发展始终发挥了主导作用。在古城保护整治与建设管理方面政府做了大量的工作,例如,成立凤凰县历史文化名城保护管理协会,改造石板街,清理排水沟。"清理整改各类不协调建筑,维修中国南方长城、万寿宫、沈从文故居等文物景点。规划建设了'十里沱江风光带',对古城夜景进行了美化亮化。为减轻古城压力,县委、县人大等机关、学校、居民迁出古城"(《中国凤凰》,2011:170)。凤凰县政府提供的凤凰古城介绍资料《神秘古城,天下凤凰》中最后一段写道:政府今后的努力方向是以申报国家5A级景区、创建全国卫生县城和申报世界文化遗产为目标。

在今后的发展中,我们将继续实施"一业带三化"的经济社会发展模式,以"创建国家5A级景区、创建国家卫生县城、申报世界文化遗产"为抓手,大力推进古城扩容提质,全力提升文化旅游主导产业发展水平,打造"中国最美丽的小城"品牌,努力将凤凰古城打造成世界一流旅游目的地。

凤凰的核心旅游企业是凤凰古城景区公司,该公司的"总公司在北京,叫大同实业有限公司。黄龙洞公司和凤凰公司的发展雏形是大同实业有限公司,后来在发展的过程中(因为)股权的变化和管理模式的变化,所以在这边重新注册了一个天下凤凰文化传播公司"(F84-D-M)。以叶文智为代表的企业团队将凤凰古城景区很好地推向了市场,很好地提升了凤凰的知名度,凤凰古城的营销工作绝大部分是由古城公司做的。他们依托的营销方式主要是事件营销,比如围棋赛、音乐会、天下凤凰聚凤凰等活动,同时在媒体上持续打广告。县政府组织编写的《中国凤凰》一书记载了营销凤凰的若干事件:

2003年至2009年,每两年一届、逢单年举行的"世界围棋巅峰对决赛"在南方长城成功举行。

2003年11月21日,著名旅美作曲家谭盾指挥上海交响乐团……在沱江北门码头上演出了他创作的交响乐作品《地图——寻回消失中的根籁》。

2004年10月,凤凰天下美群星演唱会在凤凰古城举行,湘西籍著名歌唱家宋祖英与徐沛东、阎维文、孙悦等众多演艺明星,在凤凰历史文化名城放声歌唱……其中歌曲《天下凤凰美》……由著名歌唱家宋祖英演唱,这首歌已被选入民族唱法教材。

2006年11月12日—15日,天下凤凰聚凤凰活动在凤凰古城举行。凤凰卫视、凤凰光学集团、陕西凤县及凤凰卫视总裁刘长乐、著名画家黄永玉等百名"凤凰"相聚凤凰。

2009年5月23日,凤凰古城特种邮票首发式在凤凰隆重举行。这一天,凤凰古城荣登国家名片——《凤凰古城》特种邮票发行。(《中国凤凰》编写组,2011:174-177.)

此外还有"2002年9月,为纪念沈从文先生诞辰一百周年,凤凰古城举办了'中国湘西从文文化节',邀请了26家中央、省、州及海外新闻媒体","2003年9月,举办了湖南旅游节闭幕式","2004年8月,在凤凰古城开机拍摄了大型对外宣传电视专题片《中国凤凰》,此次活动拉开了凤凰县委、县政府策划组织打造'天下凤凰'品牌的序幕","2009年成功举办丽江·凤凰双城水墨书画联展、中国苗族银饰文化节等活动"(谢丁,2010)。

在《建筑与文化》杂志对凤凰古城旅游公司总经理的访谈中,古城公司总经理回答了"业界有种说法:凤凰传奇,营销至上,古城旅游营销"这一问题,同样也是介绍了事件营销,并讲述了事件营销、形象广告营销和现场营销是公司营销的三种方式。其中,事件营销为主,其他二者为辅。

我们公司在公共市场营销上采取的是事件营销拉动(如"棋行大地天下凤凰"世界围棋巅峰对决、天下"凤凰"聚凤凰、再版沈从文系列小说、黄永玉的画展、谭盾的音乐会、宋祖英的MTV拍摄等)、辅以形象广告覆盖(如"为了您,这座古城等了千年","这是一座在沈从文的书里能读到,在黄永玉的画里能看到,在宋祖英的歌里能听到的中国最美的小城","梦回故里,凤凰古城"等),再依托常设性的现场营销引导(如"大手牵小手,凤凰亲子游""端午节来凤凰喝杯甜酒吧""情人节来凤凰喝杯米酒吧""游凤凰古城,玩精品苗寨"的抽奖晚会)。通过这三种方式和手段,构建了一个成系统、成建制、有组织的营销体系,完成了"笔墨下的凤凰、歌声中的凤凰、镜头里的凤凰"的涅槃重生,通过"独特的自然风光、浓郁的民族民俗风情、厚重的历史文化"诠释了"神秘湘西",使凤凰成为文化旅游的经典。(《建筑与文化》,95页)

凤凰古城公司受访者讲述了公司为凤凰古城所做的营销工作和投入的营销费用,其中仅头三年就投入了1.4亿多元营销费用,还提及了湖南卫视快乐大本营为宣传凤凰古城录制的一期节目。

来了以后前三年2002—2004年我们投入的营销费用是1.4多个亿。这三年中间通过几个方式来营销,一个是事件营销,推出了"棋行大地,天下凤凰"这么一个项目,2002年10月在南长城搞这个围棋赛;再一个就是2003年上半年"天下凤凰聚凤凰"这么一个活动,来了一些明星,比如鲁豫主持人,在北门那里唱歌;然后还有湖南卫视的《快乐大本营》,是2002年的5月,《快乐大本营》有个互动节目是在户外嘛,它本来的意思是室内,叶总就讲我们把这个节目做到室外去,所以就搞了一个汽车的户外活动,叫"凤凰古城快乐之旅",组织了一百台汽车从长沙开到这边,在这个过程中快乐大本营的编导设置了一些环节,前期有一些预热,有一些广告片,通过这些就有一些宣传的作用嘛;第四个就是凤凰古城和黄龙洞公司的交接仪式,就是县委县政府把经营权交给黄龙洞公司,搞了两次,一次是上海有个新闻发布会,第二次就是在北京的时候有个发布会,到最后签署的时候就没有大搞、做大的宣传了。事件营销起的作用是非常大的,我走了之后围棋赛再做了两次,两年一次,还做了一次炎黄圣火采集仪式……第三,叶总对于我们所做的广告质量是严格把关的,他必须把凤凰的灵魂、最亮的部分要推销出来。他花了四五十万做了一个宣传片,当时就围绕边城的几个主要人物,翠翠、爷爷、黄狗,以这个为线,把苗寨里的生活、建筑物,包括苗寨里很有情趣的一些小细节展示出来,比如说洗衣服的大姐旁边正好有个狗,大姐捶衣服的时候那个狗好像在跟她互动一样,那个镜头就被摄影师捕捉了。然后凤凰古城里面,灵魂是这条河,如果凤凰没有沱江,凤凰的活力就没有了。你说全国那么多古城,为什么就凤凰、丽江、平遥古城和乌镇最受人们青睐,网上对这几个古镇的评价就是因为这几个古镇有最亮的地方,就是都有水,平遥虽然没有水,但是建筑风格有特色,凤凰如果没有水,就没有吊脚楼,凤凰没有沿河两岸作为主要卖点的话,其他是不行的,所以就抓住了这点。叶总需要在石缝里找到曾经战斗过的痕迹,要在沱江河的两岸从吊脚楼的窗户里面找到沈从文的自传里所写的那种意境,他的镜头把关非常非常严格,就这个宣传片拍了三个月,宣传片推广到外面了,湖南卫视是播得最多的,其他贵州、浙江、上海、北京、广东他们所播的宣传片的一小段都是来自那个片子里的,就是一个母带,分给你们自己去剪辑,不容许你们自己拍点东西去播,在初期就把好了关。叶总当时就看准了凤凰的魂在哪里,魂就是沱江,当时拍宣传片的时候就把镜头定位于人们所需要的东西。在闹市区,在喧闹的地方,在看不到的地方,全部都用镜头的细节化东西体现出来。有了这么高质量的东西,人们就被镜头里的凤凰吸引了,把最好的东西带给了民众。大家那个时候才开始认识凤凰,原来在湘西的某一山区还有这么漂亮的地方,这是第一。第二把凤凰的悬念带给了民众,就是因为湘西一直被人们认为是没有揭开面纱的这么一个神圣的地方、神秘的地方,比方说放蛊、赶尸,包括那个时候曾国藩湘军里面的竿军,凤凰是占了绝大多数,而且凤凰人那种不怕死的精神,等等,这些一直是在书里面看到,在故事里面听到,谁都没有来,因为交通不方便嘛,就都想来看一看,直到开发十年以后今天都想来,就是想看一看这个地方是不是人们所说的那样。当然现在都市里面太吵了,也都想到小山村里面安静一下……从2001年到昨天为止,我们所投入的营销费用、建设费用和管理费用总共是6.46个亿。我们前三年的营销宣传、基础设施建设,总共投入的管理费用和建设费用是2个亿。(F84-D-M)

古城公司的营销行为制造了凤凰古城的迷思,如上段访谈资料中提到的,古城公司高成本制作、精心拍摄的宣传片是以沈从文《边城》中的主要人物翠翠、爷爷为主线,以沱江沿岸景物为主要的拍摄对象,在受众面前呈现了一个漂亮、神秘、安静的凤凰,人们被镜头里的凤凰吸引了。沈从文的《边城》和湘西的神秘性几乎是古城公司对凤凰旅游营销宣传选取的亮点和标的物,因为沈从文的《边城》加神秘湘西是凤凰独有的元素。

关键问题是旅游的营销有两点,第一事件营销是一个非常重要的环节。事件营销关注度比较高,而且我们选取的时间基本上都是星期六。第二对于你所宣传的亮点的标的物的把握非常重要,如果凤凰是拍一些房子的翘角、苗族的衣服,那绝对不是亮点,为什么呢? 因为这些东西不仅仅是凤凰有,别的地方也有,凤凰的翘角本身就是徽派建筑,徽派建筑本身就不是凤凰的特色嘛! 苗族人穿银饰、苗服,不仅仅是凤凰穿,贵州也穿,只是说贵州的苗族和凤凰的苗族在服饰上有一些区别而已,但是在外人的眼里它就是苗服。但是凤凰的《边城》,沈从文写的《边城》,虽然它不是写的凤凰,但是作为凤凰人的沈从文,他的《边城》的这种精髓,就是能够在凤凰找得到,那么这是唯一的。而且苗族湘西这种让人一直解不开的谜,只有在湘西这边,人家说没有第二个湘西嘛!剿匪在这里,赶尸、放蛊啊,这些解不开的谜也只有湘西有,没有说贵州解不开的谜,所以说这也是湘西的唯一性。其实外人进了湖南,只要凤凰在湖南,他就觉得就是湖南,那么外人进了湘西,湘西就是那么一个区域。凤凰出名以后,湘西倒是被凤凰给遮盖了,说我要去凤凰,没有说我要去湘西的。(F84 - D - M)

凤凰最主要的旅游客源地长沙市的一家旅行社门店经理说:"凤凰景区打造的广告给人一种印象,它是最值得一去的,凤凰的名气更大"(C46 - J - F)。旅游客源地和旅游目的地的旅行社负责人都说对于凤凰的营销曾经做过一些宣传册,现在都不需要做宣传册了,因为顾客群体对凤凰非常了解。凤凰景区的营销工作主要是当地政府和古城公司去开展的。

我参加工作是在2009年,2009年和2010年凤凰是非常火的,散客量非常大,那时候的宣传就相对来说多一点,接收了地接社大量的宣传册,我们也做一些宣传册;像现在大家都知道了这个情况,外面很多小的旅行社做凤凰的专线,价格超低的那种,在我们看来是没有利润的产品、没有利润的价格,但他们也能做,所以现在再做宣传册是一种浪费,地接社也很少做,我们这边就更加不会做了。一个是利润低,再一个是根本没必要做宣传册了,因为非常了解,网络等各种渠道是非常多的。现在不会做宣传册,只会做行程单,不过单团除外,单团是量身定做的。散客的话就是那么几条线路,不会有太大变动。后来2011年和2012年凤凰同样的火,但是火的方式不一样,以前是散客报团的比较多,但是最近两年自由行、自驾车啊,这种方式是非常多的。一般都不会报团。景区营销方面主要是由政府营销景区,一般不是由私人单位团体,也不是由地接社来营销的,政府的宣传作用大过旅行社对一个景区的营销。旅行社只能算是旅游中介商。地接社做的是制作产品和打包产品,只是小方面的营销。凤凰古城公司是最大的旅游产品制造商和营销商。小的营销商就是组团社和地接社。(C46 - J - F)

在旅游业的发展和旅游地迷思的制造中,凤凰县政府既充当政治家又充当企业家。凤凰县政府在20世纪90年代末为了摆脱财政困境、发展地方经济,一手主导了旅游业的开发和发展,扮演着企业家的角色。Walder(1995,1998)说过"地方政府即厂商",Oi(1992,1995,1998,1999)认为这是一种"地方法团主义"。Walder(1995)的分析是:"政府与企业的关系类似于一个工厂或公司内部的结构关系,即政府作为所有者,类似于一个公司的董事长,而企业的管理者则类似于执行总裁或工厂内的车间主任的角色"(转引自徐建牛,2002)。凤凰古城各个景点的所有权是属于地方政府的,古城公司所拥有的仅仅是经营权。Oi(1992,1995,1999)说过,"地方政府公司化的特征是,虽然市场是地方经济的主要部分,但政府的协调和参与仍然存在","地方法团主义是指地方政府即县、镇、村三级政府直接介入经济、担任企业管理者角色的过程,以及各级政府、政党及所辖企业形成一个类似大企业的利益共同体"(转引自徐建牛,2002)。地方政府公司化就是指的地方法团主义。Oi(1998)随后进一步探讨了地方法团主义的进化问题,政府"把扶持的对象和范围扩展、延伸到私营企业,运用对合同及资源的控制以及政府与私营企业之间形成的共生关系,把私营企业整合进了法团主义的框架之内"(转引自徐建牛,2007)。本研究中凤凰县政府拥有旅游资源的所有权,和古城公司签订了景点经营权转让的合同,把古城公司这家私营企业纳入了法团主义的框架。凤凰县政府和凤凰古城旅游公司之间是一种共生关系,是互利关系,县政府追求的是GDP,古城公司追求的是经济利润,二者是一个类似大企业的利益共同体,均以经济利益为目标。可以说从一开始,凤凰县政府和古城公司之间就形成了一种较为平等的共生依赖关系。用政府的话来说政府所做的工作是为旅游企业服务的,政府主要是为龙头旅游企业凤凰古城公司服务的。凤凰县政府文件《2010年旅游产业情况汇报》中写道:"高度重视在凤凰的文化旅游企业发展。积极支持凤凰古城公司做大、做优、做强,发挥其旗舰作用和策划优势,全力支持古城公司加大投入、创新策划和融资上市。"凤凰县政府和凤凰古城公司的政企关系形态正是"地方法团主义"。政府对凤凰古城景区持有所有权和管理权,凤凰古城公司持有经营权,双方共同管理经营古城景区,在凤凰古城的营销宣传中共同付出了很多努力,他们的共同目标都是为了经济利益。凤凰古城公司的门票收入,政府会从中分取一部分。凤凰古城公司的人(F84-D-M)说:"像我们现在148块钱的门票有33块钱是政府的了。"

凤凰县政府和古城公司结成了具有共同利益的地方法团组织。他们之间的合作表现得更为紧密的事件是2013年3月凤凰县政府宣布古城景区收取门票,此举正式终结了凤凰古城的免票时代。2013年3月19日上午凤凰县人民政府在长沙举行凤凰古城景区整合经营规范管理新闻发布会,宣布4月10日起凤凰古城开始收费。用政府的话来说这标志着旅游管理服务新体系开始实施,凤凰县旅游业从对量的追求真正转变为对质的追求。一位凤凰县政府公务员在门票新政执行半年后接受访谈时说:

从4月10日开始收门票,从景点门票变成景区门票,凤凰县政府建立了旅游管理服务新体系,其景区运营管理目标有四点:1.保护古城;2.规范管理;3.提升服务;4.文化回城,让古城重新有文化。2013年"五一"期间有人气,"五一"以后,5月和6月冷清一些,7月、8月、9月就全面恢复了,恢复了传统的旺季。政府采取了学生票20元、对旅行社组团给予优惠的措施来恢复人气……凤凰旅游的发展,过去是增长,现在是发展、求质。从2007年起叶书记就有追求质的发展,有"扩容提质,转型升级"的思想。真正实施对质的追求就是2013年由景点变成景区的旅游管理服务新制度、新体系,其标志是门票新政。(C47-G-M)

门票政策让凤凰成为大众关注的焦点,媒体宣传热度从2013年3月持续到5月,中国国内报纸、美国华语报纸等各类报纸都在持续跟踪和发布这一事件的各种报道,两个多月里以批评为主的负面新闻为凤凰赢得了一片骂名,而骂名却让凤凰2013年的旅游业更为红火,游客人数不减反增。2013年8月叶文智在湖南师范大学给学生讲座时被问及门票门事件,他说道:"从3月19日到5月上旬,媒体都在报道凤凰的门票事件,这是要花几个亿的广告,恶名也是名,凤凰旅游今年以百分之一百几的速度在增长。"根据凤凰县旅游局提供的数据,2013年凤凰接待的游客数量比2012年增加20.2%,2013年游客总人次数为830万人次。

凤凰门票是九景一票制,曾经推行了好几次,但是每次推行都遭到当地旅游商户等旅游业从业人员的反对。2012年7月,在当地政府的支持下凤凰古城公司再次推行团队游客九景一票制,招致一些地接旅行社和组团旅行社的反感,当地从事旅游业的人士也反感一票制;他们反感的原因在于他们认为收取门票是政府加倍维护和偏袒古城公司的表现。不过当地一位旅行社经理(F101-H-M)却表示支持一票制,认为此举有利于凤凰旅游市场整治,但是门票应该解套,实现古城各个景点分别定价,这种收费方式比较合乎游客需求。一位当地某旅行社的导游员(F94-L-M)认为,实施一票制有利于凤凰旅游产品的品质提升,打破以往凤凰旅游产品的低端形象。总的说来,门票政策的推行是给古城公司增加门票收入,从而也是为政府增加了财政收入。

在权力市场关系中还有凤凰当地的旅行社、旅游商户和涉入旅游业的居民,以及旅游出发地的旅行社,他们在宣传凤凰方面也做出了力所能及的努力,传播了凤凰的迷思。就旅行社而言,旅行社常用的营销材料是宣传单,宣传单上的图片往往是由这些元素构成的:沱江、江边吊脚楼、北门城楼、河中渡船、环绕古城的山。当人们看到沱江和吊脚楼等组成的整体画面时,就形成了对湘西凤凰古城的第一眼印象。这些图片表征的就是本真性迷思和边城的迷思,图片里的意境是宁静的、古朴的、美丽的。旅游商户和涉入旅游业的居民向外地人宣传凤凰,说凤凰是很美的地方。有些从事旅游业的居民说本地人纯朴,非涉入旅游业的居民也会这样说。一位拉客坐船的妇女(F63-Z-F)说:"像我们凤凰人还是比较朴实的。我们不会宰客,像好说话的我们不忍心宰他,反正尽量给他优惠,像古城公司的门票不能打折,但是去苗寨、看晚会我们都尽量给优惠,因为希望他下次介绍朋友过来。反正也要赚一点,说实话,只是少赚一点。"还有位凤凰本地人(F78-Q-M)说:"凤凰的山水好,比较漂亮,养育的人比较纯朴好客,有的人跟客人发生争执,真正的凤凰人不会跟客人争执,争执的是外地人。本地人比较纯朴,不会去惹事。可能你在县城里感觉不到,你到农村里去,会叫你吃饭喝茶。"纯朴属于本真性迷思。旅行社、旅游商户和涉入旅游业的居民这几类行动者制造迷思的目的与政府、古城公司是一致的,同样也是为了获取经济利益。

(二)权力、资本和社会三方的共谋

在旅游迷思的制造中,旅游地的权力和资本共谋营造了凤凰的迷思,不仅如此,还有一方也参与了进来,那就是社会力量。社会力量中有旅游者、非涉入旅游业的居民和媒体。媒体对凤凰的传播有出自商业目的,比如广告,也有出于非商业目的,比如新闻节目。非涉入旅游业居民对凤凰的宣传是人际口碑这种形式。旅游者对凤凰的介绍有人际口碑和网络口碑两种形式。去过凤凰的游客既是消费者,又成为了凤凰迷思的合作生产者。在迷思的制造中,各方行动者的加入形成了一个话语阵地,捍卫着旅游迷思。例如,一位凤凰本地人(F30-W-M)对凤凰的描述是:"这里是小镇,不像大城市那么热闹,这里幽静,山水好。"这句话中凤凰的山水美这一点符合事实,可是凤凰真的幽静吗?凤凰事实上已经变成一个热闹的小城。当地居民会捍卫旅游迷思是因为他们支持旅游业的发展。在最开始开发旅游业时凤凰县老百姓持反对态度,到后来发现旅游业让凤凰县城环境变好了,治安好了,解决了就业问题,发展了经济,等等,就都支持旅游业的发展了。本地人(F85-Y-M)说:"规划旅游以后,治安就抓得紧一些","旅游业对于我们凤凰比较好吧,特别是解决了很多待业人员的就业嘛!还是支持旅游业发展的"。涉入旅游业的居民和非涉入旅游业的居民都支持旅游业的发展。

以前好像大家都不理解,现在大家都理解搞旅游。(以前)包括年龄比较大的人都反感,说搞什么搞,开始搞旅游业的时候来的人挺少,好多老百姓讨厌。现在他们都支持。感觉环境挺舒服,干净了,以前就是挺乱、挺脏……现在都支持了。开始那一两年大家都不支持,讨厌,因为我们这边生活环境比较随便嘛。突然变化了就感觉约束了他,就感觉挺难的。不能随地吐痰,他受不了;不能随便扔垃圾,他又受不了,所以就开始反感。但后来慢慢感觉,哎,好啊!不脏了,所以就慢慢支持了。(F66-H-F)

问:您对当地发展旅游业是支持还是反对呢?

答:应该是有两面性的。如果人很多的时候,对这里是有一定的破坏,确切地说,空气质量比较差一点。从优势来说,就是给凤凰带来了经济发展,改变了我们这里的生活环境,比如说苗乡吧,以前都是土屋,现在改成旅游业了,都是靠旅游业发展起来的。(F67-L-M)

我们老百姓关心的就是一年能挣多少钱。我个人还是希望把凤凰旅游搞上去,我们老百姓卖一些东西更好卖一些,人口多的话呢,经济就会搞好一些……我肯定支持(旅游)了。如果没搞起旅游的话,咱们靠近郊区的老百姓生活肯定不会太好,因为凤凰流动人口少的话,我们卖水果价格上不去。1992年的时候凤凰旅游还没搞起来,我在农村种水果,当时水果很难卖,一天卖一百斤水果都卖不了,价格很低,当时我们种了都觉得划不来,每年都期望外地老板来收水果。那时旅游刚开始搞。1992年在宣传旅游,反正沈从文是1982年回来以后就开始宣传旅游,那时候是一些外国的朋友过来……所以说搞旅游还是有好处的,我还是支持搞旅游。现在种了橘子外地老板来收也行,我们自己卖也行,我们自己卖还多得一点钱。如果旅游搞不上去,老百姓生活就不好了。如果凤凰没搞旅游的话,那就差了,因为本身工业就不行,都是些杂七杂八的小矿山、小工业,花垣有个锰矿,烟厂宣传有几个亿,并没有。全是靠旅游,旅游带动全县,如果把旅游这条线掐断了,凤凰很危险……没有旅游的话,餐馆、宾馆都搞不好,服务员没地方去,这些问题一想就知道……我希望旅游搞得好,如果旅游搞不上去,又维持90年代那种状况,那很危险,当时山上树木全部都砍光了,没有煤,只能烧柴,现在你叫他砍柴他都不愿意,要不烧煤、要不烧气,我觉得搞旅游还是好。(F100-T-M)

旅游者对凤凰的宣传作用是超过本地人的。旅游者对熟人描述凤凰很美、很好玩,促使其周边人产生了去凤凰的动机。有些旅游者去凤凰去过多次,依然觉得凤凰很漂亮。旅游者作为凤凰本真性迷思和边城迷思的消费者,在通过实际消费以后,部分地接收和认同了这两层迷思。旅游者在回到出发地以后向熟人圈的传播,是对凤凰迷思的再建构,扩大了凤凰迷思的共享性。

这边的景比较好看,山水好看,建筑还可以,其实凤凰还是很漂亮的,江边,江边的吊脚楼,江边的几个桥啊,都是很漂亮的。这边的景很漂亮,我们也有很多客人来这边拍照,我们做的是影楼生意,我们接了很多网单,有些外地客人想来凤凰玩,就来这边拍一下,说凤凰是大家都比较向往的有民族特色的旅游地点。

问:凤凰符合"凤凰——中国最美丽的小城"这句话吗?

答:我觉得还可以,特别是夜景很漂亮。我最喜欢凤凰沱江的石墩桥,我们叫它石墩桥,上面还有一个虹桥。从石墩桥那里看虹桥感觉很漂亮的,只是虹桥里面都是卖东西的……比较有民族特色嘛,夜景比较好看,白天要看个别的景色,不能看整体的沱江边,整个画面白天没有夜晚好看,沱江上的石墩桥我喜欢。(F76-S-F)

一些去过凤凰的旅游者在叙说凤凰的时候会跟别人说凤凰值得一去,他们向亲人朋友推荐凤凰。下面这位受访者就是这么评价凤凰的:

那个地方确实保留得比较好,古城保留得比较好,那确实。就是说如果他装修的话也是用那种颜色装修的,就是古城的那种颜色。如果漆旧了,也是用那种漆抹一下。就是按照那种样子做的。你去看的话感觉好古老,进去以后里面是新装修的……最出名的还是那个古城嘛!反正大部分人一去的话都是在古城里面,就是在古城那里转一转,坐下船啊,还有夜景嘛,夜景我觉得还值得看一下。夜景还有那个雕塑凤凰,就是那个凤凰广场,那地方值得去一下。(C10-T-M)

在旅游迷思的制造中,旅游者是社会力量中最积极踊跃的一方,不仅向熟人传播了凤凰,还在网络上通过发表博客、帖子等形式向陌生人传播了凤凰,网络媒体发挥了重要的作用,旅游者利用了网络媒体空间这个十分便利和开放的话语阵地发布了信息,他们用文字和照片展现了凤凰,尽管旅游者的本意并不是为了宣传凤凰,主要目的可能是为了在网络日志里保留一个回忆,或者是出于分享或求得关注的心理晒出这段旅游经历,但是还是为凤凰打了免费的广告。凤凰的浪漫迷思就是来自于旅游者的塑造,所谓凤凰是四大旅游艳遇地之一最初并不是官方的说法,也不是来自商家的宣传,而是起源于民间的说法。旅游者在网上写的关于凤凰艳遇的帖子如下:

凤凰古城的网络旅游热度高达120度,超高热,旅游关注度毫无疑问位列网络热门旅游目的地之三甲,与老牌旅游目的地丽江、阳朔平齐。前往凤凰古城旅游的游人如过江之鲫,一拨一拨蜂拥而至,去凤凰似乎正在成为一种时尚,一个方向。去凤凰无须任何借口却有很多很多的理由,去凤凰的理由千千万万,信手拈来排名不分先后就有以下几个大大的理由:有人为走游保存完好的古城;有人为泛舟风景如画的沱江;有人为了解苗家山寨习俗;有人为寻觅湘西剿匪的足迹;有人为揭秘神秘湘西的不解传说……其中,去凤凰最为迷幻的冲动是两个字:"艳遇"。网络炒作"艳遇"的旅游目的地不少,比如丽江、阳朔……更有甚者以"艳遇之都""艳遇之城"自许,而凤凰古城的"艳遇"炒作一点也不甘人后,手法翻新,颇有创意:"等待了千年,只为遇见你"的"艳遇口号"很有感召力!旅游海报《走,到凤凰艳遇去》是不是让人有去的冲动?网络上盛传的"艳遇"故事更是让人真假莫辨拍案叫绝。我们已经在凤凰古城徜徉徘徊了五天五夜了,没有"艳遇";也没有遇见"艳遇"。这正是:人生最痛苦的莫过于艳遇之城邂逅美女,而美女艳遇的不是你!以鄙人的理解:"艳遇"应该是可遇而不可求的事,怎么可以满大街去寻找"艳遇"呢?随缘才是艳遇的真谛,而无心才是艳遇的精髓!据说酒吧才是艳遇集中地,我们决定去酒吧守株待兔,恭候"艳遇"。

(资料来源:新浪博客,走读凤凰古城20:凤凰艳遇,http://blog.sina.com.cn/s/blog_5cf2b87f0100rt0x.html。)

在浪漫迷思的内容里有一个能指就是凤凰的酒吧,因为酒吧在人们心目中的刻板印象是制造艳遇和浪漫气氛的空间,是酒吧的出现为旅游者提供了艳遇的场所,于是旅游者创造了浪漫的迷思。凤凰县目前共有56家酒吧[①],北门城楼对岸沿江的老营哨街就是凤凰各个酒吧最集中的酒吧街。凤凰第一家酒吧是2002年出现的。"凤凰以前没有酒吧,是2002年一个叫毛毛虫的家伙带头开起来的。现在,为了迎合某些人的需要,其中一些酒吧开始放起嘈杂音乐来,破坏了凤凰的宁静"(Air,2006:219)。百度凤凰攻略对凤凰亮点介绍之最后一个亮点(亮点六)就是"等你在凤凰的酒吧",文字描述如下:"晚上的凤凰是个风情万种的美人,时间的沉淀虽让她显得庄严又厚重,但是夜晚酒吧里的灯红酒绿又让她焕发出年轻的激情。这样的矛盾巧妙地组合在一起,怎能让人不感觉到神秘呢?"一些游客对于古城有很多酒吧是接受和认同的。一位游客(F82-H-M)说:"酒吧也还好吧。一个古城,会有一些这样新的东西,确实挺有意思的。我特别喜欢那种音乐餐厅,也会有人抱着吉他在那里唱。它不仅仅是有古老的感觉,还有很多新的文化注入了这个城市里。这些酒吧、西餐厅之类的,也蛮有趣,在一个古城里有这些,感觉有意思。"当浪漫的迷思已经在旅游者群体中传播开来之后,凤凰古城公司也加入了捍卫浪漫迷思的队伍中。凤凰古城公司的董事长叶文智不止一次在公开场合说过,凤凰是艳遇之都。叶文智说:

丽江、凤凰、平遥这三个古城,更多的年轻人喜欢到凤凰。经济能力好、不是很浮躁、沉稳的游客喜欢去丽江,丽江的节奏比较慢,有很多国际酒店和度假村。凤凰比较火爆,凤凰目前是地方市场,客源结构调整是漫长的。凤凰艳遇指数很高,沱江水很浅,可是每年淹死人,因为在酒吧喝多了酒,就到河里游泳,淹死了。凤凰是个让人激情燃烧的地方。2013年5月凤凰吊索桥垮了,是游客看了篝火晚会后很兴奋,兴奋得把桥摇垮了。所以凤凰游客心理沉稳度和丽江是有差别的。现在的游客对黄永玉、沈

[①] 酒吧数量是凤凰县环保局提供的数据。

从文印象模糊了,只把凤凰看作艳遇之都。

(以上资料来自叶文智 2013 年 8 月在湖南师范大学的讲座录音)

凤凰县政府对于浪漫的迷思也进行了传播。凤凰县旅游局撰写的一篇发表在湘西旅游政务网上的文章,其标题是《浪漫时光,情牵凤凰》。文字如下:

从 2 月 13 日开始,青年男女三三两两牵手走过跳跳岩,相机的镜头记录了这一珍贵的时刻,承载在照片上,直到几十年后相纸泛黄。熙熙攘攘的酒吧,在心痴迷离的时间里,偶尔邂逅一场遇见,让生命的光辉得以美丽绽放。沱江边的玫瑰花一路热销,娇艳欲滴的盛放是爱情依偎的见证。凤凰古城是一个满足旅行者欲望的地方,明清建筑群的古典优雅中又透露着后现代文化元素,各种价值交织融合,蜿蜒于湘西迷蒙的水雾中,静默与喧嚣的表象下,凤凰古城的古朴和新锐提供给了人们寻求人生感悟的庇护所。因为沈从文小说里那个令人牵肠挂肚的翠翠,而成为中国最具浪漫色彩的地方。

(资料来源:凤凰县旅游局提供的文稿)

在这里我们可以看到,凤凰地方的权力资本方对旅游出发地的社会采取了一种积极迎合的态度,旅游地是参照旅游出发地的市场需求来制造迷思、塑造旅游地形象的。不过在中国很多旅游地,权力和资本的思维逻辑并不是消费者需要什么,我就卖什么,不是社会建构主义,而是我有什么旅游资源,我就卖什么,是客观主义的思维。但是凤凰的供需双方就达成了很好的互动和配合,共同去营造了凤凰的迷思。消费者与权力资本的互动还表现在网络上的互动。比如,凤凰县旅游局和凤凰古城公司都注册了新浪微博。在微博平台上,旅游者表露了对凤凰的关注,与政府和公司在网络上进行交流。凤凰古城公司的人(F84 - D - M)说:"像现在我们的微博啊、在网站上的互动平台啊很火的,你像我今天才在新浪的凤凰古城公司官方微博上发了一个凉薯,人家就给我转发了 47 条,才说一个凉薯,人家就向往了。"

政府在 2008 年开始采用的旅游话语是"中国最美的小城",但是在此之前,旅行社、旅游者、网络等已经广泛地传播了这个话语,政府放弃使用"天下凤凰"转而使用"最美的小城",这种转变也是对市场的一种迎合。所以,在凤凰迷思的塑造中,权力和资本对消费者采取了一种迎合的姿态,从而推动了新迷思的产生,消费者对于权力和资本塑造的原有迷思也表现出了接受、认同和追捧,权力、资本和社会的互动表现在权力、资本和社会方的消费者这三方之间的互动。媒体和非涉入旅游业的居民也参与了迷思的共谋,非涉入旅游业居民在迷思的制造过程中与权力资本的互动程度很低。媒体面向的是所有的大众,媒体与权力资本的互动表现在:一方面政府和公司在制造迷思的过程中借助了媒体,凤凰古城公司充分利用了各种媒体资源,另一方面,媒体自发地制造着迷思,无形中配合了政府和公司对迷思的塑造,但是被政府和公司借助的媒体所制造的迷思和媒体自发制造的迷思是有区别的。政府和公司利用的媒体所制造的迷思比较单一化,凤凰被塑造成美丽神秘的古镇,媒体自发制造的迷思比较多元化,凤凰被宣传为美丽的古城、沈从文笔下的边陲小镇、浪漫的小城;政府和公司利用媒体所宣传的凤凰形象一定是正面的,媒体自发宣传的凤凰形象既有正面的,又有负面的,负面的报道对凤凰古城的美好迷思有着少许的弱化。政府和公司为制造迷思所做出的努力取得了应有的效果,应该算是比较成功的。

总之,因为有了各类行动者的共同参与,凤凰的迷思才具有长久的生命力。各方行动者在塑造迷思的互动过程中经历了集体传播和集体磨合这两个阶段,导致了第三个阶段——消费者对旅游地着迷。消费者对旅游地的着迷引致了消费者前往旅游地一探迷思究竟的消费实践,消费实践中的旅游体验让旅游者可以强化、更正甚至瓦解旅游者心目中的迷思。旅游者体验后的反馈又会让旅游地的权力和市场部分知晓,旅游地的权力和市场便会对社会行动者(消费者)的评价做出一些反应,对既有的旅游地迷思主题进行调整、更新和增减。旅游地权力和市场对于消费者反馈的反应行动即本书所指的权力和市场对社会行动者中的消费者的迎合。这就形成了旅游地迷思制造到旅游地迷思消费的循环过程。

(三)权力、资本和社会之间的冲突

当地政府、旅游企业和居民虽然看上去是利益共同体,但是各方之间存在利益冲突。王宁(2008:7)指出,"旅游发展至少涉及四方矛盾:管理部门、投资商与涉及旅游供给的当地居民、不涉及旅游供给的当地居民、旅游者。"就凤凰而言,首先是政府和龙头旅游企业凤凰古城公司之间存在冲突,在当地居民和旅游行业经营者看来,政府和古城公司之间的合作这几年出现了一些不协调的音符,"古城公司和政府这两年有点不协调"(F24-T-M)。凤凰古城公司的人说跟政府肯定存在冲突,因为政府和企业的模式不同。

> 跟政府肯定是有冲突的。政府是按照政府的模式,企业有企业的规则,所以发生冲突的时候只有协商。我们经营,政府管理,政府管理就带有大量的政府管理的痕迹,所以无法往前走。我举个例子,文物局局长是县委县政府任命的,县长要文物局局长把老房子拆了,文物局局长必须要拆,因为帽子是他给的,但是我不一样,这个房子是我赖以生存和发展的源泉,我必须得好好地保护它。我只是举个例子,实际上政府的保护意识和开发意识受到大量的流程、政策还有周边一些环境的程序上的约束,做一件事要通过政府,要通过人大,人大同意了才能做,这种监管力度使得它的发展受到一些约束。(F84-D-M)

其次,凤凰古城公司和涉入旅游业的当地居民之间存在较大的利益冲突。凤凰县旅游局原副局长(F12-W-F)就沱江的分段运营讲述了古城公司和居民之间的冲突,双方曾经为此打架,政府出动了上百人去处理此事。

> 因为古城公司只是承包了在沱江河划船的经营权,有些人也在沱江河上经营沱江泛舟,为了这个事情他们还打官司,他们说这个是凤凰的资源,为什么他们(指古城公司)能划我们不能划。我们县委跟他们解释,古城公司已经给我们钱了,这是国有资

产,已经把经营权转让给他们,划船如果是运粮食、运米啊,或者划船玩都可以的,但是做游客生意这个权力是别人买了。如果他们要划船经营游客生意的话,就是在下一段;古城公司是从北门上去划到沈从文墓地那一段。然后他们要划要求也很强烈,要做生意、要挣钱、要糊口,就让他们在下游,跟古城公司划段了。为这个事情,古城公司开始承包的时候,因为很有利益,都打架啊,我们调了上百人的队伍去处理这个事情。(F12 - W - F)

再次,当地居民和政府之间也存在矛盾。当地居民对政府管理存在一些意见,"我感觉管理方面不好,政府管理不好……好多外地做生意的都这样说,各方都感觉政府管理不到位"(F88 - C - F)。有些涉入旅游业的居民谈到政府时流露出失望的情绪,居民希望政府更有作为。

今年不行,人少,而且领导没有心思搞这边,最早腾万翠是很用心的,如果没有她,凤凰的发展至少推迟十到二十年。后来叶书记也是用心的,每天吃了晚饭都在江边转,带着城管、规划部、宣传部的人。现在的主要问题是政府不作为,现在旅游市场正好是火爆的时期,如果还没有认识到这一点,包括这个江也是的……没有领导的重视做不好。没有领导去出面做不好。当时叶州长在这里做,就有实实在在的。现在卫生也是讲了很久,但整治得不行,路面的话明显有这个感觉,到了古城以内就做得好,古城以外就做得不好,古城以内是古城公司的人打扫。水不行,2010年的时候还算可以,现在就更脏了,现在脏很多,原来来几个客人坐到江边是一种享受、一种放松,现在没放水,那个水就有异味,如果在意的话就闻得到,如果游客没有在意的话就感觉不到。昨天我来了几个朋友,就在河边上吃饭,我就闻到水有股臭味。现在最大的期待就是希望政府更有作为。(F87 - T - M)

一名景区环卫工人(F47 - J - M)说:"反正发展旅游业是政府说了算。"凤凰的一位小学老师对政府的不善治理有些看法,他说道:

政府的基础设施建设差,路灯少,沈从文墓地那边就没有,很多本地人都对凤凰感到担忧,觉得政府不怎么管事,不知道凤凰旅游还能做几年。电线都是乱乱的(他指了下宽约1米多的回龙阁小道上低垂的电线),上游管理得好些,下游比较差。现在对老化的电网在更新,所以采用局部停电来更新电网……今年"十一"黄金周你没来,人特别多,是有史以来最多的,政府没管,宾馆价格定得太高,没有限定价格,北门那边床位都要500元/人,游客找不到地方睡,觉得宾馆价格太贵,有的游客就在车上睡一晚。好多游客在网上做了评价,游客说街很窄,比如我们这条街回龙阁,太拥挤了,政府不管。我们对叶红专的评价最高。他做县委书记的时候我们老师每个月的工资不会扣,在他之前是刘昌冈,在他之后是张永中,我们工资都会被扣,其他届领导不管事……现在网上对凤凰当官的评价特别差,看了也非常让人生气。(F38 - W - M)

一位非涉入旅游业的居民希望政府能够平衡处理。"政府这方面一要兼顾旅游,二要兼顾老百姓的实际情况,把它综合起来,平衡来处理,把它处理好,让大部分老百姓满意。如果为了旅游不顾老百姓的利益和游客的利益就不好。旅游富政府。"(F100－T－M)在居民看来,旅游是富政府的产业,而在政府看来,旅游是富民产业,旅游不富政府。

凤凰县涉入旅游业的居民和旅游商户为了金钱利益跟政府、古城公司闹矛盾,曾有座谈会、集会、游行、船工罢工、古街商店集体关门歇业等各类群体性事件。有两位向游客出租服装摄影的居民表露了他们对政府和古城公司的不满,认为政府代表古城公司的利益,不代表老百姓的利益。他们提到政府将摄影、摆摊都卖给了古城公司,这不是实情,古城公司只是收购了景点经营权,包括沱江泛舟。政府限制摊位数量是为了整治旅游环境,居民对此存在误解。

问:您为游客出租服装拍照做了多久?

答:照相三年了,从 2007 年开始的。

问:您的收入怎么样?

答:年收入 15 000 的样子,每年除了生活费还有几千块钱余钱,现在做摄影的人很多。现在政府好像不准我们做了,文件已经出台了,还没实施,听说这两天就会实施。摆银饰的小摊也不准摆,原来摆地摊的苗族老太婆有 1000 多人,1000 人摆摊,现在不准摆了,只有 300 个摊位。摄影、摆摊都卖给古城公司了。政府向着古城公司,因为从公司得到利益,政府代表的是古城公司的利益,不是我们的利益。(F29－Y－M)

问:政府、居民和古城公司之间有矛盾吗?

答:有,和当地政府之间有很大的矛盾,和古城公司也有很大的矛盾。古城公司收购了很多东西,古城公司跟政府的矛盾也比较大。政府把很多经营权卖给古城公司,我们不能做旅游,我们找政府,政府又来压制我们。(F30－W－M)

一些涉入旅游业的居民认为政府总是在偏袒古城公司。一位旅行社老板(F93－L－M)说:"我们凤凰不可能为了一个公司而将整个凤凰旅游作为赌注。""为了一个古城公司我们不可能将整个凤凰的旅游作为私人的形式去做。"他是在表达对政府支持古城公司一票制的不满。

凤凰县政府在 2013 年 3 月推出凤凰古城景区门票政策再次引发了当地居民、商户和政府、公司之间的冲突,也引发了旅游者与旅游地政府之间的矛盾。美国的华语报纸《星岛日报》(*Singtao Daily*)(2013 年 4 月 14 日)A15 版"中国要闻"关于凤凰古城的新闻标题是《热闹凤凰,今变空城:售票后首个周末"多店零入住,船主睡大觉"》,新闻指出,13 日是凤凰古城收费的首个周末,虽然没有此前的商家集体抗议场面,但散客人数明显减少,整座城冷清不少,令客栈老板、农家船夫怨声载道。2013 年 4 月 17 日,网易新闻报道"五一"人们抵制凤凰,相约不去凤凰。新闻原稿载于《青岛日报》,标题是《"不去凤凰"是一种"权利对话"》,新闻指出,微博"大 V"发出倡议,呼吁网友在即将到来的"五一"假期不要去凤凰古城,以抵制收费。倡议发出 24 小时后即收获超过 7 万次转发,包括李开复在内等名人网友转发表示支持。该新闻肯定了网友发起的抵制去凤凰旅游的行为,记者认为汹涌的网络民意正是网民与决策者展开的一场"权利对话"。人们希望通过网络话语权上的诉求表达,来表明对于古城收费的态度。

上述这些矛盾大部分都是出于经济利益,地方政府和古城公司是处于强势的一方,当地居民是处于弱势的一方。尽管各方存在矛盾和冲突,但是这并没有影响到迷思的制造和传播。凤凰的多元化迷思已经获得了大众的认同。

本章小结

"社会建构是建立在集体想象的基础之上的"(Espelt, Benito, 2005)。旅游迷思为旅游者提供了集体想象的素材。迷思的意义不是被简单地发现,而是被生产出来的。旅游地迷思的制造就是对旅游地的社会建构。"某一'地方'(place)之所以成为旅游目的地,成为旅游者消费的对象,实际上是当地政府、旅游开发商与销售商、土著居民(indigenous people 或 host)以及游客共同地、社会性地重构原地方后形成的一个'非真实世界'"(刘丹萍,2008:179)。迷思的作用在于把旅游地指称为理想化世界,迷思的产生基础在于人们将内心的美好世界投射给了旅游地。

凤凰古城的迷思制造存在多方主体,包括政府、旅游企业、涉入旅游业的居民、非涉入旅游业的居民、旅游者、媒体和文学作品。归纳起来,就是权力、资本和社会的集体运作。政治经济力量在迷思制造中遵循的是工具理性,社会文化力量遵循的是价值理性。各方制造迷思的"武器"就是话语,各方行动者的参与组建成了一个话语阵地,各自用话语建构着旅游地的迷思。

迷思是属于集体的。可以说,旅游地方迷思是行动者的互动和协商的结果。权力和资本共谋了迷思,凤凰县政府和龙头旅游企业之间结成了地方法团组织。同时,社会也参与了迷思的共谋,权力和资本对于社会中的消费者群体采取了一种迎合的方式,迷思的积极制造者是政府、企业和旅游者,权力、资本和社会之间的互动使得凤凰的迷思具有了可持续的生命力。最后,本章分析了凤凰当地的权力资本社会关系中,处于强势的一方是政府和凤凰古城公司,当地居民是处于弱势的一方。政府、古城公司和居民之间存在着矛盾和冲突。

第五章　凤凰迷思的消费

凤凰的迷思存在于哪里呢？旅游地方迷思是存在于旅游者的头脑中吗？迷思是存在于旅游广告里吗？迷思是存在于小说里吗？应该说旅游迷思在上述这些地方都有迹可循，根据第五章的讨论可以归纳得知，被制造出来的旅游地迷思存在于两个层次，第一个层次是大众媒体层次（如小说、电影、电视、旅游广告，等等），第二个层次是大众层次（第二层次多半由第一层次引起），即存在于大众的心目中。旅游地方迷思不是客观的东西，它们不存在于旅游景点本身，只能存在于大众媒体和大众心目中。因此，本书第四章在论述旅游迷思的特征时谈论到旅游者关于凤凰这个旅游地的想象，从旅游者想象（旅游想象）的角度论证了旅游地迷思的存在性，实际上说的是旅游地迷思所存在的第二个层次，即旅游者心目中的层次。所以，旅游想象对应的是大众层次的旅游地方迷思。

旅游供应方制造地方迷思是面向旅游消费者的，只有吸引了旅游者前往旅游地消费了旅游产品，地方迷思才实现了存在的价值，所以这一章要讲述的是旅游者对凤凰迷思的消费。旅游者是在旅游过程中消费了迷思。本研究发现，旅游者对迷思的消费可以分为两种类型：一种是建构型消费，一种是解构型消费。先让我们来看一下建构型消费是怎样的一种情形。

第一节　旅游者对迷思的建构型消费

如果从旅游者对沈从文和其作品的认知角度来说，旅游者可以分为两类人，一种是旅游前知道沈从文和他作品的人，另一种是旅游前并不知道沈从文的人。例如，一位来自辽宁的男性游客（F21 - D - M）就说："沈从文？不知道，你说一下嘛！"两位来自河南郑州的游客，在访谈时他们刚到凤凰，刚刚抵达凤凰北门停车场，问及沈从文，其中一位（F25 - Y - F）回答说没听说过。两位去凤凰旅游过的人（C5 - S - M，C15 - G - F）也不知道沈从文。这两种人头脑中所具有的凤凰迷思是不同的。知道沈从文和《边城》的旅游者对凤凰的想象是边城，携带着边城的迷思而到了凤凰；不知道沈从文的游客对凤凰的想象是有着古朴吊脚楼等景观符号的传统古镇，或者凤凰是个浪漫小城的想象，有的是本真性迷思，有的是浪漫迷思。正如一位受访者（C45 - X - M）所说，每个人心目中吸引他去的东西是不一样的。所以，每个人心目中的迷思是不同的。

那么从旅游者的想象和实际旅游体验的情况来看旅游者对迷思的消费，第一种情形就是建构型消费，建构型消费是指旅游者在实地旅游之后确认了迷思。旅游现实和旅游想象基本吻合,或者说基本上达到了甚至超出了事前的旅游期望,旅游者的旅游经历强化和巩固了他心中的那个迷思。下面这些叙述反映了旅游者对迷思的建构型消费。

问:那您觉得凤凰的模样跟营销宣传的模样是一致的吗?

答:至少跟网上宣传的图片是一样的,拍的是实景,不是那种设计美化出来的,是真山真水真东西,那个场景给我的印象是一样,只不过多了一些人,他拍的宣传图片是人比较少,这个应该还算比较一致。至于宣传口号是什么我都忘记了……有些景区它的景观不是具有普遍感染力,只是在某一个视角上给人震撼,但是凤凰的话是整体上能够给人一种视觉上的冲击。就是说一个景区有的地方资源景观不是很突出,只能选择一个视角让人产生一种错觉觉得它很美,它那是一个局部,通过局部打动你。凤凰古城是整体的,它给你的宣传是一个大的轮廓,不是一块碑、一棵树,它就是整个把一湾水、城、吊脚楼、展现在那里,你看的话也是看那个东西,所以我就觉得它是整体的冲击,不是局部的。有些地方宣传跟实际不一样,是因为它那个地方本身整体上并非很有特色,某个局部有,就通过局部来感染你,让你去看,看了之后很后悔。(C41-L-M)

这位受访者认为凤凰的实景跟宣传图片是一致的,唯一的区别是现实中的人数比图片中要多一些。他对凤凰的美丽是持肯定态度的。在他看来,凤凰的美是一种整体上能给人视觉冲击的美,宣传图片拍摄的是真实的整体景观,河水、古城和吊脚楼这些都符合了他事先对凤凰的想象。有一位旅游者也是同样的看法,觉得凤凰的实景和照片是一样的。他的旅游体验是很满意,认为凤凰很美,并且希望以后再去凤凰旅游很多次。

问:您是怎么知道凤凰的?

答:就是在旅行社看见的。

问:那它上面的宣传图片是什么样子的?

答:就画了一幅图,上面写着凤凰古城。然后写了怎么怎么好。那幅图就和这里差不多,就是一个古城,有山和水,挺美的,挺美的。

问:您来了以后看到的凤凰和照片有没有什么出入?

答:基本上都挺像的。

问:能够达到您的期望值吗?

答:能。

问:对于凤凰满意吗?

答:挺满意的。感觉好。

问:好在哪里呢?

答:这边都是别的地方看不到的。比如说古城、建筑,非常有特色。

问:您在这边旅游的话有什么体验和感受啊?

答:就是挺美的。山水和建筑都挺美的,我们山西那边没有这种建筑。

问：您回去以后会推荐您的朋友来凤凰吗？
答：肯定会推荐。
问：您来了第一次以后，下次还会再来吗？
答：愿意。还想来好多次。
问：凤凰有没有让您找到一些不一样的感觉？
答：感觉心里特别爽。（F68-J-M）

一位游客说是外地游客的到来打扰了凤凰当地宁静的生活，夜景的灯光也打扰了凤凰的宁静，古朴的小城变得很现代化，当地人因为经商变得很功利，但是她觉得这是情理之中的事情，她对此持一种宽容的心态。虽说存在这些不足，但是她认为凤凰还是跟闹市不一样，在凤凰会去偏远点的地方，去寻找到沧桑感，总体来说凤凰给她的感觉不错。

感觉我们闯入人家生活，打扰了他们的宁静。我们是喜欢到那种比较偏远一点的地方，比如说很小的地方，瓦上有那个青苔，墙壁上有那种沧桑的感觉，还有那种木质的建筑，哪怕是一个窗户做出那个形状，还有那种阿婆带着那种沧桑感。如果你到江边，会看到臭水沟和垃圾，两旁的建筑物废水都往江里排，比较臭，然后就是晚上江边那种嘈杂的感觉，还有灯光表面上挺光鲜亮丽的，但是光打扰了这边整个的宁静，是光污染。城市里有很多光，到了农村也有这种人为的太多的光，而且很嘈杂，尤其是有蹦迪的声音。来一点叫卖的声音我觉得好。像那种酒吧、宾馆打上一些字啊，或者那种很苍老的地方，木质的砖头、瓦啊、土房啊，突然间打了很亮丽的字，本来很古朴的地方变得很现代化。然后人也变得浮躁一点，就是为了生意变得很刻意、功利性很强，来拉客，到处都有拉客的，当然这也是情理之中的，你得到什么可能就失去什么了。不过总体感觉还是不错的，因为跟闹市不一样，我就说旅游就是从一个你自己待腻的地方到一个别人待腻的地方……融入他们的生活，如果我们可以自己不跟团，就去一个安全一点的农家小舍，住一个简洁一点的地方，可以找一个安静的地方，融入他们的生活，来真正地了解他们的文化，获得一种深度的感觉。（F95-P-F）

一位受访者（C18-M-F）是2007年去的凤凰，说那时候还没有酒吧（事实上2002年就已经有酒吧了），她对凤凰的印象是安静、简单，体验是舒服。"第一眼的感觉，这个镇好古老一样的。第二感觉比较舒服，在那里玩好安静啊！他们空气还可以，周围都是山，晚上很凉快啊……我去的时候那里没有酒吧，感觉挺简单的。第一次去的感觉第一印象还蛮好的。"这位女士对凤凰的回忆是美好的，在她的印象里凤凰是古朴的、安静的、简单的，因为她没有看见酒吧，所以她觉得凤凰当时是很简单的，简单的含义是质朴，这些都让她获得了舒适的旅游体验，她本人对事实上存在的酒吧选择了"视而不见"。

一位受访者（C13-L-M）认为凤凰是有吸引力的，凤凰有沈从文、黄永玉等名人，他们的作品里反映了山城文化和景观，他们自身反映了纯朴智慧的当地人形象；凤凰是有着小桥、流水、人家意境的世外桃源。之所以有世外桃源的感觉是因为在进入凤凰之前会经过重重山路,然后到了凤凰之后感觉到豁然开朗。凤凰的沱江、沱江上的桥和沱江两岸的特色民居,在他眼中构成了小桥流水人家的画面感。一些受访者对凤凰的想象都是用小桥、流水、人家这三个词语来形容的,这位受访者的旅游体验不仅是看到了这样的画面,更用了世外桃源来比喻凤凰。

　　对于沈从文、黄永玉我是知道凤凰以后才知道的,在中国漫长的文明史中涌现了无数璀璨的名人,沈从文、黄永玉并非很有名的名人,只是沧海一粟。不过他们的共同特点是:没有读过很多书,小学还没毕业,却成为大家。沈从文写了《边城》,"文革"期间他被关在牢里,凭着记忆写了十多万字的书《中国服饰文化》。黄永玉是做雕刻出身,然后绘画,集大家之所长。在沈从文的书里,在黄永玉的画里,都能看到当地的山城文化,看到地方民族风情,沱江河、吊脚楼,在他们身上反映了湘西人民淳朴、睿智的形象。去凤凰如果不走吉首到凤凰那条高速路,而是从长沙到怀化再到凤凰,会有一种不同的感受。开车时经过怀化窄窄的、七拐八弯的山路,然后到凤凰进入相对平坦的地区,看到这个地理环境相对闭塞的山中小城,从山路弯弯转眼看到凤凰的古城,会有豁然开朗的感觉,有如读到陶渊明的世外桃源的那种感觉,看到凤凰的沱江,沱江上的小桥,沱江两岸很有地方特色的民居,这就是小桥、流水、人家的意境。(C13-L-M)

　　很多旅游者都听过凤凰是中国最美的小城这句话语,一些旅游者都表示凤凰可以称得上最美之一这个评价。美是凤凰吸引力的一个主要构成要素,但宣称为中国最美是渲染和夸大,不过还是有旅游者对最美表示接纳和认可。

　　问:凤凰有一些口号,比如"凤凰——中国最美的小城",听过吗?
　　答:有印象。
　　问:是导游说的还是?
　　答:在简介上看到了。就是旅游行程单上介绍的。
　　问:您觉得来了这里之后,它能符合这句话吗?
　　答:还配得上吧。算是最美的之一吧。很多小城已经没有那种古代建筑了,这也可能是现在复原了,好多小城像民族特色啊没有了,这里好多都是原来的,看着就和别的地方不同,是少数民族聚居地嘛,跟其他地方还是有很大不同的,称为最美也是有原因的嘛!首先跟人文有关,本地的少数民族苗族、土家族,他们的生活习惯、穿着打扮比较有特点吧……另外那个沱江还有周边的建筑,觉得都还不错。(F65-H-M)

　　听说是中国最美的几大小镇之一,江西有那个婺源吧,福建有那个长汀。也没怎么想象,网上很多图片都看了,吊脚楼啊,我觉得挺好的,湘西本来就很神秘,有吊脚楼,土家族人口也比较多,那里跟想象中一样很漂亮。想在脑海里的画面就是吊脚楼啊、漂亮的江水啊、民族风情很浓啊。凤凰的美首先表现在它的建筑。总体来说还是不错。意境还是有,边城小镇、小桥流水、跳石,小船在江面上走,如果人少一点,感觉真好。沱江泛舟感觉江边的房子还是蛮漂亮,那个古塔还是不错。这个城市有历史,不是打造出来的,人文历史非常深厚,毕竟这里是沈从文的老家……"凤凰是中国最美的小镇之一"这个口号好,更有吸引力。中国人崇洋媚外,这是新西兰作家说的,而且本来福建长汀什么的,也确实很有名气。网上不是到处都是放那个帖子嘛!一生之中必去的十大古镇啊、古村落啊,类似这个意思,其中凤凰也在,长汀也在,婺源也在。(C36-W-M)

凤凰的商业化是让凤凰丧失本真性和边城意境的主要原因。凤凰的商业化虽然是事实,可是仍然有一些旅游者认为凤凰的总体感觉还是质朴的,本地人是质朴的,再加上凤凰有着宁静的清晨,所以凤凰还是一个美丽的小城。这样的描述为凤凰的本真性提供了确凿的证明。正如这位受访者(F40-Y-M)所言,"感觉这里的人还是很质朴,遇到的人还挺好,民风淳朴,问他们一些事情很耐心,尽管他们都已经是做生意的人了。"尽管凤凰开发过度,但是在部分旅游者眼里还是瑕不掩瑜,这种遗憾不会阻碍到对凤凰的喜爱。有一位(F32-Y-M)说道:"来了之后感觉很好,对绘画、摄影的人来说这里是大场景、大场面,是水墨味很重的江边小镇。我喜欢凤凰,特别喜欢凤凰,绘画的人都喜欢仿古的东西。有点小遗憾就是开发太严重了,失去了独有的特色、味道,它原有的特色应该是宁静、世外桃源的感觉。"

问:如果要您用一句话概括凤凰的话,您会怎样概括?
答:凤凰还是个美丽的小城。
问:您能认同它是中国最美的小城吗?
答:这个就算不上吧。什么东西都冠以最美、最好,这个可能算不了吧。
问:美在哪?
答:感觉它还是质朴。
问:质朴?您刚才不是说它已经商业化了吗?
答:商业化归商业化,但是总体这个小城还是趋于质朴的啊。
问:您觉得它质朴是表现在什么方面呢?
答:首先是人,小城里面最重要的还是人,我觉得凤凰的本地人还是质朴的,应该来讲任何一个风景区都是这样的,本地人还是质朴的,外来人口把这个原本质朴的地方变成了喧嚣。
问:除了质朴以外,还美在哪里?
答:还有一个就是宁静。关于宁静,我看过凤凰的一幅沱江边的画,你现在站在虹桥上面拿相机拍沱江两边的吊脚楼,拍出来的还是非常宁静的感觉。只从相片上看,没有喧嚣。到现场的话,就是我刚才说的临近清晨,就是比早上还早一点。如果7点人多的话,就6点甚至是5点,没有人的时候去看,就看到凤凰最原始、最质朴的一面。其他时候都已经被浓郁地商业化了。(C26-L-M)

商业的氛围大了以后,再纯朴的人可能都会有那么一些趋利心理,不过不是特别多,但是总体感觉起来在那里买东西还是蛮好,不会像别的地方会宰得很厉害,我觉得没被宰,价格还是能接受,所以我觉得那里的人还算比较纯朴。(C31-L-F)

不少旅游者都评价凤凰当地人淳朴，认为凤凰民风朴素。现代性让人与人之间变得情感淡漠，而来到凤凰这样一个边陲小镇旅游可以看到的淳朴人民正是旅游者想努力寻找的本真性。有些旅游者甚至为了寻找淳朴的当地人，会走进不做生意的当地人家里去，跟当地人聊天。下面这位受访者就是这样子刻意寻找的。

你真的想感受的话，还是趁一个上午或者一个下午，跑到一个没有做生意的人家里面去，因为他们的门都是敞开的，不像城里面关着门的那种，基本上都很公共化，很质朴的那种感觉，进去找他的话跟他们扯上几句，这样比从导游那里了解到的可能要好一些，反正各有优劣吧。（F96－L－M）

有的旅游者对凤凰的实际感受比原本想象得要好，有的旅游者说比想象中要好很多，获得了很多惊喜，他们的旅游感受高于旅游期望，所以他们的心情很愉悦。这类人的满意度是最高的。

我觉得环境真的很好，比我想象中的好很多，因为很多旅游小镇的卫生都不好，它那里的卫生情况让我觉得挺好，保持得挺好，没有因为旅游开发造成很大的污染；还有就是那边的民风还是挺淳朴的，在那边买东西啊，或者是问路其他的，他没有说想骗你或者宰客之类的，没碰到。我是一个很喜欢水的人。我整个印象最大的就是在那里租了只小船，在那个河里玩，两个人坐一个船，跟旁边的船打水仗，我觉得那一小段旅行是非常愉快的，出来玩当然要放宽心嘛！反正我最喜欢的还是那个河，那个石墩子桥，那个吊脚楼。那个石墩子桥我觉得很好玩，我还去了其他地方，比如看他们民族风俗的表演，什么踩尖刀，还有一些……凤凰美啊，我觉得很美……我觉得好玩啊，很值啊。虽然很多地方没去，比如苗寨没去，觉得远了嘛，有点可惜没去，他们说那个地方很好玩，然后其他地方的话我觉得都挺快乐的，参观那个古街、江城，拍了很多照片。凤凰还有一段是新城，新修的广场，还不错。七七八八地逛，印象最深的还是沱江……凤凰古城本身让我高兴。因为它给我很多惊喜。我没想到这么好玩，我之前认为就是到处逛逛，这个景点看看，那个景点看看，但是我那次有玩的感觉，不仅仅是参观的感觉。（C37－L－F）

问：您来之前对凤凰有什么想象吗？
答：就是像云南大理的小镇那样比较有民族风情吧。
问：您来了以后感觉凤凰和您的想象是一样的吗？
答：因为我当初也没有看凤凰的照片，也没有很具体的想象，大概就是有一个概念在那里面，来了之后觉得这里超过了我想象的样子，比我想象的要好。（F72－Y－F）

来了之后我感觉很好啊！尤其是第一天，我好兴奋哦！真的好兴奋啊！这里跟洛阳很不同，洛阳没有水，这里有河；洛阳到处是平原，建了高楼，这里沿山建了很多城楼，建了吊脚楼。小桥、流水、人家、少数民族风情，这种感觉很好呢！（F15－Y－F）

还有的建构型消费者在凤凰旅游时有一种很强的融入感，比如说在一些游客眼中凤凰是古朴的，但是在有的游客看来，还不仅仅如此，他还会有一种穿越回古代的感觉,这说明他很好地融入了当时的旅游情境中。

> 凤凰就是一个小镇。去了以后就像去了古代,就像演戏的里面古代房子都是木的,那里都差不多,有木头、石砖和木板,晚上打了彩灯挺好看的……它里面还有酒吧,酒吧里面都是木的,桌子和凳子都是木的,把酒瓶都串起来吊着,很多彩灯……好像那边没有什么变化,跟市区相差太远,像古代一样……住的地方就是古代的,房间里面的装饰,床上的被套就是古代一样的,就像以前老人家住的地方。那个客栈就是从凤凰有条小街里面进去。里面还有磨墨的东西,都是像古代的。它里面还有个小池,养着鱼,就跟别墅差不多。去的话真的很像去了古代,那些饭馆和小吃的招牌都写得像古代在那里卖东西一样。(C33 - H - M)

"文本决定论学者认为,当一个人相信某一话语或意识形态,或者是继承了某一文化时,这个人在行事时就会追求他的行为和这些话语或文化之间的一致性"(赵鼎新,2006:217)。所以建构型消费正好是这样的情形,当一个旅游者选择了相信旅游地的某一个迷思时,这个人在旅游地旅游时就会追求他的旅游体验行为与他心目中迷思之间的一致性,于是就有了建构型消费。所以说,建构型消费的旅游者在旅游体验过程中会寻找与迷思相符合的元素,会凝视与想象中接近的景物,对于打破了美好期待的负面事实(比如过度商业化)会采取一种宽容的态度,对于与心目中迷思不相符合的东西还会装作没有看见。在他们的描述中,凤凰总体上是美好的,维护着凤凰的美丽形象。这类旅游者类似于把头埋在地下的鸵鸟,他们相信着他们愿意相信的迷思,他们忽略了他们不愿意看见的真相,他们寻找着与事先期待相符合的一致感。鸵鸟型旅游者注定是快乐的,他们的满意也成全了迷思的扩散和传播。

第二节 旅游者对迷思的解构型消费

第二种类型的旅游消费者与第一种类型是截然不同的。建构型消费是对迷思的确认,解构型消费是迷思没有得到确认,实际的旅游体验与旅游想象不一致,存在着较大的差距。旅游者的旅游感受没有达到旅游期望,旅游者的旅游经历削弱甚至瓦解了他心中的那个迷思。在解构型消费中迷思是被解体的。下面的旅游者描述反映了对迷思的解构型消费。旅游者在出发前曾在电视里看到过凤凰,电视里的凤凰给他印象很好,而到了凤凰实地旅游之后感受就不好了,凤凰给他一种乱糟糟的感觉。

> 我感觉有点失望……嗯,一般。我就说没什么新奇感,给我印象没那么深刻。没啥意思……到现场的话就感觉不太好了,在电视里我看着挺好。电视里挺好,到实际就不怎么的。我来之前,在我的印象中是一个古朴的小镇,来了以后不太像,人太多了,乱得很,乱糟糟的。它其实就是有点乱,在我的印象里很古朴,但现在感觉已经进入商业化那种,现在感觉乱,人也多。就少了原汁原味。我不知道沈从文写的什么,但是跟文化有关,我感觉这里文化气息少了,更多的就是商业化的,内在的东西少,感觉

文化气息太少了。这个城市现在已经感觉太商业化了,因为你进那种小巷道里面,他们的老太太、老头儿都开始做生意了。他们的生活已经开始商业化,感觉那种古朴的生活已经没有了,当地人没有田园生活,很少,小孩子也在卖东西,商业化气息太浓厚,都开始搞旅游做生意……乱!一个字,乱!一个千年古镇不应该是这样子的,它应该搞得古朴一点,沈从文写了文章,不应该是这个样子,这里经济可能也没有,就是靠旅游、商业,也是没办法,只能搞这些商业。(F92-W-M)

旅游者对凤凰的期待是一个很古朴的小镇,但是凤凰的实际景象是浓厚的商业化、人多杂乱,凤凰缺乏文化气息,缺少原汁原味,当地人的生活不再古朴,这让旅游者感觉到失望,有关凤凰的本真性传统社会的想象被现实击碎了。同样的,有旅游者(F76-S-F)在谈到凤凰的实际和宣传的出入时讲道:"我觉得太商业化了,宣传的是一个民族化的、比较神秘的、不那么现代的地方,不会有那么多商业的东西在里面,比较淳朴。现在改变了。"有的旅游者将凤凰想象为有独特民族风情的古镇,但是旅游者的实际感受是凤凰没有展现出民俗和历史这些最特色、最本质的东西,看不到传统的民俗,只能看到外观,却看不到内在。在这些旅游者的期待里,他们希望看到的是一个传统的地方。

凤凰旅游就是人多。一个人多,一个天热,人山人海,然后还一个感觉,一圈都是山,山中间有一个古城,也是很不错的。一路看过来,都是山,到这里看见留下一个古城。我们看过很多这个,包括宏村西递啊、周庄啊、西塘啊、甪直啊、同里啊、苏家角还有乌镇。周庄、同里都是苏州那边的,这些地方都去过。它里面都有这些民俗展啊,凤凰这边还没有民俗。这里空的房子,没有给人去看一些民俗,比如说苗族和土家族的发展历史,路边很多房子可以开发开发搞起来嘛。这边没有,最特色的东西、最本质的东西没有。没有看到传统的东西,只是公示的东西,它的历史发展、生活演变这些方面的东西没有。很多地方比较规范的,开发比较深度的,就都有。因为所谓古镇嘛,跟水乡一样有水有老房子,一个地方要有自己的特色嘛,特色是在沱江两岸,但是沱江两边很多房子都是新建的。而且说这个地方是苗族人聚居地吧,他们也好像完全汉化了,没有他们民族自己的特色,就像中国其他的城市,走到哪里房子都一样,就是方方正正的楼房。

问:那如果要您再来一次凤凰您还愿意吗?
答:仅此一次。不会来第二次。(F73-Z-M)

凤凰的商业气息掩盖了凤凰的古朴风貌和文化气息,这让一些旅游者感觉到索然无味。有的旅游者对凤凰表达出了一种很不满意的情绪,认为凤凰只是空有其名,凤凰让其不满意的地方有:商业化气息太重,沱江河水很脏,民居的本地特色缺乏。这些批评中,第一点是事实,第二点反映了沱江的问题,沱江水的确存在污染,污染源主要是江边的餐馆,但是应该说还没达到很脏的程度。至于民居特色,古城老街的民居是徽派建筑,不是本地特色,不过这些建筑是凤凰历史上的引进产物,是历史遗存;而沱江沿岸的吊脚楼群还是鲜明地代表了地方特色。在贵州等省也可见到吊脚楼,湖南永州江华的瑶族人民所居住的也是吊脚楼。但是,湘西凤凰的吊脚楼与其他地区吊脚楼的区别是:凤凰的吊脚楼是木柱子插立于沱水之中,贵州等山区的吊脚楼是建筑在山地之上,不是临水而居。所以水边吊脚楼群是凤凰的一大特色。

下面这位游客同样也是讲述了凤凰民居缺乏特色,商业气息太重,在凤凰旅游就是购物,还说到凤凰环境差、沱江水质很差。

你是说凤凰有什么吸引力吧!说吸引力,我直接告诉你,湖南没有别的地方可以旅游,只有张家界和凤凰值得玩。这次我们3个人中只有1个人没来过,我们2个陪她过来玩的。我觉得凤凰一般,因为我去过的地方多。比如说乌镇,浙江乌镇和凤凰风格不一样,来凤凰旅游主要是购物,景点没什么看头,和那边比起来风景真没什么看头,民居的特色不是很浓郁,乌镇那边、江南那边,建筑艺术好些,没有全部开商铺,是到人家的生活中去,而这里就是来购物,像逛商场一样,商业化气息太重,乌镇那边商业的气息淡一些。我还去过同里,同里在上海附近,和乌镇差不多,是江南水乡。凤凰的环境太差,水质很差,河里脏兮兮的,和乌镇、同里比相差太远,民居的风格也没有保存得很好,缺乏一种味道。民居是民居,但是没有体现湖南民居的特色,江浙那边有当地民居建筑特色;江浙那边修好民居后没有开商铺,是住着人,而这里是开商铺,商业气息太重,没意思……我知道凤凰有沈从文、黄永玉、熊希龄,来了以后知道这里是他们的故里,就像去韶山看毛泽东一样。韶山没味道,名人故里搞得那样,一切都是经济的罪。韶山的毛主席纪念堂,就是卖铜像,还说什么日月同辉、杜鹃花开。稍微懂得点科学的人都知道,太阳和月亮在北方早晨的天空同时出现是很常见的事情,可是旅游商家却把这个事神话了,为的就是把你口袋里的钱掏出来,骗那些没有多少文化知识的人。从旅游的角度来说,名人是一个卖点,一个亮点,一个题材,就像西高村曹操的高陵墓,但是凤凰本身的历史文化价值不多,凤凰的运气好,出了沈从文。这段时间新闻里说名人故里之争,李白、诸葛亮、关羽,当地用这个亮点开发旅游,拉动经济。真正本身有内涵的东西太少了。现在挣钱不容易,干吗出来花钱呢?还不如在家里待着,省钱买房子……除非很特殊的情况,比如要陪朋友才来。我不会再来凤凰了,一辈子都不会再来了。很多地方我去过一次后,不会去第二次。凤凰就是声名远播,名气大,名声响,大家找不到其他可去的地方就去了。(F51-Q-M)

过度商业化是凤凰迷思折射性的一种体现,也是给旅游者带来负面体验的最主要原因。人们希望看到的是没有被现代化的凤凰古城,可惜的是凤凰已经过度商业化、已经被现代化了。在全球化、现代化、商业化的大背景下,一个边缘地想要保持古朴性和原始化本就是中心地旅游者的一厢情愿罢了。即便不开发旅游业,边缘地也会逐渐现代化、商业化;只是旅游业成为了加速边缘地商业化和现代化的推手。凤凰古镇作为边缘地,它在旅游的影响下分别处于"全球化和本土化""现代性和传统性"的两种张力之中。然而,旅游迷思会竭尽所能地掩盖边缘地商业化和现代化的事实,旅游者的实地亲身体验就让真相显现出来了。下面这位受访者说凤凰旅游最明显的感觉就是商业化元素太多,在凤凰旅游就如同逛街,希望古城可以规划出生活区,而不是像现在这样全部是商业区。

感觉到一个就是商业化元素很多,这是我感觉到最明显的。比如说你看见的大街小巷全部都是卖东西的。没有一片纯粹的……你要做一个古镇,我当时的想法,作为一个我这种性格的游客的想法,不代表大家的啊,是我觉得作为一个古镇,你当然有商业区这是肯定的,你要以此来支撑古镇的发展,支撑你的经济,这是必然的。但是你不能把它整个变成商业区。你看凤凰的商业区和生活区完全没有任何界限了,像没有生活区一样的,几乎所有的生活区里已经混杂了太多商业了。我觉得商业氛围比较浓。如果你去了那里,你不是很早起来在沱江边走一走或者在沱江里泛泛舟,你可能根本感觉不到这是来了凤凰,你可能是换了个地方在逛街一样的这种感觉。商业化的元素是太多了。觉得以后可以适当考虑规划一下商业区和生活区。或者说一部分是纯商业的,一部分是纯景观性质的,这样别人想去放松的可以去……苗寨一日游,我觉得这个真是没有太多感觉,我说得很直接一点,苗寨很商业化,它已经没有以前苗寨的特色了。每进一个苗寨的门口,都会有人唱歌欢迎你,唱那么热情的欢迎你的歌,脸上却没有任何欢迎的表情,只有一脸的麻木。哎呀!我站在那里的时候我只想笑,唱那么热情的歌,脸上却是一脸的麻木,这让我心里情何以堪嘛!(C27－G－M)

还有一些游客对于凤凰古城喧闹的酒吧表示反感,认为酒吧太吵或者太多,或者认为酒吧与古镇的古朴风貌形成了冲突,"既然是古镇,就应该宁静一些,不应该吵闹"(凤凰预调研42位)。在企业和政府的营销话语和宣传图片里凤凰的酒吧是不存在的、是被掩盖的现实,在网络宣传中酒吧也是被美化的,如百度凤凰攻略中说酒吧让凤凰焕发年轻的激情。一位中青年男性游客(F51－Q－M)表示不喜欢古镇里有酒吧,他喜欢中国传统的东西,喜欢安静的地方。他说:"丽江的酒吧蛮多的,跟凤凰这边差不多;而乌镇、同里基本上没有酒吧。我不喜欢酒吧多的地方,喜欢有中国传统特色的东西,喜欢安静的地方。"一位受访者(C45－X－M)根据自己多次的凤凰旅游经历描述了凤凰从20世纪80年代到2010年以后这30年间的变化。他最强烈的感受是凤凰不再宁静,变得很吵闹。凤凰的喧闹也是解构型消费中旅游者想象与现实的差距所在。

二零零几年凤凰就有酒吧,虹桥桥头的酒吧是最早的一个酒吧。80年代、90年代都没有酒吧。整体上来说变化很多,景观、建筑有变化,新建了旅游接待设施、餐馆、酒店、旅游工艺品店,过去很少,现在过去那么多游客,过去人很少,哪方面都在变化,特别强烈的感受是因为旅游开发原来的那种宁静没有了,大部分时间段都不是宁静的。我最近去的两到三次都是闹哄哄的,白天晚上那么多游客,晚上吵主要是在沱江边,主要是酒吧。我们去年几个人还专门开了一个船,晚上开船,转了一圈,显然不是原来的印象,人多、特别吵、商业化程度重,古城里全是旅游纪念品,好多都不是凤凰特色和当地特有的。(C45－X－M)

一位女性受访者(C6－Z－F)是2006年去的凤凰,她的凤凰体验是消极的,感觉

图5-1 凤凰的一家酒吧

一般,因为她觉得游人太多、已然商业化,没意思。另一位女性受访者(C7-L-F)也是同感,她是2010年"十一"期间去的凤凰,是自助游的方式。她认为凤凰这类地方主要因为有人文价值而有吸引力,但是那里商业化气息太重,"十一"期间人也太多,凤凰太喧闹,她表示不想再去第二次了。还有一位女性受访者(C9-Z-F)对凤凰的回忆也是感觉一般。解构型消费迷思的旅游者在寻找验证迷思的旅途上遭遇了挫折感和失望感,迷思没有得到确认,旅游现实和旅游想象存在着差距,而且这种差距也被他们自己人为地放大了,他们是一群放大镜型旅游者,理想和现实的差距被放大了,旅游中的不如意也被放大了,如此一来,放大镜型旅游者注定是苦逼的,他们的旅游体验证明了迷思的存在。当他们寻找本真性迷思的时候,发现边陲地凤凰已然商业化了,于是会寻找下一个更好的边陲地去凝视本真性的他者,可是边陲地只要开发了旅游业就都会变得越来越商业化,诚如一位游客(F36-Y-F)所言:"这里的感觉和《边城》的描述不一样,那种很美很美、很清澈、比较原始的感觉没有了;不过旅游区一开发,商业化之后就都是这样的,污染严重。"所以本真性越来越边陲化,本真性的旅游地越来越边远。

旅游者都带着迷思去了凤凰旅游,为什么会出现两种截然不同的消费情形呢?本章最后在此对导致不同迷思消费结果的原因进行一下探索性的分析。第一,旅游者心目中的迷思存在着差异,对于同一个旅游地,旅游者或许会形成关于它的不同的迷思。在这个意义上,旅游地的迷思可以是多元的。有的旅游者携带着本真性迷思,有的旅游者抱有边城迷思,有的旅游者知晓的是浪漫迷思。其中边城迷思是最难得到确认的,因为翠翠无法寻觅,纯净的边城也很难寻找;本真性迷思可以得到一部分确认,如传统的吊脚楼、纯朴的当地人,这些在凤凰可以看到,但是宁静的氛围难得一见;浪漫的迷思也可以得到部分确认,比如作为浪漫迷思的能指——酒吧,在凤凰可以见到很多家。所以,不同的迷思带来了不同的消费结果。

第二,旅游者是按照旅游地的迷思来形成关于旅游地的期望的。不同的旅游者在旅游之前所抱有的期望是不同的。有的旅游者期望值比较高,有的旅游者期望值中等,有的旅游者期望值较低。旅游的实际体验与期望的差距越大、期望值越高的旅游者往往失望越大,这种旅游消费其实就是对迷思的解构型消费;相反,旅游地越是符合旅游者心目中关于旅游地的迷思或想象,旅游者往往就越惊喜。期望值越低的旅游者往往能获得意外的惊喜,这种关于旅游地迷思的消费属于建构型消费。

第三,由于旅游地的迷思可能是多元的,因此,不同的旅游者事实上可能只是其中某一种迷思的携带者。但是,他们所持有的关于旅游地的地方迷思还必须跟他们的性格特征或消费偏好结合起来。旅游者的个人偏好会影响到旅游迷思的消费。

第四,旅游者旅游时的心情会影响到旅游体验和迷思的消费。旅游者在旅游体验中的心情,对于迷思消费和旅游体验应该都是有影响的。例如,一位受访者(C13 – L – M)说:"旅游的心情很重要,心情好时,风雨过后就是风景,看到的风雨也是风景;心情不好时,风景在眼中就是风雨。"所以,当旅游者拥有好的心情时,更容易获得积极愉悦的旅游体验,对迷思更倾向于建构型消费;当旅游者的心情不佳时,会获得不愉悦的旅游体验,对迷思更倾向于解构型消费。上述期望、偏好、心情这三方面的原因均属于旅游者个人的因素。

第五,出游时间、旅途中遭遇的服务、旅途中各种事件都会影响到迷思的消费。第五类原因是影响旅游迷思消费的环境因素和外在条件因素。例如,出游时间段为出游高峰期的节假日,凤凰古城人满为患,这让一些旅游者发现迷思与现实的反差,因为凤凰古城的宣传图片和视频大多都是展示凤凰古城宁静、静谧的美感;如果旅游者在旅游途中遇到劣质的服务,遭遇不愉快的事件,这些都会导致旅游者产生不愉快的感受,这些旅游者预期之外的负面因素会冲淡旅游者对旅游地美好的印象和感知,进而影响着旅游者对地方迷思的消费。

本章小结

本章评析的是旅游者消费迷思的特征。旅游者带着迷思到了凤凰,在实际的旅游体验中,旅游者对凤凰迷思的消费可以分为两种类型。有一类旅游者的旅游现实和旅游想象是比较一致的,美好的迷思得到了确认,对于破坏美好想象的元素采取了忽略和宽恕,这一种属于建构型消费,这类旅游者可以比喻为鸵鸟型旅游者。他们在旅游体验中收获了愉悦感,或者说相对于第二种情形鸵鸟型旅游者更容易获得愉悦的旅游体验。

另一类旅游者的旅游现实和旅游想象是很不一致的,他们心目中的迷思没有得到确认,对于旅游地的商业化、人多喧闹的事实,他们批评抱怨,他们无形之中把想象和现实的差距拉大了,他们对迷思是解构型消费。第二类旅游者可以比喻为放大镜型旅游者。他们的旅游体验是完全不快乐或者部分不快乐的。对于他们来说,凤凰只是一个曾经隐隐约约存在过、未来将不复存在的"静止的乌托邦"罢了,迷思成为了"死去的隐喻"(dead metaphor)。他们的旅游消费证明了迷思是存在的。本章最后对导致迷思消费出现不同情形的原因进行了剖析,影响到旅游者迷思消费的因素有旅游者心目中的迷思主题、旅游者个人的因素(期望、偏好、旅游心情,等等)、外在条件和环境的因素。本书所列举的这些影响迷思消费的因素还有待今后通过实证研究加以检验。

第六章 结语:古城迷思的建构主义讨论

一、研究的基本结论

旅游地具有吸引力不仅是因为旅游地的客观主义属性,还因为旅游地具有社会属性,在社会属性中有一个属性是迷思属性。旅游的地方迷思是给旅游地着魅,让旅游地具有了持久的吸引力。旅游的迷思存在于人们的想象和建构中,旅游地也是社会想象的和社会建构的。凤凰地处湘西,处于武陵源山区这一国家重点扶贫区域,从地理位置和经济发展情况而言是边缘地。旅游者的出发地是中心社会,是被去魅的现代性社会,现代性是好恶交织的。作为旅游目的地的凤凰属于边陲社会,关乎凤凰的美好想象是对中心社会的不足和缺憾的弥补与满足。边缘地的社会现实是持续地从核心地的视角被建构和表征的。边陲地社会依附着核心社会,迎合着核心社会,按照核心地的想象来塑造自己的迷思。

从迷思的四个特征可以论证凤凰古城的确是存在迷思的。凤凰的第一个迷思是相对于现代性黑暗的一面而建构的传统性理想社会的迷思,是边陲地的本真性迷思,包括本真性的物质文化、人和氛围。本真性迷思是对旅游地的理想化、浪漫化和纯粹化,中国的边陲地大都具有本真性迷思,本真性迷思是因为现代社会的旅游者将想象中的理想化世界投射给了边陲地社会。第二个迷思是来自于沈从文的文学作品《边城》的迷思,凤凰被集体想象成沈从文笔下的边城,是一个纯净、纯真的地方。第三个迷思来自于旅游者的情感需求,有些旅游者期待在凤凰这样的边陲小镇遭遇爱情,还有的旅游者希望通过凤凰之旅获得小资的身份感,这类迷思称为浪漫的迷思。所以,地方迷思是多元化的,有着歧义性的,迷思与迷思之间会相互重叠或者相互竞争,必须克服那种一个地方只有一个迷思的观念。

凤凰城的迷思是由多方行动者共同制造的,包括地方政府、旅游企业、当地居民、旅游者和媒体,沈从文和他的文学作品也是制造迷思的一个重要力量。迷思的制造是对旅游地的社会建构。在塑造迷思的过程中各方讲述了各自的话语,地方政府先后采用过"神秘古城,天下凤凰"和"中国最美的小城"这两个宣传话语。旅游企业凤凰古城公司是凤凰古城的开发商、生产商和最大的营销商,公司的营销话语是"梦回故里,凤凰古城"和"为了你,这座古城已等了千年"。媒体呈现的凤凰是宁静、古朴、美丽的,网络媒体对凤凰的宣传是最美的小城和沈从文笔下的边城。旅游者和居民传播的凤凰是一个值得一去的地方。沈从文和其文学作品塑造了边城凤凰。地方政府、旅游企业和涉入旅游业的居民是制造迷思的政治经济行动者,旅游者、媒体和非涉入旅游业的居民是制造迷思的社会文化行动者。政治经济力量遵循的是工具理性,无机制造了迷思,社会文化力量遵循价值理性,有机制造了迷思。政治经济力量中的地方权力和资本,二者的关系形态是地方法团主义,凤凰县政府主导了旅游业的开发和发展,将景点经营权卖给了凤凰古城公司,凤凰古城公司的营销把凤凰古城很好地推向了市场,政府和企业共谋了迷思。社会这一方也参与了迷思的共谋,旅游者、媒体和非涉入旅游业的居民都传播了凤凰,其中旅游者是表现得最为积极而且掌握了一定主动权的群体,旅游者既是迷思的消费者,又是迷思的合作生产者,凤凰的浪漫迷思起源于旅游者的口碑传播,后来凤凰古城公司也说凤凰是艳遇之都,政府也在网站上宣传凤凰具有浪漫色彩,权力和资本对社会方的消费者采取了迎合的姿态,消费者也接受和认同权力与资本制造的迷思,三方之间存在着互动,权力、资本和社会三方共谋了凤凰的迷思,共同捍卫着凤凰的迷思。尽管地方权力、资本和社会之间存在着冲突,但是冲突并没有妨碍到迷思的塑造。

迷思的消费方是旅游者,旅游者在消费凤凰的迷思中表现出了两种不同的类型,一种是建构型消费,一种是解构型消费。在建构型消费中迷思得到了确认,旅游者的旅游现实与想象比较接近,这类旅游者对于与美好想象中不一致的元素采取了一种宽容的心态,用视而不见的态度来淡化和忽略,这种旅游者是鸵鸟型的旅游者,可以获得快乐的旅游体验,他们的正面评价强化了凤凰的迷思。在解构型消费中迷思没有得到确认,旅游者发现了想象与现实存在较大的反差性,遭遇了失望感和挫折感,想象和现实的差距会无形中放大,这种旅游者是放大镜型旅游者,只能获得不愉悦的旅游体验,他们的旅游体验和旅游描述证明了迷思的存在,他们心目中关于凤凰的迷思被解构了。旅游者心目中的迷思、旅游期望、消费偏好,旅游者心情、旅途中各种外在因素导致了迷思消费出现不同的情形。

以往的文献关于旅游地迷思的研究存在着一些不足,表现在:缺乏迷思概念的操作化定义,缺乏对迷思制造的具体过程和机制的分析,缺乏对迷思的消费过程的分析。本研究弥补了这些不足,首先给出了迷思的清晰界定,对迷思的构成进行了维度分析,指出迷思的四个维度是人为性、共享性、自然而然化和折射性。这四个方面中自然而然化是沿用了迷思学鼻祖巴特思的理论,人为性、共享性和折射性都属于本研究的归纳。其次,分析了迷思制造的社会过程,分析了权力、资本、媒体、居民和游客在迷思制造过程中的作用,权力、资本和社会三方共谋了地方迷思。最后,分析了迷思的消费过程分为两类,建构型消费是对迷思的确认过程,解构型消费是对迷思的解构过程。

二、政策建议

旅游的地方迷思来自于人们对一个地方的集体想象,是人们将想象投射给了某一个地方而促成了迷思的产生。通过对凤凰古城的地方迷思的研究,发现凤凰古城的过度商业化是凤凰迷思折射性的最大表现。虽说迷思一定是有反差性的,想象和现实总是存在着反差,但是过于巨大的反差就会导致迷思的死亡。凤凰的本真性迷思和边城

第六章 结语：古城迷思的建构主义讨论

迷思面临着被商业化现实解构的威胁，虽说商业化并不全是负面的，商业化也有其好的一面，但是过度的商业化会破坏古镇景观应有的文化氛围，并给旅游者带来不好的感受。完全地去商业化是不可能的，而且完全没有商业化也会让一部分游客失去兴致，所以凤凰古城急需考虑的问题是如何减少商业化。可以采取的措施有：第一，减少当地的商户。古城内处处都是商户的景象给旅游者带来了在凤凰旅游如同逛街的感受，应该减少古城区的商户数量，规划出一部分生活区，让社区居民和景区融合，让旅游者可以看到当地人的真实生活。第二，鼓励当地居民从事非旅游业和非商业工作。凤凰的人人经商让旅游者感受到浓郁的商业化气息，当地政府要切实实现山上山下、城区乡村同步富裕的目标，鼓励更多居民从事农、林、牧、渔等传统性行业，让一部分本地人保留传统的生活方式。

除了过度商业化这个问题，凤凰古城还存在人多喧闹和沱江污染等问题。在宣传凤凰的图片里，凤凰是只有景观而没有游人的，塑造了宁静、静谧的本真性迷思，而凤凰的现实是游人很多，在节假日里人山人海，十分热闹喧哗，酒吧和夜晚的各色灯光更是强化了喧哗的印象，旅游者并非不希望看到有游客，有些旅游者希望看到景区很有人气的场面，但是游客太多、古城巷道水泄不通，这样的场景给人的感受必定不佳；酒吧和沱江沿岸夜景灯光也是可以存在的，很多游客还表示喜欢看凤凰的夜景，但是酒吧的数量和灯光的亮度也要控制在适度的范围内，酒吧太多就会使得古城太过吵闹，灯光太多太亮就破坏了古城的神秘性和古朴性。另外，旅游者对凤凰的期待是山清水秀，希望看到清澈的沱江水，沱江是凤凰古城景观的灵魂，可是沱江水已经被污染，不仅有垃圾，而且有异味，这会让旅游者感觉到失望。这些问题也会导致凤凰迷思的逐渐死亡，也需要由政府加强管理，予以解决。

本真性迷思是凤凰第一层次的迷思，本真性迷思并非凤凰的独有现象，在中国的一些边陲地都具有本真性迷思，这类迷思也叫边陲迷思。现代性技术摧毁了人们对很多美好事物想象的空间，本真性迷思是因为现代社会的人们将美好想象投射给了异地，本真性迷思给旅游出发地的人们创造了想象的空间。地方迷思是可以移动的，凤凰的迷思可以被投射到凤凰以外的其他地方。当凤凰的本真性迷思被彻底解构以后，人们会建构出比凤凰更好的边陲地，就会到下一个边陲地进行着寻找本真性迷思的怀旧旅游。不过遗憾的是，中国的边陲旅游地越来越商业化，本真性迷思的投射地越来越边陲化，游客的到访会使得新的边陲地商业化，现代大众旅游使得人们理想中的本真性边陲地越来越少了。

以往旅游迷思研究中所涉及的那些旅游目的地或景区，如美国尼亚加拉瀑布、美国葛底斯堡、英国的湖区、尼泊尔的香格里拉、中国的香格里拉，第三世界国家如中国、埃及、印度、土耳其、泰国、古巴、斐济、哥斯达黎加、牙买加、厄瓜多尔、肯尼亚、纳米比亚，等等，都是存在迷思的。中国除了凤凰、香格里拉，其他一些旅游地或景区也是存在迷思的，例如丽江、西双版纳、西湖，等等。这些地方存在着怎样的迷思，迷思是怎样被制造和消费的，或者迷思是怎样形成、发展和发生作用的等新的研究问题，有待学界的进一步探讨。

三、本研究的不足之处

这里先要予以说明的一点是，在调研中笔者从未用过迷思这个术语，因为迷思这个词语对于普通大众来说是非常难以理解的，所以只能从旅游想象、旅游体验、旅游地和旅游吸引物的吸引力、旅游营销话语等方面去挖掘旅游地方迷思。

由于存在着主观和客观方面的条件制约，整个研究过程都是笔者一人独自完成，实地调研、访谈资料的誊写、访谈资料的分析等环节都是不大容易的，一人之力毕竟有所不及。首先，本书在理论的抽象和理论提升方面做得还不够。其次，在具体研究细节和研究内容方面，本研究尚存在着以下这些不足之处：第一，在凤凰实地调研中与一些旅游者的访谈没能做到深度访谈。因为旅游者在凤凰旅游的时候时间有限，受访的旅游者并不愿意在访谈中花费很多时间，这导致事先设计好的一些问题未被提及。还好在长沙做调研时，深度访谈了去过凤凰旅游的人，只是某些受访者对旅游经历的回忆不及现场旅游者被访时那样具体详尽。第二，与当地最大的旅游企业凤凰古城公司的接触比较有限。凤凰古城公司受访的人士不多。虽然访谈到了从凤凰古城公司最开始经营景区时就担任公司管理者的关键人物，并且进行了两个多小时的深度访谈，但是如果能够联系到该公司更多人士进行调查，那么获取的资料会更加详尽。第三，对于制造迷思的权力资本和社会之间互动的分析还属于初步的研究。由于受到调研的限制，受访的旅游者多数表示自己除了对于景区的不满意之处曾经进行过投诉或者是在凤凰门票新政推出之后曾经在网络上表示过反对或议论，其他情况下和当地政府、旅游企业之间并不存在着互动行为。所以在互动分析这一块让笔者感觉到力所不逮。在后续研究中，需要对上述的不足之处予以弥补。我们对旅游迷思的认识也将逐步深化。

参考文献

[1] Air夫妇.逐梦·凤凰[M].北京:中国人民大学出版社,2006:4.

[2] 白凯,郭生伟.旅游景区共生形象对游客重游意愿及口碑效应影响的实证研究——以西安曲江唐文化主题景区为例[J].旅游学刊,2010,25(1):53-58.

[3] 百度百科.神话[EB/OL].http://baike.baidu.com/subview/3562/5341379.htm.

[4] 百度百科.天下凤凰[EB/OL].http://baike.baidu.com/view/1525843.htm.

[5] 百度旅游.目的地攻略·凤凰[EB/OL].http://lvyou.baidu.com/fenghuang.

[6] 保继刚,楚义芳.旅游地理学(修订版)[M].北京:高等教育出版社,1999:72.

[7] 柴海燕.国外旅游网络口碑研究进展述评:2004—2011[J].旅游科学,2013,27(3):84-90.

[8] 陈丽坤."范式争鸣"在旅游研究中的应用——以"本真性"旅游研究为例[J].旅游学刊,2013,28(1):30-38.

[9] 程鹰,王美怡.凤凰城[M].广州:广东旅游出版社,2001:43.

[10] [法]茨维坦·托多罗夫.象征理论[M].王国卿,译.北京:商务印书馆,2005:3.

[11] 崔庆明,徐红罡.野象的迷思:野象谷人——象冲突的社会建构分析[J].旅游学刊,2012,27(5):49-56.

[12] 董培海,李伟.旅游、现代性与怀旧——旅游社会学的理论探索[J].旅游学刊,2013,28(4):111-120.

[13] [法]E.迪尔凯姆.社会学方法的准则[M].狄玉明,译.北京:商务印书馆,1995:25-34.

[14] 范诚.本色凤凰[M].长沙:岳麓书社,2011:231.

[15] 方海川.景观及旅游景观特征探讨[J].乐山师范学院学报,2002,17(3):101-104.

[16] [瑞]费迪南德·D.索绪尔.普通语言学教程[M].高名凯,译.北京:商务印书馆,1996:101-102.

[17] 凤凰县志编纂委员会.凤凰县志[M].长沙:湖南人民出版社,1988:20.

[18] 凤凰古城旅游有限责任公司,湖南新闻图片画报社."凤凰古城"全国摄影大奖赛获奖作品集[M].北京:中国旅游出版社,2003:1.

[19] 红网湖南频道.湘西凤凰县:天下凤凰之"凤凰"模式[EB/OL].http://hn.red-net.cn/c/2007/05/25/1211765.htm.

[20] 胡抚生.国外旅游吸引物理论研究综述[J].北京第二外国语学院学报(旅游版),2008,30(3):31-37.

[21]湖南省旅游局.湖南导游词(下册)[M].长沙:湖南科学技术出版社,2008:453-455.

[22]胡婷婷.民族旅游区导游的民族文化传播研究——以湖南凤凰县为例[D].武汉:中南民族大学,2009.

[23]互动百科.边城[EB/OL].http://www.baike.com/wiki/边城.

[24]蒋原伦.媒体文化与消费时代[M].北京:中央编译出版社,2004:95.

[25]匡离离.爱城:凤凰旅行新概念读本[M].长沙:湖南文艺出版社,2005:186.

[26][英]理查德·豪厄尔斯.视觉文化[M].葛红兵,译.桂林:广西师范大学出版社,2011:82-99.

[27]李巍.关于旅游地形象的认知心理研究——以南京市为例[D].南京:南京师范大学,2004.

[28]厉新建.文化旅游、旅游凝视及其他[J].旅游学刊.2013,28(11):8-10.

[29]梁自玉.文化变迁与旅游业发展研究——以湘西凤凰县为例[D].北京:中央民族大学,2007.

[30]林志明."《神话——大众文化诠释》导读"[M]//[法]罗兰·巴特.神话——大众文化诠释.许蔷蔷,许绮玲,译.上海:上海人民出版社,1999:1-7.

[31]林南枝,陶汉军.旅游经济学[M].天津:南开大学出版社,1994:32.

[32]刘丹萍."旅游地形象的社会建构"[M]//王宁,刘丹萍,马凌,等.旅游社会学.天津:南开大学出版社,2008:178-201.

[33]刘录护."旅游社会学中的主要理论视角"[M]//王宁,刘丹萍,马凌等.旅游社会学.天津:南开大学出版社,2008:28-48.

[34]刘焱.基于博客平台的游客满意度评价研究[D].长沙:湖南大学,2012.

[35]刘振礼,王湘,等.中国旅游地理[M].天津:南开大学出版社,1988:4,5,13.

[36]刘凤玖.湖南凤凰[M].北京:中国旅游出版社,2006:1.

[37][法]罗兰·巴特.神话——大众文化诠释[M].许蔷蔷,许绮玲,译.上海:上海人民出版社,1999:17,95-223.

[38][美]罗伯特·K.殷.案例研究:设计与方法[M].周海涛,李永贤,张蘅,译.重庆:重庆大学出版社,2004:2,10.

[39][德]马克思·韦伯.学术与政治:韦伯的两篇演说[M].冯克利,译.北京:生活·读书·新知三联书店,2005:29.

[40]马凌."旅游吸引物"[M]//王宁,刘丹萍,马凌,等.旅游社会学.天津:南开大学出版社,2008:165-175.

[41]麻根生.凤凰·张家界黄金指引[M].广州:广东旅游出版社,2007:93,95,218.

[42]马蹄声.沧桑凤凰[M].北京:作家出版社,2010:152,154.

[43][英]迈克·费瑟斯通.消费文化与后现代主义[M].刘精明,译.南京:译林出版社,2000:208.

[44]糜华菱.沈从文的凤凰城[M].北京:中华书局,2007:82,97.

[45]糯糯.名人故里营销:只有充分利用资源配置,才能鲜活——专访凤凰古城旅游有限责任公司总经理彭耀根[J].建筑与文化,2011,8(5):92.

[46]彭丹.论旅游体验中的符号及其解读[D].大连:东北财经大学,2005.

[47]彭丹.旅游体验研究新视角:旅游者互动的社会关系研究[J].旅游学刊,2013,28(10):89-96.

[48][美]Strauss,Anselm,Corbin,Juliet.质性研究概论[M].徐宗国,译.台北:巨流图书公司,1997:26.

[49]沈从文.边城(汇校本)[M].金宏宇,曹春山,汇校.武汉:长江文艺出版社,2009:1-20.

[50]沈从文.边城·湘行散记·湘西[M].桂林:漓江出版社,2003:142.

[51][英]斯图尔特·霍尔.表征——文化意象与意指实践[M].徐亮,陆兴华,译.北京:商务印书馆,2003:15,19,153,164,181.

[52]搜狗百科.凤凰县[EB/OL].http://baike.sogou.com/v8721631.htm.

[53]孙九霞,王心蕊.丽江大研古城文化变迁中的"虚无"与"实在":以酒吧发展为例[J].旅游学刊.2012,27(9):73-83.

[54]汤素兰."本色人带你看本色凤凰(代序)",范诚.本色凤凰[M].长沙:岳麓书社,2011:4.

[55]王宁.试论旅游吸引物的三重属性[J].旅游学刊.1997,12(3):56.

[56]王宁.消费社会学——一个分析的视角[M].北京:社会科学文献出版社,2001:247.

[57]王宁.代表性还是典型性?——个案的属性与个案研究方法的逻辑基础[J].社会学研究.2002,17(5):123-125.

[58]王宁.个案研究的代表性问题与抽样逻辑[J].甘肃社会科学.2007,23(5):1-4.

[59]王宁,刘丹萍,马凌.旅游社会学[M].天津:南开大学出版社,2008:2-18.

[60]伍正翔.从"祛魅"到"附魅":教学设计的范式转换[D].长春:东北师范大学硕士论文,2006.

[61]向洁.跟着从文游湘西——论沈从文文学"湘西世界"与湘西旅游之形象定位及营销[J].湖北第二师范学院学报.2009,26(10):9-11.

[62]谢丁.旅游产业与欠发达地区县域经济的耦合发展研究——以湘西凤凰县为例[D].长沙:湖南师范大学硕士学位论文,2010.

[63]谢彦君.基础旅游学(第二版)[M].北京:中国旅游出版社,2004:121,122.

[64]谢彦君,谢中田.现象世界的旅游体验:旅游世界与生活世界[J].旅游学刊.2006,21(4):13-18.

[65]徐建牛."企业家"还是"经济人"?——专业镇成长过程中地方政府角色的个案研究[D].广州:中山大学,2002.

[66]徐建牛.后地方法团主义——市场转型过程中乡镇政府经济行为的制度分析[D].广州:中山大学,2007.

[67] 游多多旅行网. 中国经典古镇丽江·凤凰·平遥·丹巴自助游[M]. 北京:人民邮电出版社,2010:60,90,130.

[68] 张敦福. 瑞泽尔消费社会学研究的核心主题:一个批评性论述[J]. 社会科学. 2007,28(3):62-69.

[69] 赵玉燕. 惧感、旅游与文化再生产:湘西山江苗族的开放历程[M]. 兰州:甘肃人民出版社,2008:172-174.

[70] 赵红梅,董培海. 回望"真实性"(authenticity)(下)——一个旅游研究的热点[J]. 旅游学刊,2012,27(5):13-22.

[71]《中国凤凰》编写组. 中国凤凰[M]. 北京:五洲传播出版社,2010:170-178.

[72] 赵鼎新. 社会与政治运动讲义[M]. 北京:社会科学文献出版社,2006:217.

[73] Alhemoud, Abdulla M, Armstrong, Edward G. Image of Tourism Attractions in Kuwait[J]. Journal of Travel Research. 1996, 34(1): 76-80.

[74] Ateljevic, Irena. Representing New Zealand: Tourism Imagery and Ideology[J]. Annals of Tourism Research. 2002, 29(3): 648-667.

[75] Andriotis, Konstantinos, Mavric, Misela. Postcard Mobility: Going Beyond Image and Text[J]. Annals of Tourism Research. 2013, 40(1): 18-39.

[76] Bednar, Bob. Snapshot Semiotics[EB/OL]. http://www.southwestern.edu. 1999.

[77] Berger, Peter L, Luckmann, Thomas. The Social Construction of Reality: A Treatise in the Sociology of Knowledge[M]. New York: Anchor, 1967:1,64,67.

[78] Berger, Peter L, Luckmann, Thomas. The Social Construction of Reality: A Treatise in the Sociology of Knowledge[M]. New York: Doubleday, 1966:172.

[79] Bignell, Jonathan. Media Semiotics: an Introduction[M]. Manchester, New York: Manchester University Press, 2002:23-26.

[80] Brann, E T H. The World of the Imagination: Sum and Substance[M]. Savage: Rowman &Littlefield, 1991:546.

[81] Brown, David. Genuine fake[A]// Selwyn, Tom. The Tourist Image: Myths and Myth Making in Tourism[M]. Chichester: Wiley, 1996:44.

[82] Chronis, Athinodoros. Between Place and Story: Getysburg as Tourism Imaginary[J]. Annals of Tourism Research. 2012, 39(4):1797-1816.

[83] Crang, Mike. Book Review: The Tourist Image: Myths and Myth Making in Tourism[J]. Progress in Human Geography. 1997, 21(3):450-451.

[84] Culler, Jonathan. Semiotics of Tourism[J]. The American Journal of Semiotics. 1981, 1(1-2):127-140.

[85] Dann, G. The People of Tourist Brochures[A]// Selwyn, Tom. The Tourist Image: Myths and Myth Making in Tourism[M]. Chichester: Wiley, 1996:61-82.

[86] Devinney, M Timothy, Auger, Pat, Eckhardt, M Giana. The Myth of the Ethical Consumer[M]. New York: Cambridge University Press,2010:1-5,164.

[87] d'Hauteserre, Anne – Marie. Politics of Imaging New Caledonia[J]. Annals of Tourism Research. 2011, 38(2):380 – 402.

[88] Echtner, M Charlotte. The Semiotic Paradigm: Implications for Tourism Research[J]. Tourism Management. 1999, 20(1):47 – 57.

[89] Echtner, M C, Prasad, P. The Context of Third World Tourism Marketing[J]. Annals of Tourism Research. 2003, 30(3):660 – 682.

[90] Espelt, ria Gal? Nu', Benito, Antonio Donaire Jose. The Social Construction of the Image of Girona: a Methodological Approach[J]. Tourism Management. 2005, 26(5):777 – 785.

[91] Franklin, Adrian. Tourism as an Ordering : Towards a New Ontology of Tourism[J]. Tourist Studies. 2004, 4(3): 277 – 301.

[92] Gao, Bo Wendy, Zhang, Hanqin, Patrick L'Espoir Decosta. PHANTASMAL DESTINATION: A Post – modernist Perspective[J]. Annals of Tourism Research. 2012, 9(1): 197 – 220.

[93] Gartner, C William. Image and Sustainable Tourism Systems[A]// Salan Wahab, John J Pigram. Tourism, Development and Growth: the Challenges of Sustainability[M]. London, New York:Routledge, 1997:179 – 196.

[94] Gilbert, David. 《London in all its Glory—or how to Enjoy London》: Guidebook Representations of Imperial London[J]. Journal of Historical Geography. 1999, 25(3): 279 – 297.

[95] Girardelli, Davide. Commodified Identities: The Myth of Italian Food in the United States[J]. Journal of Communication Inquiry. 2004, 28(4):307 – 324.

[96] Goulding, Christina. Grounded Theory: A Practical Guide for Management, Business and Market Researchers[M]. London · Thousand Oaks · New Delhi: SAGE Publications, 2002:4.

[97] Herbert, David. Literary Places, Tourism and the Heritage Experience[J]. Annals of Tourism Research. 2001, 28(2):312 – 333.

[98] Hopkins, Jeffrey. Signs of the Post – Rural: Marketing Myths of a Symbolic Countryside[J]. Geografiska Annaler. Human Geography. 1998, 80(2):65 – 81.

[99] Hunter, William Cannon. A Typology of Photographic Representations for Tourism: Depictions of Groomed Spaces[J]. Tourism Management. 2008, 29(2):354 – 365.

[100] Hutt, Michael. Looking for Shangri – la: from Hilton to Lamichhane[A]// Selwyn, Tom. The Tourist Image: Myths and Myth Making in Tourism[M]. Chichester: Wiley, 1996:49.

[101] Leiper, N. Tourist Attraction Systems[J]. Annals of Tourism Research. 1990, 17(3):367 – 384.

[102] Johns, Nick, Clarke, Valerina. Mythological Analysis of Boating Tourism[J]. An-

nals of Tourism Research. 2001,28(2):334 - 359.

[103] Knudsen, C Daniel, Rickly - Boyd, M Jillian. Tourism Sites as Semiotic Signs: a Critique, Research Notes and Reports[J]. Annals of Tourism Research. 2012,39 (2):1252 - 1254.

[104] Lew, Alan. A Framework of Tourist Attractions Research[J]. Annals of Tourism Research. 1987,14(4):553 - 575.

[105] MacCannell, Dean. The Tourist: A New Theory of the Leisure Class[M]. Schocken Books, 1976:108 - 109.

[106] MacCannell, Dean. The Tourist: A New Theory of the Leisure Class[M]. Berkeley. Los Angeles. London :University of California Press, 1999:42 - 46.

[107] Markwick, M. Postcards from Malta Image, Consumption, Context[J]. Annals of Tourism Research. 2001,28 (2):417 - 438.

[108] McEwan, Cheryl. Paradise or Pandemonium? West African Landscapes in the Travel Accounts of Victorian Women[J]. Journal of Historical Geography. 1996,22(1): 68 - 83.

[109] Norton, Andrew. Experiencing Nature: the Reproduction of Environmental Discourse through Safari Tourism in East Africa[J]. Geoforum. 1996, 27(3): 355 - 373.

[110] Oi,Jean. Fiscal Reform and the Economic Foundation of Local State Corporatism in China[J]. World Politics. 1992,45(1):99 - 126.

[111] Oi,Jean. The Role of the Local State in China's Transitional Economy[J]. China Quarterly. 1995,144:1132 - 1149.

[112] Palmer, Catherine. Tourism and the Symbols of Identity[J]. Tourism Management. 1999,20(3):313 - 321.

[113] Pigram, J. Outdoor Recreation and Resource Management[M]. Beckenham: Croom Helm, 1983.

[114] Rakic',Tijana, Chambers, Donna. Rethinking the Consumption of Places[J]. Annals of Tourism Research. 2012, 39(3):1612 - 1633.

[115] Qu,Hailin, Kimb, Hyunjung Lisa, Im, Hyunjung Holly. A Model of Destination Branding: Integrating the Concepts of the Branding and Destination Image [J]. Tourism Management. 2010,31(2):1 - 12.

[116] Salazar B. Noel. Tourism Imaginaries: A Conceptual Approach [J]. Annals of Tourism Research. 2012,39(2):863 - 882.

[117] Salazar B. Noel, Graburn, H. H. Nelson. Tourism and Its Imaginaries through an Anthropological Lens[M]. Oxford: Berghahn, 2013:1 - 10.

[118] Santos,Carla Almeida, Belhassenb,Yaniv, Catona,Kellee. Reimagining Chinatown: An Analysis of Tourism Discourse [J]. Tourism Management. 2008, 29 (1): 1002 - 1012.

[119] Santos, Carla Almeida. Framing Portugal: Representational Dynamics[J]. Annals of Tourism Research. 2004, 31(1):122 – 138.

[120] Scarles, Caroline. The Photographed Other: Interplays of Agency in Tourist Photography in Cucso, Peru[J]. Annals of Tourism Research. 2012, 39(2):928 – 950.

[121] Selwyn, Tom. The Tourist Image: Myths and Myth Making in Tourism[M]. Chichester: Wiley, 1996:21,28.

[122] Storey, John. Cultural Theory and Popular Culture[M]. Pearson, Longman, 2009: 118 – 125.

[123] Trauera, Birgit, Ryan, Chris. Destination Image, Romance and Place Experience—an Application of Intimacy Theory in Tourism[J]. Tourism Management. 2005,26(4):481 – 491.

[124] Urry, John. The Tourist Gaze: Leisure and Travel in Contemporary Societies[M]. London: Sage Publications, 1990.

[125] Urry, John. Consuming Places[M]. London: Routledge, 2002:196 – 219.

[126] Wang, Ning. Vernacular House as an Attraction: Illustration from Hutong Tourism in Beijing[J]. Tourism Management. 1997,18(8):573 – 580.

[127] Walder, Andrew. Local Governments As Industrial Firms: An Organizational Analysis of China's Transitional Economy[J]. American Journal of Sociology. 1995,101(2):263 – 301.

[128] Wang, Ning. Rethinking Authenticity in Tourism Experience[J]. Annals of Tourism Research. 1999,26(2):349 – 370.

[129] Wang, Ning. Tourism and Modernity: A Sociological Analysis[M]. New York: Pergamon, 2000:52,71.

[130] Wilson, David. Book Review: The Tourist Image: Myths and Myth Making in Tourism[J]. Progress in Tourism and Hospitality Research. 1998,4(2):179 – 180.

附录1 访谈提纲

一、游客访谈提纲

(一)未去过凤凰的潜在游客——长沙调研

1. 您知道凤凰吗?去过凤凰吗?您是怎么知道凤凰的?(亲戚朋友的推荐,旅行社的宣传,杂志、报纸、电视、网络、广播等媒体的宣传,等等)有没有看过关于湘西或凤凰的影视剧和电视节目?听过关于凤凰的歌曲吗?您认为凤凰是怎么出名的?

2. 您从上述途径了解到的凤凰是什么样子的?描述一下看过的凤凰图片。别人对凤凰是怎么评价的?

3. 凤凰在您心目中是一个什么样的旅游地?您对凤凰是怎么想象的?请详细叙说一下。

4. 您愿意去凤凰旅游吗?(若回答"愿意",追问:为什么想去凤凰?并问下面三个问题)

5. 您去凤凰之前会在网络上浏览相关介绍和信息吗?

6. 您去凤凰旅游会以何种形式过去?是自己一个人还是跟家人、朋友一起或者参加旅行社的团队旅游?会在那边待多久呢?

7. 您去凤凰希望获得哪些体验,找到哪些感觉?

8. 您听说过沈从文吗?沈从文是什么人?知道沈从文是凤凰人吗?他写了哪些书?读过他的书吗?听说过凤凰的其他名人吗?(黄永玉、熊希龄,等等)

9. 读过《边城》吗?看过《边城》那部电影吗?《边城》写的是哪个地方?(若回答"凤凰",追问:为什么?)沈从文和他的《边城》对凤凰的旅游有作用吗?是先知道沈从文还是先知道凤凰?您觉得会有人专门为了沈从文和边城而去凤凰吗?您自己呢?您会去参观沈从文故居和沈从文墓地吗?

10. 知道国内的其他古镇吗?(丽江、平遥、婺源、周庄、乌镇、阳朔、洪江,等等)觉得最有名的是哪个?最向往去哪里?

11. 中国有四大旅游艳遇地,这个说法您听过吗?

12. 湖南省最有名的景点是哪几个?列举出前三个。

13. 请最后总结一下对凤凰的想象。

(广州访谈人数很少,受访者没去过凤凰,访谈参照上面这个提纲。)

(二)正在凤凰旅游的现实游客——凤凰调研

1. 您是怎么知道凤凰的？（亲戚朋友的推荐,旅行社的宣传,杂志、报纸、电视、网络、广播等媒体的宣传,等等）有没有看过关于湘西或凤凰的影视剧和电视节目？听过关于凤凰的歌曲吗？您认为凤凰是怎么出名的？

2. 您从上述途径了解到的凤凰是什么样子的？描述一下看过的凤凰图片。别人对凤凰是怎么评价的？

3. 在您来凤凰之前对凤凰是怎么想象的？请详细叙说一下。

4. 您为什么选择来凤凰旅游？是什么促使您来凤凰旅游的？

5. 您是哪天到的凤凰？准备在这里停留几天？来凤凰前去了别的旅游地吗？接下来会去别的地方旅游吗？

6. 您在凤凰游览了哪些地方？玩了哪些地方？玩了什么项目？古城九景您最喜欢哪几个？除了凤凰古城,还会去周边的景点吗？

7. 您对凤凰的感觉如何？您在这里旅游是什么心情？在凤凰获得了什么样的感受？凤凰给您怎样的旅游体验？

8. 您觉得凤凰古城漂亮吗？历史和文化底蕴如何？本地居民纯朴吗？

9. 您是自己自助旅游还是通过旅行社安排的旅游行程？同什么人一起来旅游的？同游的人对凤凰的评价如何？

10. 您以前来过凤凰吗？来过凤凰几次？（若回答"两次"及以上,追问:这几次感觉凤凰有变化吗？有什么变化？上次是什么时候到的凤凰？）

11. 听过关于凤凰的宣传口号吗？（"为了你,这座古城等了千年","凤凰——中国最美的小城","神秘湘西、魅力凤凰","神秘古城、天下凤凰"）凤凰被宣传为怎样的形象？凤凰的实际样子与宣传口号相符吗？

12. 您在凤凰的感受和体验与您去之前对凤凰的想象有差异和区别吗？（若回答"有",追问:差异和区别有哪些？为什么会出现这种不一致呢？）

13. 您来凤凰旅游觉得满意吗？为什么满意或不满意？回去后会推荐别人来凤凰吗？

14. 以后还想再来凤凰吗？想来或者不想再来的原因是什么？（若回答"还想再来",追问:下次采取什么旅游方式？在凤凰住多久？）

15. 您听说过沈从文吗？沈从文是什么人？知道沈从文是凤凰人吗？他写了哪些书？读过他的书吗？听说了凤凰的其他名人吗？（黄永玉、熊希龄,等等）

16. 读过《边城》吗？看过《边城》那部电影吗？《边城》写的是哪个地方？（若回答"凤凰",追问:为什么？凤凰的实际模样和《边城》有出入吗？能找到《边城》的意境吗？）沈从文和他的《边城》对凤凰的旅游有作用吗？是先知道沈从文还是先知道凤凰？您觉得会有人专门为了沈从文和边城而来凤凰吗？您自己呢？您去参观了沈从文故居和沈从文墓地吗？

17. 听过和去过国内的其他古镇吗？（丽江、平遥、婺源、周庄、乌镇、阳朔、洪江,等等)(若回答"去过",请其将凤凰和去过的其他古镇做个比较。若回答"没有",追问:向往去哪里?)

18. 中国有四大旅游艳遇地,这个说法您听过吗?
19. 您对凤凰旅游今后的发展有何意见和建议吗?
20. 请最后总结一下对凤凰的印象和感受。

(三)曾经去过凤凰旅游的有经历的受访者——长沙调研

1. 您知道凤凰吗?您是怎么知道凤凰的?(亲戚朋友的推荐,旅行社的宣传,杂志、报纸、电视、网络、广播等媒体的宣传,等等)有没有看过关于湘西或凤凰的影视剧和电视节目?听过关于凤凰的歌曲吗?您认为凤凰是怎么出名的?

2. 您从上述途径了解到的凤凰是什么样子的?描述一下看过的凤凰图片。别人对凤凰是怎么评价的?

3. 您去过凤凰吗?去过凤凰几次?(若回答"两次"及以上,追问:这几次感觉凤凰有变化吗?有什么变化?)什么时候去的凤凰?哪一年去的凤凰?什么季节去的凤凰?

4. 您当时为什么会选择去凤凰旅游?在去之前凤凰对您来说有吸引力吗?是什么促使您去凤凰旅游的?

5. 在您去凤凰之前对凤凰是怎么想象的?请详细叙说一下。

6. 您去的时候是自己自助旅游还是通过旅行社安排的旅游行程?同什么人一起去的凤凰?同游的人对凤凰的评价如何?

7. 您对凤凰的感觉和印象如何?凤凰旅游给您带来怎样的体验?

8. 您在凤凰待了多久?游览了哪些地方?玩了哪些地方和项目?古城九景您最喜欢哪几个?除了凤凰古城,还去了周边的景点吗?

9. 您在凤凰的体验、感受和您去前对凤凰的想象有差异和区别吗?(若回答"有",追问:差异和区别有哪些?为什么有差异?为什么会有不一致?)

10. 您觉得凤凰古城漂亮吗?历史和文化底蕴如何?当地居民纯朴吗?

11. 您去凤凰旅游觉得满意吗?为什么满意或不满意?会推荐别人过去吗?

12. 以后还想再去凤凰吗?想去或者不想再去的原因是什么?(若回答"还想过去",追问:以什么方式过去?在凤凰住多久?)

13. 您听说过沈从文吗?沈从文是什么人?知道沈从文是凤凰人吗?他写了哪些书?读过他的书吗?听说过凤凰的其他名人吗?(黄永玉、熊希龄,等等)

14. 读过《边城》吗?看过《边城》那部电影吗?《边城》写的是哪个地方?(若回答"凤凰",追问:为什么?凤凰的实际模样和《边城》有差别吗?能找到《边城》的意境吗?)沈从文和他的《边城》对凤凰的旅游有作用吗?是先知道沈从文还是先知道凤凰?您觉得会有人专门为了沈从文和边城而去凤凰吗?您自己呢?您去参观了沈从文故居和沈从文墓地吗?

15. 听过关于凤凰的宣传口号吗?("为了你,这座古城等了千年","凤凰——中国最美的小城","神秘湘西、魅力凤凰","神秘古城、天下凤凰")凤凰被宣传为怎样的形象?凤凰的实际样子与宣传口号相符吗?

16. 听过和去过国内的其他古镇吗?(丽江、平遥、婺源、周庄、乌镇、阳朔、洪江,等等)(若回答"去过",请其将凤凰和去过的其他古镇做个比较。若回答"没有",追问:向往去哪里?)

17. 中国有四大旅游艳遇地,这个说法您听过吗?

18. 您对凤凰旅游今后的发展有何意见和建议吗?

19. 请最后总结一下对凤凰的印象和感受。

(边城受访者人数很少,受访者去过凤凰,访谈以上面这个提纲为参考)

二、凤凰当地居民访谈提纲

1. 您是凤凰本地人吗?在这里住了多长时间了?是哪个民族的?

2. 您对凤凰的印象是怎样的?您觉得凤凰好看吗?(若回答"好看",追问:哪些地方好看?)其他本地人的看法呢?

3. 您认为本地的旅游资源有特色吗?您认为本地有哪些因素吸引游客前来旅游?游客为什么来凤凰旅游?

4. 您有推荐别人来凤凰旅游吗?

5. 听过关于凤凰的宣传口号吗?("为了你,这座古城等了千年","凤凰——中国最美的小城","神秘湘西、魅力凤凰","神秘古城、天下凤凰")凤凰对外宣传是什么形象?凤凰的实际样子与宣传口号相符吗?

6. 凤凰出了哪些名人?知道沈从文吗?凤凰本地人都知道沈从文吗?沈从文写了哪些书?

7. (该题询问本地人)您为凤凰出了这些名人感到骄傲和自豪吗?您喜欢家乡吗?

8. 知道沈从文的作品《边城》吗?读过吗?《边城》写的是哪个地方?(若回答"凤凰",追问:为什么?凤凰的实际模样和《边城》有差别吗?能找到《边城》的意境吗?)

9. 沈从文和他的《边城》对凤凰的旅游有帮助吗?外面的人是因为沈从文知道凤凰还是因为凤凰知道沈从文呢?有没有人专门为了沈从文和边城而来这里?凤凰的其他名人对吸引游客来凤凰旅游有作用吗?

10. 从哪年开始游客数量比较多?游客人数是一年比一年多吗?每年什么时间、什么月份游客比较多?希望以后来的游客越来越多吗?

11. 您觉得来凤凰的游客可以分成哪些类型?

12. 跟游客有过接触吗?听到过游客对凤凰的评价吗?游客的评价是怎样的?

13. 您(你们当地人)支持旅游业的发展吗?你们觉得开发旅游业获得了好处吗?旅游业是凤凰的支柱产业吗?

14. 您是做什么的？您做这个每月的收入是多少？

15. 这些年凤凰有变化吗？发生了哪些变化？哪年开始变化比较大？

16. 凤凰治安怎么样？当地人纯朴吗？

17. 凤凰的旅游做得好和不好的地方在哪里？有什么问题吗？对凤凰的旅游业有什么期待吗？有什么意见和建议吗？

三、旅游企业访谈提纲

（一）旅游景区公司

1. 您在古城公司所从事的具体工作是什么？

2. 凤凰古城公司什么时候以 8.33 亿拍下景区经营权的？请讲述一下接管凤凰八个景点经营权的过程。

3. 凤凰古城 2001 年—2012 年的门票收入统计情况。凤凰古城每年的旅游旺季是哪些时段？

4. 来凤凰古城游览的游客分为哪些类型？

5. 游客为什么想到凤凰来？游客来了之后喜欢凤凰吗？

6. 您觉得游客对凤凰是怎么想象的？

7. 凤凰古城哪些景点受游客欢迎？为什么这些景点受欢迎？

8. 您对凤凰的印象是怎样的？您觉得凤凰好看吗？

9. 知道沈从文吗？沈从文写了哪些书？

10. 知道沈从文的作品《边城》吗？读过吗？《边城》写的是哪个地方？（若回答"凤凰"，追问：为什么？凤凰的实际模样和《边城》有差别吗？能找到《边城》的意境吗？）

11. 现在的人是因为沈从文知道凤凰的多，还是因为凤凰知道沈从文的多？有没有人专门为了沈从文而来这里？

12. 你们总公司叫什么名称？

13. 你们通过哪些措施来提升景区知名度？古城公司在宣传、促销和营销这块做了哪些工作？有哪些营销方式？利用了哪些媒体资源？这些年的营销费用是多少？经营管理方面投入的费用是多少？

14. 凤凰古城公司这些年对凤凰的营销采用的宣传口号有哪些？对外宣传的凤凰是什么形象？

15. 公司将来宣传凤凰会采取什么方式？

16. 公司与政府有冲突吗？与当地居民有冲突吗？

17. 这些年凤凰有变化吗？发生了哪些变化？

18. 凤凰旅游业存在问题吗？您对凤凰旅游业的发展有什么期望或者说什么好的建议吗？

(二)旅行社

Ⅰ.导游人员

1. 您是哪家旅行社的？做导游多长时间？喜欢做导游吗？

2. 可否提供一下凤凰古城的导游词？在讲解凤凰古城时一般介绍哪些内容？侧重讲解什么内容？

3. 是什么吸引了游客来凤凰旅游？接待的游客来自哪些地方？

4. 游客在凤凰古城停留几天？游览古城九景的顺序是怎样的？古城内哪几个景点最受游客欢迎？为什么这些景点受欢迎？除了凤凰古城之外游客还去周边哪些景点旅游？

5. 您觉得游客对凤凰是怎么想象的？

6. 来凤凰古城游览的游客分为哪些类型？

7. 来这里的游客是参团多一些还是自驾游多一些？

8. 您带团接触的游客他们来凤凰可以找到哪些感觉,获得怎样的体验？

9. 游客对凤凰的评价怎么样？游客对凤凰满意吗？游客喜欢凤凰吗？

10. 游客知道沈从文吗？游客中有专门为沈从文而来凤凰的吗？对沈从文感兴趣的是什么人？团队游客中有去沈从文墓地的吗？

11. 沈从文和他的《边城》对凤凰的旅游有帮助吗？外面的人是因为沈从文知道凤凰还是因为凤凰知道沈从文呢？您个人喜欢和尊敬沈从文吗？

12. 知道沈从文的作品《边城》吗？读过吗？看过《边城》那部电影吗？《边城》写的是哪个地方？(若回答"凤凰",追问:为什么？凤凰的实际模样和《边城》有差别吗？能找到《边城》的意境吗？)

13. 听过关于凤凰的宣传口号吗？("为了你,这座古城等了千年","凤凰——中国最美的小城","神秘湘西、魅力凤凰","神秘古城、天下凤凰")在介绍的时候会讲到一些宣传口号吗？凤凰被宣传为怎样的形象？凤凰的实际样子与宣传口号相符吗？

14. 您对凤凰的印象是怎样的？您觉得凤凰好看吗？您觉得凤凰美的元素在哪里？

15. 这些年凤凰有变化吗？发生了哪些变化？

Ⅱ.旅行社其他人员

1. 旅行社运营多少年了？注册资金多少万元？

2. 凤凰主要的客源市场是哪些地区？你们社现在和今后主要开发的客源市场是哪些地区？

3. 对凤凰古城的宣传营销你们社做过哪些工作？凤凰的宣传营销定位是什么？你们宣传凤凰的时候把它宣传为一个什么形象的旅游目的地？你们的营销模式是怎样的？公司现在有宣传资料吗？

4. 知道凤凰的宣传口号吗？("为了你,这座古城等了千年","凤凰——中国最美的小城","神秘湘西、魅力凤凰","神秘古城、天下凤凰")用过哪些宣传口号？你们有设计一些新的宣传口号吗?

5. 在营销中利用了哪些媒体资源?在媒体上打的广告是什么内容?

6. 游客了解凤凰是通过什么途径了解的?

7. 你们旅行社的优势是什么?

8. 你们做凤凰旅游有业务合作的旅行社是哪些?凤凰当地吃、住、游、行、购、娱这些环节会跟哪些部门合作呢?

9. 凤凰的旅游线路产品有哪几种?

10. 是否对旅游者的需求进行过市场调研?去凤凰的游客分为哪些类型?

11. 您认为是什么吸引了游客来凤凰旅游?游客向往凤凰吗?为什么向往凤凰?游客来这边的动机、目的和需求是什么?游客期待看到什么样的古城?

12. 古城内哪几个景点最受游客欢迎?为什么这些景点受欢迎?故居类景点中哪些故居最受旅游者喜欢?为什么?

13. 游客对凤凰的评价怎么样?游客对凤凰满意吗?能获得怎样的旅游体验?游客喜欢凤凰吗?游客去凤凰的重游率高吗?

14. 沈从文和他的《边城》对凤凰的旅游有帮助吗?现在来旅游的人是因为沈从文知道凤凰还是因为凤凰知道沈从文?游客中有专门为沈从文而去凤凰的吗?

15. 读过《边城》吗?《边城》写的是哪个地方?(若回答"凤凰",追问:为什么?凤凰古城的实际模样和《边城》有差别吗?能找到《边城》的意境吗?有没有游客过来是为了寻找《边城》里面的那种意境呢?)

16. 您对凤凰的印象是怎样的?您觉得凤凰好看吗?美的元素在哪里?

17. 凤凰古城有魅力吗?它的魅力在哪些方面呢?

(对于凤凰县旅游商户的调查选取了居民和旅游企业这两类提纲中的问题,这里不单独列出提纲)

四、政府访谈提纲

1. 凤凰的旅游业是从何时开始起步的?请描述凤凰旅游业的发展过程。

2. 旅游业每年年收入占凤凰县总收入的比例是多大?请提供有关统计数据。

3. 凤凰古城现在的最大接待量是多少?现有多少家星级酒店、普通宾馆和客栈?星级酒店的名称?旅行社多少家?凤凰古城的酒吧数量。凤凰古城其他休闲娱乐场所的经营状况。

4. 凤凰的旅游资源有什么特色?凤凰古城吸引旅游者的因素有哪些?它的吸引力在哪里?

5. 政府是怎样宣传凤凰古城的?凤凰古城的知名度是如何打造、提升的?

6. 政府、旅游企业、媒体、居民这四个方面是怎样的关系?怎样展开合作的?有无冲突?

7. 当地居民对旅游业是怎样的态度?

8. 游客来凤凰旅游所要寻找的是哪些感觉和体验？游客把凤凰想象成什么样的旅游地？

9. 您对凤凰的印象是怎样的？您觉得凤凰好看吗？美的元素在哪里？

10. 凤凰古城旅游业发展中存在问题吗？有哪些问题？（比如商业化、沱江污染等）请谈一下对凤凰旅游容量问题的看法。

11. 申报世界文化遗产的事情进行得怎么样了？

12. 凤凰县旅游今后的发展目标是怎样的？

附录2 被访者个人资料一览

一、凤凰受访者清单

说明:编码 F1 – L – M 中,F 表示凤凰(凤凰拼音的第一个字母),1 表示第一位受访者,L 表示受访者姓氏的第一个字母(在不知道姓名的情况下以受访者身份的拼音首字母表示,如游客以"Y"表示),M 表示男性。另外,游客在没有注明哪个国家的情况下,说明该游客是中国人。居民身份的受访者一般都写明其具体工作。

序号	编号	性别	年龄(岁)	身份	访谈日期
1	F1 – L – M	男	36	政府官员	2010 年 10 月 24 日
2	F2 – T – M	男	40	宾馆老板	2010 年 10 月 26 日
3	F3 – C – F	女	35	旅游纪念品摊贩	2010 年 10 月 26 日
4	F4 – Y – F	女	41	政府官员	2010 年 10 月 26 日
5	F5 – Z – M	男	47	政府官员	2010 年 10 月 27 日
6	F6 – Y – F	女	52	游客	2010 年 10 月 27 日
7	F7 – Y – M	男	59	游客	2010 年 10 月 27 日
8	F8 – O – M	男	20	导游员	2010 年 10 月 27 日
9	F9 – Y – F	女	未知	游客(美国人)	2010 年 10 月 27 日
10	F10 – Y – F	女	未知	游客(美国人)	2010 年 10 月 27 日
11	F11 – Y – M	男	35	政府官员	2010 年 10 月 27 日
12	F12 – W – F	女	38	政府官员	2010 年 10 月 27 日
13	F13 – Y – M	男	20	游客	2010 年 10 月 28 日
14	F14 – Y – F	女	21	游客	2010 年 10 月 28 日
15	F15 – Y – F	女	20	游客	2010 年 10 月 28 日
16	F16 – Y – M	男	43	游客	2010 年 10 月 28 日

续表

序号	编号	性别	年龄(岁)	身份	访谈日期
17	F17-Y-M	男	39	游客	2010年10月28日
18	F18-Y-M	男	58	游客	2010年10月29日
19	F19-Y-M	男	71	游客	2010年10月29日
20	F20-Y-F	女	59	游客	2010年10月29日
21	F21-D-M	男	30	游客	2010年10月29日
22	F22-S-M	男	44	游客(澳大利亚人)	2010年10月29日
23	F23-J-F	女	13	居民	2010年10月29日
24	F24-T-M	男	46	宾馆老板	2010年10月29日
25	F25-Y-F	女	24	游客	2010年10月30日
26	F26-Y-M	男	45	游客	2010年10月30日
27	F27-Y-M	男	40	游客	2010年10月30日
28	F28-G-F	女	未知	导游员	2010年10月30日
29	F29-Y-M	男	28	出租服装照相人员	2010年10月30日
30	F30-W-M	男	26	出租服装照相人员	2010年10月30日
31	F31-Y-M	男	22	游客	2010年10月30日
32	F32-Y-M	男	22	游客	2010年10月30日
33	F33-Y-M	男	21	游客	2010年10月30日
34	F34-Y-M	男	21	游客	2010年10月30日
35	F35-Y-M	男	21	游客	2010年10月30日
36	F36-Y-F	女	20	游客	2010年10月30日
37	F37-X-M	男	25	旅游购物品店老板	2010年10月30日
38	F38-W-M	男	40	书摊老板	2010年10月30日
39	F39-Y-M	男	21	游客	2010年10月30日
40	F40-Y-M	男	22	游客	2010年10月30日
41	F41-Y-M	男	22	游客	2010年10月30日
42	F42-Y-F	女	19	游客	2010年10月30日
43	F43-G-M	男	35	游客	2010年10月30日

续表

序号	编号	性别	年龄(岁)	身份	访谈日期
44	F44-Y-M	男	未知	游客	2010年10月30日
45	F45-Y-M	男	未知	游客	2010年10月30日
46	F46-Y-M	男	44	游客	2010年10月31日
47	F47-J-M	男	60	古城公司环卫工人	2010年10月31日
48	F48-J-F	女	26	古城公司售票人员	2010年10月31日
49	F49-Y-F	女	20	游客	2010年10月31日
50	F50-J-F	女	未知	出租车司机	2010年10月31日
51	F51-Q-M	男	37	游客	2010年10月31日
52	F52-Y-F	女	31	旅游纪念品摊贩	2012年8月4日
53	F53-J-M	男	72	居民	2012年8月5日
54	F54-O-M	男	18	导游员	2012年8月5日
55	F55-D-M	男	44	酒吧经理	2012年8月5日
56	F56-H-F	女	32	餐馆服务员	2012年8月6日
57	F57-G-M	男	31	政府公务员	2012年8月7日
58	F58-S-F	女	41	出租服装照相人员	2012年8月7日
59	F59-X-M	男	43	游客	2012年8月7日
60	F60-C-M	男	30	导游员	2012年8月7日
61	F61-L-M	男	42	游客	2012年8月7日
62	F62-X-F	女	40	游客	2012年8月7日
63	F63-Z-F	女	39	拉客坐船人员	2012年8月7日
64	F64-Q-M	男	35	导游员	2012年8月7日
65	F65-H-M	男	26	游客	2012年8月7日
66	F66-H-F	女	43	旅游购物品店老板	2012年8月7日
67	F67-L-M	男	18	居民	2012年8月7日
68	F68-J-M	男	20	游客	2012年8月7日
69	F69-M-M	男	55	水果摊贩	2012年8月7日
70	F70-L-M	男	47	游客	2012年8月8日

续表

序号	编号	性别	年龄(岁)	身份	访谈日期
71	F71-L-F	女	44	游客	2012年8月8日
72	F72-Y-F	女	26	游客	2012年8月8日
73	F73-Z-M	男	46	游客	2012年8月8日
74	F74-S-F	女	24	游客	2012年8月8日
75	F75-Y-F	女	26	游客	2012年8月8日
76	F76-S-F	女	24	游客	2012年8月8日
77	F77-M-F	女	26	游客	2012年8月8日
78	F78-Q-M	男	34	食品店老板	2012年8月8日
79	F79-X-M	男	38	游客	2012年8月8日
80	F80-L-M	男	19	居民	2012年8月8日
81	F81-L-F	女	18	餐馆服务员	2012年8月8日
82	F82-H-M	男	21	游客	2012年8月8日
83	F83-Z-F	女	47	游客	2012年8月8日
84	F84-D-M	男	47	古城公司总经理	2012年8月8日
85	F85-Y-M	男	63	旅游纪念品摊贩	2012年8月9日
86	F86-H-F	女	59	旅游纪念品摊贩	2012年8月9日
87	F87-T-M	男	47	宾馆老板	2012年8月9日
88	F88-C-F	女	43	宾馆老板	2012年8月9日
89	F89-J-M	男	41	宾馆员工	2012年8月9日
90	F90-J-M	男	45	宾馆员工	2012年8月9日
91	F91-D-M	男	14	游客	2012年8月9日
92	F92-W-M	男	30	游客	2012年8月9日
93	F93-L-M	男	45	旅行社老板	2012年8月9日
94	F94-L-M	男	38	导游员	2012年8月10日
95	F95-P-F	女	23	游客	2012年8月10日
96	F96-L-M	男	16	游客	2012年8月10日
97	F97-C-M	男	66	游客	2012年8月10日

续表

序号	编号	性别	年龄(岁)	身份	访谈日期
98	F98-H-M	男	40	游客	2012年8月10日
99	F99-Y-M	男	36	水果摊贩	2012年8月10日
100	F100-T-M	男	39	水果摊贩	2012年8月10日
101	F101-H-M	男	37	旅行社经理	2012年8月10日
102	F102-Q-F	女	27	旅行社计调	2012年8月11日
103	F103-W-M	男	66	游客	2012年8月11日

二、长沙受访者清单

说明：编号中第一个字母C表示长沙(长沙拼音的第一个字母)。另外，备注栏注明的是旅行社工作人员，没有注明时说明该受访者不是旅行社人员，而是去过凤凰的长沙市民或者未去过凤凰的潜在游客。下表中有一例情况特殊，受访者不是长沙市居民，是凤凰县政府公务员，在长沙接受了访谈。

序号	编号	性别	年龄(岁)	是否去过凤凰	访谈日期	备注
1	C1-W-M	男	37	是	2010年10月11日	
2	C2-L-M	男	38	是	2010年10月11日	
3	C3-L-F	女	38	是	2010年10月11日	
4	C4-X-F	女	26	是	2010年10月11日	
5	C5-S-M	男	36	是	2010年10月11日	
6	C6-Z-F	女	30	是	2010年10月11日	
7	C7-L-F	女	25	是	2010年10月11日	
8	C8-Z-M	男	28	否	2010年10月11日	
9	C9-Z-F	女	30	是	2010年10月22日	
10	C10-T-M	男	22	是	2010年11月2日	
11	C11-X-F	女	38	否	2010年11月5日	
12	C12-L-F	女	45	是	2010年11月5日	
13	C13-L-M	男	47	是	2010年11月5日	

续表

序号	编号	性别	年龄(岁)	是否去过凤凰	访谈日期	备注
14	C14-G-M	男	28	否	2010年11月5日	
15	C15-G-F	女	28	是	2010年11月5日	
16	C16-L-F	女	25	否	2010年11月7日	旅行社人士
17	C17-Z-M	男	17	否	2010年11月8日	
18	C18-M-F	女	27	是	2010年11月8日	
19	C19-C-F	女	22	否	2010年11月14日	
20	C20-F-F	女	29	否	2010年11月16日	
21	C21-Z-F	女	31	否	2010年11月20日	
22	C22-M-M	男	33	是	2010年11月20日	
23	C23-Y-F	女	32	是	2010年11月20日	
24	C24-L-F	女	22	是	2012年5月30日	
25	C25-Z-M	男	23	否	2012年5月30日	
26	C26-L-M	男	40	是	2012年6月21日	
27	C27-G-M	男	28	是	2012年6月29日	
28	C28-T-F	女	22	否	2012年6月29日	
29	C29-C-M	男	32	否	2012年7月4日	
30	C30-C-M	男	35	否	2012年7月5日	
31	C31-L-F	女	38	是	2012年7月6日	
32	C32-L-M	男	20	否	2012年7月6日	
33	C33-H-M	男	22	是	2012年7月6日	
34	C34-Y-F	女	26	否	2012年7月10日	
35	C35-Z-F	女	33	是	2012年7月10日	旅行社人士
36	C36-W-M	男	43	是	2012年7月10日	
37	C37-L-F	女	25	是	2012年7月11日	
38	C38-C-M	男	35	否	2012年7月11日	
39	C39-D-F	女	12	是	2012年7月12日	
40	C40-W-F	女	43	是	2012年7月12日	

续表

序号	编号	性别	年龄(岁)	是否去过凤凰	访谈日期	备注
41	C41-L-M	男	30	是	2012年7月14日	
42	C42-L-F	女	34	否	2012年7月16日	
43	C43-W-F	女	36	是	2012年7月16日	
44	C44-C-M	男	34	是	2012年7月21日	旅行社老板
45	C45-X-M	男	50	是	2012年7月23日	
46	C46-J-F	女	25	是	2012年8月12日	旅行社经理
47	C47-G-M	男	30	凤凰政府人员	2013年11月6日	访谈地:长沙
48	C48-C-F	女	20	否	2013年11月27日	
49	C49-Z-M	男	40	是	2013年12月12日	

三、广州和边城受访者清单

说明:编号中第一个字母B表示边城(边城拼音的第一个字母);同样,编号中第一个字母G表示广州(广州拼音的第一个字母)。

序号	编号	性别	年龄(岁)	是否去过凤凰	访谈日期
1	G1-L-M	男	32	否	2010年12月1日
2	G2-Z-F	女	33	否	2010年12月2日
3	G3-G-M	男	84	否	2010年12月2日
4	B1-Y-M	男	31	是	2013年10月3日
5	B2-Y-F	女	30	是	2013年10月3日

后　记

　　2010年9月初确立了博士论文选题后,2010年10月到2013年12月先后在凤凰、长沙等多地多次调研,历时四年终于完成我的博士论文。2014年6月我获得了中山大学的社会学博士学位。现在能将博士论文出版成书,也算了却一桩心愿。

　　在2013年1月—7月访美留学期间,我便立志"半年治学不窥园"。美国这半年的经历对我人生来说颇有意义,我认为美国是适合静心读书的世外桃源。我认为治学的最佳境界就是首先要有平和的心态,心如止水、波澜不惊,平静的心灵、平和的心态最为重要,而且要有三个观念:其一,学问是 play(游戏);其二,治学要有坚持精神,要能够持之以恒地学习;其三,治学须以悠闲的心境去做。做学问是一辈子的事情,所以治学千万不可操之过急。当毫无压力去做学问的时候,灵感、理性、理智等自现。"学问是 play"这句话得自我博士生导师的真传,这是他在我2009年9月博一第一个学期开学时跟我说的一句意义深刻、让我印象最深的话。我的博士生导师王宁教授是我人生中见过的最好的老师之一。我的人生中遇见了三位在我看来最好的老师,我的博士生导师王宁教授、我的硕士生导师谢彦君教授和我的小学班主任王建辉老师,我是如此感激上苍让我遇到了三位最好的老师,给了我最好的启蒙教育和最好的高等教育。尤其是在我读研到读博以来的治学道路和人生道路上谢老师和王老师给予了我源源不尽的关爱、帮助和启迪,王、谢二位老师是我人生的灯塔和高山,灯塔明光,高山仰止,景行行止。谢彦君教授的正直、豁达、睿智深深感染了我,他引用王阳明的话教导我:"学无静根,感物易动,处事多悔"。其意在勉励我静心治学。我的博士生导师王宁教授,外形修竹、内心平和、谦谦君子、温润如玉。王老师性情温和宁静、做人做事的平衡平和与谦虚低调,都让我受到深深触动,想起王老师对我说过的另外两句看似简单却又饱含哲理的话:"做一个内心强大的人","把握好人生的各种平衡"。从我博士第一年的课程学习,到第三学期的博士论文选题,到接下来的实地调研和文献阅读,再到最后一年半的论文写作,王老师一直以来对我都是关怀备至,倾心指导,论文中诸多理论观点和见解都是来自于王宁老师的启迪,王老师在当面指导和邮件交流中无私奉献了很多好的思路和观点。我非常感谢且感激王老师。谢老师和王老师两位恩师在我看来是世界上最好的导师,我何其幸运和幸福能够遇上这两位恩师。在我看来,两位老师皆具有圣贤风范和大师气象,将来更会是学界泰斗,他们二人是当下中国不清净的学术界中,难能可贵的一心只做真学问的学者。

中山大学的校园环境古朴、典雅、幽美,绿树成荫、草地青青,其环境很类似于美国的 UC 伯克利大学。中山大学治学氛围非常之好,在我看来中山大学乃当今中国众所高校中治学氛围极佳的大学之一。中山大学自由、民主、平等、博爱,我牢记中山大学的校训——"博学、审问、慎思、明辨、笃行"。我喜欢中山大学已故历史学家陈寅恪先生的那句名言:"自由之思想,独立之精神",中山大学的学术氛围和博士培养模式让我受益无穷。我很喜欢中山大学开放自由的政治公开课,政治公开课上我总是思考最积极、发言最踊跃的那位。中山大学社会学与人类学学院社会学与社会工作系各位老师认真、踏实、朴素的治学精神,课堂的感染力和思想深度,生活中的谦逊、平易近人,都让我十分敬佩。王宁老师讲授定性研究方法课程和消费社会学课程给学生们带来了源源不断的学术想象力,蔡禾老师在社会学理论课上的学术热情和大师气度深深感染了我,李若建老师上高级统计学课程时的深入浅出、风趣幽默和对定量研究方法的审慎审视让我记忆深刻。我很感谢命运的垂青,让我可以从本科和硕士阶段的旅游管理专业一下子顺利跨入社会学专业学习,2009 年考博的一考即中可以说是我人生最成功的考试之一。学习社会学专业让我对事物的思考开始更有深度和广度,让我对国内外社会问题和现象的看法更加冷静、客观和理智。社会学是一个非常好的专业,国外社会学的各类经典理论和中国社会学的理论可以很好地用于指导中国转型期的渐进式改革,当下的中国社会问题重重,社会学的理论成果可以用于指导中国的社会改革实践。社会学的经典书籍浩如烟海,穷尽我一生也无法读完所有的社会学经典书籍。中山大学博士阶段的学习成为我校园学习生涯的美好收尾。

在此我要郑重向所有关心帮助过我的人们致以感谢之辞,表达我真挚的感激之情。我首先要感谢的人是我的博导老师王宁教授,感谢他这些年来对我在学术上和人生上的莫大帮助和启迪。其次,我要感谢我的硕导老师谢彦君教授,并感谢谢老师的夫人金红老师,感谢老师和师母对我十多年如一日的关心和爱护。还要感谢我的父母,感谢我的丈夫。谢谢我的慈父慈母,谢谢我的丈夫从恋爱到结婚这十多年来对我的呵护、照料和支持。感谢东北财经大学的卢昌崇教授、王家林师傅和钟永圣老师。感谢帮助过我的同门彭杰、刘飞、张杨波、黎相宜、陈杰、陈丽坤、郑姝莉、黄晓星、叶华,感谢我的同学魏万青和蔡静诚,魏万青、彭杰和刘飞给我的帮助很大,他们三位为我提供了很多宝贵的电子文献和纸质书籍。感谢我的同事陈特水、夏赞才、刘杰、许春晓、黄艺农、郑焱、刘焱、唐宇凌、刘芳、李敏、王凯、唐健雄、贺小荣、郑群明、赵玉燕、吴曙光、蔡卫民、王咏梅、罗文斌等各位老师。感谢我在长沙的亲朋好友,如李轩舅舅、刘宁剑阿姨、刘泓锐等。感谢让我在凤凰成功开展第一次实地调研的湘西州商务局局长刘飞勇。感谢凤凰县委县政府部门的葛健、黄霞、杨晓珍等人士,特别要感谢葛健为我提供了凤凰县各类统计数据和政府文件材料。感谢在凤凰、长沙、广州、边城等地接受我访谈的人们。感谢远在美国旧金山湾区的 UC 戴维斯分校的社会学家 Dean MacCannell 教授、UC 伯克利大学的人类学家 Nelson Graburn 教授和旧金山州立大学的胡波教授。感谢蔡禾、刘祖云、李若建、丘海雄、刘林平、梁玉成、王进等各位老师对我的教诲和帮助。感谢蔡禾、刘祖云、梁玉成三位老师在博士论文预答辩中对我论文提出的宝贵意见,还要感谢三位匿名的博士论文盲审老师为我论文提出的修改建议。感谢商务印书馆的孙延旭老师的大力支持和帮助。感谢我所有的亲朋好友,真诚地感谢我生命中所有爱护我、关心我、帮助过我的人们,谢谢你们对我一直以来持久不变的关心、爱护和帮助。

我的内心告诉我一句话:在这个世界上"奇迹"的代名词便是"努力"二字。付出决定了未来。人生需要持之以恒的努力,无论是品德修养、学习工作、身心养生等各个方面均是如此,改变自我从当下做起。相信真善美、相信自己,用心去享受当下每一刻的幸福人生体验。"上善若水,厚德载物",祈愿天下所有善良的人们一生平安,好人有好报。

彭丹
2015 年 10 月记于长沙水木兰庭